怎样写好文献综述
——案例及评述

How to Review Literature
——Cases and Comments

张　黎　著

科学出版社
北　京

内 容 简 介

文献综述是学术论文中关键的内容之一，如何撰写条理清晰和规范的文献综述是研究人员必须掌握的技能。本书通过对近二十篇文献综述案例的分析，指出了在文献综述过程中经常出现的问题，如对文献的简单罗列、不恰当的综述线索、逻辑混乱和不严密，以及没有基于文献提出研究问题和假设等。此外，本书对如何在文章的引言、文献回顾、研究方法和结果讨论等部分结合文献进行综述做了详细的阐述。

本书可供管理学领域的硕士和博士研究生，以及涉足学术研究的本科生参考。此外，刚刚进入学术研究领域的研究人员，以及尚未接受规范学术研究训练的管理学研究人员也会受益匪浅。当然，从事社会学、心理学和其他人文科学的研究人员也将从中得到启示和帮助。

图书在版编目 CIP 数据

怎样写好文献综述——案例及评述＝How to Review Literature——Cases and Comments/张黎著. —北京：科学出版社，2008
ISBN 978-7-03-020823-1

Ⅰ. 怎…　Ⅱ. 张…　Ⅲ. 文献学　Ⅳ. G256

中国版本图书馆 CIP 数据核字(2008)第 007198 号

责任编辑：陈　婕　余　丁 / 责任校对：陈玉凤
责任印制：吴兆东 / 封面设计：耕者

科学出版社出版
北京东黄城根北街 16 号
邮政编码：100717
http://www.sciencep.com

北京虎彩文化传播有限公司印刷
科学出版社发行　各地新华书店经销
*
2008年1月第　一　版　开本：B5(720×1000)
2022年1月第十六次印刷　印张：13 3/4
字数：263 000

定价：60.00 元

(如有印装质量问题，我社负责调换)

前　　言

随着各个领域的学术研究在我国快速发展，如何科学、规范地撰写学术论文成为学生和初入研究领域科研人员必须掌握的一个技能。一篇好的学术论文除了必须具有一个有意义的选题、严谨的研究方法和合理的分析总结外，一个重要的部分是规范、条理清晰的文献综述。

在我国的管理学研究领域，定量的研究逐渐成为主流，从目前我国管理学核心学术期刊所刊登的文章来看，定量的理论和实证研究的比例在逐年上升。和定性研究一样，定量研究对文章的规范性要求也很严格。一般说来，一篇规范的定量研究学术论文基本上包括问题的提出或者称引言、相关理论和实证研究综述、研究的问题或者假设、研究方法、数据分析、总结和讨论以及对本研究局限性的总结和对未来研究的建议等几个主要部分。

其中，相关理论和实证研究综述是一篇学术论文的关键部分，是文章提出具体研究问题并佐证为什么要研究这些问题的基础。只有对文献中相关理论进行很好的回顾，作者才可能找到本研究所立足的理论框架并结合理论进行具体的逻辑分析和推理，以期对相关理论进行讨论和拓展。如果论文是一个实证性的研究，那么除了理论部分外，在文献综述部分，作者还需对文献中相关的实证研究进行系统的回顾。其目的是总结已有研究的结果，在总结的基础上发现目前文献中出现的问题，例如一些研究结果中不一致、矛盾的地方以及出现的研究空白等，从而据此确定自己的研究问题，以期对相关问题进行澄清、对文献有所贡献。

笔者在指导研究生写作学位和一般学术论文的过程中，发现学生们在如何进行规范的学术研究，特别是在如何写作规范的文献综述部分方面普遍缺乏系统的训练。首先，他们对文献综述的重要性缺乏应有的认识，也不知道文献综述的根本目的。这可能是受目前大量泛泛而谈的讨论性文章的影响，这类文章的一个共同特点是作者就某一个问题泛泛地给出自己的观点。阅读这类文章后，读者往往无法得知在这个问题上的研究目前到底进展到什么程度，其中主要的观点是什么，对这个问题的认识是如何逐步发展起来的，也无法得知这类研究所依据的主要理论是什么，实证研究对相关理论都有什么贡献，如何推动了理论在本领域的应用和发展等。这就好像建一个房屋，要完成整个建筑，建筑工人必须首先用一块块砖建起一面墙，然后在一面面墙的基础上完成房屋建筑。假如说我们将这个房屋看作是一个研究领域，例如对于消费行为的研究，那么每一面墙是我们在消费行为领域中建立起来的一个理论，而每一块砖就可以被看作是在一个理论框架下进行的具体研究。

若干年的研究成果累计起来，大量学者所贡献的砖就构成了一面墙，而由这些墙就最终构成了一个房屋。

从以上这个角度看来，我们在一个领域中进行的研究首先应该明确自己是在建造哪一面墙，自己将要进行的研究是这一面墙体中的哪一块砖，也就是说在哪一个理论之下，所要进行的研究处在该理论框架下的什么位置。如果没有一个很好的文献综述，作者以及读者就没有办法了解目前在这个研究课题上到底进行到了什么程度，如同无法得知一面坚实的墙面中已经有了哪些砖块、这些砖块处在什么位置、墙面上还有哪些空洞或者砌到了一个什么高度，而自己要建造的砖块应该以及将要填补或者坐落在墙面上的哪一个部分。因此我们说，一个缺乏文献综述的泛泛而谈的文章不仅仅是不尊重前人的研究成果，也使得自己的研究没有基础，甚至是重复别人已经完成的研究，导致浪费宝贵的研究精力和时间。

另外一个问题是相当数量的学生不知道如何进行文献综述。这些学生往往是在老师的指导下收集了足够量的文献，但却不知道如何下手撰写文献综述，不知道如何理清自己的思路，将文献中的理论和研究成果系统地、合乎逻辑地整合起来，并且为自己要进行的研究服务，也不知道采用什么样的规范化语言。最后往往将文献综述写成一个材料的堆积和罗列。这样就不能为论文的其他部分服务，不能基于文献综述找出要研究的问题并佐证研究这些问题的重要性和必要性。

撰写一个高质量的文献综述需要作者经过严格的训练和大量的实践。从目前国内外在文献综述教学方面的课程、书籍和文章来看，基本上都是给出文献综述思路、格式和规范的语言表述方法，让学习者按照一个清晰的思路和比较标准的格式进行文献综述的写作。但是从我们的教学实践来看，学生们在阅读此类书籍后，一个普遍的反映就是：在真正开始文献综述的时候，还是无法“下手”。

在过去的几年中，笔者在北京大学中国经济研究中心开设了管理学硕士和博士生必修的“文献综述和研究方法”课程，主要讲述如何进行文献综述和通过科学规范的研究方法来完成学术研究。在教学过程中，笔者总结出一个案例教学的模式，这种模式克服了以往相关教学书籍中存在的缺陷，也使得学生们能够更加直观地了解文献综述中常出现的问题。

从三年多来的教学实践看，这种案例教学的方式较以往按照教科书施教的方法有几个优点：首先，目前书籍和文章给出的文献综述写作方法在总体上来说只提供了一个思路或者说是框架，但是如何将这些应用到具体的写作中去依然是一个大问题；其次，目前大多数有关文献综述的内容都是相关教学书籍（如以研究方法、如何撰写学术论文等为主要内容的书籍）中的一个章节，有限的篇幅使得这些教学参考书的作者们不可能很详尽地论述文献综述的撰写思路和方法；最后，从笔者对学生们习作的总结分析来看，这些初入学术论文写作的作者们在文献综述部分出现的问题五花八门、林林总总，有相当数量的问题在相关教科书和文章中不曾被涉及，其中有些问题是关键性的，而有些问题是十分细节和琐碎的，几乎不可能将这些问题进行总结和提炼，也很难说清楚。因此，从上述几个方面来看，采用案例分析的方法可以使学生对文献综述中易出现的问题、正确的综述方法等有个很直观的认识，也容易接受和应用。结果证明，采用案例教学的效果很好。在案例分析的过程中，很多学生往往会有这样的一个反馈：这个案例中提到的问题就是我出现的问题，这个问题好像就是说我的！

一般来说，我们进行的研究主要有理论研究、实证研究和一般的纯文献综述几种类型，在实证研究中又包括定性和定量两种。在本书中，我们将主要结合定量的实证研究来讨论文献综述的写作问题。当然，在有关章节中我们也对如何写作纯文献回顾进行探讨。

本书首先结合国内外有关文献综述方面的书籍和文章，给出一个进行文献综述的基本方法和思路的总体介绍。其后笔者将近20篇学生们的习作作为案例文章进行评述，找出与文献综述思路和方法相关的问题，特别是学生们普遍具有的问题。并将这些问题分门别类加以分析和评论。

除了学生们的习作外，本书中的例文基本是笔者和合作者已发表的中文学术论文。这些文章均发表在我国的管理类中文核心期刊上，如《管理世界》、《南开管理评论》、《商业经济与管理》、《管理科学》以及目前我国营销学的优秀学术期刊《营销科学学报》等，并且经过多轮的匿名审稿。

本书的大概结构如下：首先，将对一篇学术文章的结构，即文章所包括的主要部分进行介绍；其后，将结合一些介绍如何撰写文献综述的书籍对什么是文献综述、文献综述的目的以及如何进行综述文献进行阐述；接着将按照纯文献综述类和实证类文章，并且结合学生们的习作案例，对文献综述中常出现的问题进行评述分析。这些问题包括对相关文献中的研究进行简单罗列而非综述、以作者而非研究结果为线索进行综述、没有基于文献综述提出研究问题或假设、没有让综述为自己的研究目的服务、利用文献进行讨论和推理过程中常常缺少一些逻辑推理的环节、没有处理好在文献综述中出现的概念等等；最后，将结合一些例文对如何在研究方法、结果讨论、文章的贡献和实践意义以及文章的不足和对未来相关研究的建议等几个学术性文章的主要部分进行文献综述展开讨论。

本书的目标读者主要是经济和管理学领域的硕士和博士研究生，以及已经涉足学术研究的本科学生。此外，对于刚刚开始学术研究、尚未接受规范的研究方法训练的管理学研究人员也会有所受益。当然，开始从事社会学、心理学和其他人文科学的研究人员也将从本书得到有益的启示和帮助。

当然，鉴于作者自身的水平有限，在对案例和例文的评述过程中难免存在这样那样的问题。此外，每个人综述文献的思路和方法也会有不同，带有自己的特点，笔者对案例进行评述难免会从自己的角度和习惯出发。因此在本书中不可避免地会出现不妥的地方，欢迎有关专家和读者提出宝贵意见，以便能够将本书进一步完善，最终能够对需要学习文献综述的学生或者研究人员有所帮助。

除了一些例文外，本书中所引用的案例都是笔者在教学过程中学生们的习作(笔者对这些案例进行了细小的改动如文字上的修改等)。虽然这些习作在文献综述上还存在许多不足，但是都有值得肯定和学习的地方，有的文献综述也相对比较成熟。为了帮助读者更多地了解文献综述中容易出现的问题，笔者在随后的评述中指出的基本上都是文章的不足之处，而不再就值得肯定的部分进行讨论。在此，作者向这些文献综述的作者表示衷心的感谢，感谢他们慷慨地提供自己的习作用以评述。没有他们提供的案例，这本书是不可能完成的。

张　黎

2007年10月于北大燕东园

目　录

前言
第一章　学术论文的结构和文献综述 …………………………………… 1
　第一节　学术论文的结构 …………………………………………… 1
　第二节　文献综述的目的、文献来源以及对文献的有机整合 ……… 6
第二章　文献综述案例评述：纯文献综述类型的文章 ………………… 15
　第一节　案例一：中国旅游节庆活动研究综述 ……………………… 15
　第二节　案例二：国内外主题公园研究综述 ………………………… 27
　第三节　案例三：现代大学制度下高校财政危机问题的研究综述 … 40
　第四节　案例四：对改革开放以来中国农村土地制度研究的文献综述 …… 50
　第五节　案例五：中国农村社会养老保险制度的动态分析和趋势预测 …… 57
　第六节　案例六：产业集群研究综述 ………………………………… 65
　第七节　案例七：商店价格形象 ……………………………………… 74
　第八节　本章总结 …………………………………………………… 84
第三章　文献综述案例评述：实证研究类文章 ………………………… 88
　第一节　案例八：快速消费品代言人内在特质对于代言效果的影响 ……… 88
　第二节　案例九：改革中的国有企业高级管理层统计特征与企业绩效的关系 ……………………………………………………………… 101
　第三节　案例十：跨国公司知识传递机制及影响因素——本土营销服务公司视角 …………………………………………………………… 111
　第四节　如何提出假设 ……………………………………………… 126
　第五节　案例十一：消费者国外品牌手机购买：Fishbein 模型的适用性检验和扩展 ……………………………………………………… 131
　第六节　案例十二：影响经销商与供应商长期合作意愿的因素……… 141
　第七节　案例十三：价值观对趋优消费的影响及新奢侈品产品收益的研究 ………………………………………………………………… 150
　第八节　案例十四：大学生选择中西快餐品牌的社会心理学因素分析…… 158
　第九节　案例十五：创业导向与企业绩效——环境、进入顺序和胜任力的影响………………………………………………………………… 166
　第十节　案例十六：CEO 人口统计学特征与企业多点竞争策略的关系探讨………………………………………………………………… 174

第四章　研究方法部分的文献综述…………………………………………… 184
第一节　研究方法部分应用文献综述案例一…………………………………… 184
第二节　研究方法部分应用文献综述案例二…………………………………… 186
第五章　在文章的讨论部分如何结合文献回顾……………………………… 190
第六章　参考文献部分……………………………………………………………… 199
第一节　参考文献格式……………………………………………………………… 199
第二节　在参考文献部分常见的问题和错误…………………………………… 203

第一章　学术论文的结构和文献综述

第一节　学术论文的结构

虽然每位作者在写作学术论文时可能偏好不同的结构，不同的学术期刊对于文章的结构也有不同的要求，但是一般来说，一篇学术论文主要包括以下几个主要的部分。

一、文章题目、摘要和关键词

1. 题目

文章的题目在实质上就是一篇论文的“名字”。一般要求用作者简单的文字将论文所研究的关键问题和核心思想表述出来，例如“降价表述方式与消费者感知的降价幅度和购买意愿”。许多学术期刊对题目的字数都有限制，这就要求作者必须避免多余的、不相关的字眼，言简意赅地直接表明主题，让读者看了题目后能够大概了解论文的主题和讨论的关键问题。

有时作者会感觉到用简短的主标题较难表达出一篇文章的中心思想，或者需要进行一些补充，这个时候往往会采用副标题的形式。如“影响被赞助活动和赞助品牌间形象转移的因素——基于蒙牛酸酸乳赞助超级女声的实证研究”。

在确定论文题目的时候，容易出现的一个问题是作者往往将题目定得过宽、过大，希望利用这种题目引起读者对于研究的关注，例如“我国消费者的价格感知行为研究”。这是一些研究人员经常容易犯的错误，因为这样过于宽泛的题目会让读者难以把握文章所研究的核心问题，一个泛泛的、比较宏观的题目也不能准确地表述出作者所要研究的具体问题。例如，相比“降价表述方式与消费者感知的降价幅度和购买意愿”，“我国消费者的价格感知行为研究”这个题目就没有能够抓住“降价表述方式”、“消费者感知的降价幅度”和“购买意愿”这几个所要研究的关键因素，特别是“我国消费者”和“价格感知行为”这两个概念非常宽泛。首先，一般的研究都不可能将对一个样本的研究推广到我国消费者这个整体人群；其次是价格感知行为的内涵很宽，不能落实到对降价幅度的感知和购买意愿这两个具体的问题上。

2. 摘要

摘要就是对一篇论文的高度概括性的介绍。一般来说，学术期刊对于摘要都有字数上的严格限制，如限制在200字或者是300字以内等。一个好的摘要应该能让读者在阅读了短短的一段文字后，基本了解文章所要研究的关键问题、主要的研究对象以及最关键的结果。请看下面两个摘要的例子。

摘要例1：

企业赞助一项活动的主要目的之一是将活动的某些形象通过赞助这种方式转移到企业或者产品品牌的形象上来，并借此达到塑造品牌形象的目的。本文以蒙牛酸酸乳对具有较大社会影响的超级女声活动的赞助作为研究对象，来分析影响形象转移的因素。结果发现消费者感知的赞助活动的质量以及赞助活动和赞助品牌之间的拟合度是影响形象转移的关键因素。而消费者介入活动的程度和感知的活动曝光度只会影响其对活动本身的评价。本文最后讨论了研究结果的理论意义以及对活动组织者与赞助商的启示。

引自：张黎，林松，范亭亭．2007. 影响被赞助活动和赞助品牌间形象转移的因素——基于蒙牛酸酸乳赞助超级女声的实证研究．管理世界，166：84-93.

摘要例2：

降价的表述方式通常有相对于原价的百分比降幅和绝对减让幅度两种。本研究分析了这两种降价表述方式对消费者所感知的降价幅度和购买意愿的影响。结果表明：在不同的产品价格水平和降价幅度下，这两种降价表述方式对感知降价幅度的影响是不同的。此外，对低价格产品，消费者对价格信息关注的程度会影响他们感知两种降价表述方式下的降价幅度。

引自：张黎，范亭亭，王文博．2007. 不同降价表述方式下消费者对降价幅度的感知和购买意愿．南开管理评论，10（3）：19-28.

不同的期刊对于摘要有着不同的具体要求，例如有的期刊要求在摘要中不能出现第一人称如“我”或者“我们”，以及“作者”、“本文”或者“本研究”这样的字眼等等，因此作者在按照这些期刊的要求写作论文的摘要时，必须注意这类问题，例如：

摘要例3：

从网民网下传统购物习惯的角度研究了其在网上购物的特点，具体分析了有过网上购物经历的网民和没有网上购物经历的网民以及在网上购物相对频繁、花费较多的网民和购物次数相对较少、花费较少的网民在传统网下购物行为上的差异。此外，通过对网下和网上消费行为关联性的探索，将相对比较成熟的对消费者传统网下购物行为的研究经验和网上消费行为的研究联系起来，并使那些对于传统消费行为有着较好理解和把握的零售商增强对网上消费者需求的了解。

引自：张黎.2006. 网民传统的网下购物习惯与其网上购物行为的关联性及其实践意义. 管理科学，19（2）：13-21.

不管具体的要求如何，作者一般都应该在摘要中首先开宗明义地给出文章所涉及的主要问题，然后可以是研究对象和主要的研究方法等，最后是研究的主要结果即发现。此外，即使是在短短的摘要中，逻辑递进关系也应该非常清楚，比如可以用几个关键的过渡词，如“本文研究了”或者“本文以……为研究对象”→“结果发现”或者“结果表明”→“此外”→“最后”。当然，这个逻辑递进的关系应该和文章中内容安排的顺序相对应。

根据笔者自己的经验，摘要的第一稿往往并不能令人满意，具体表现在字数太多，以及没有准确地概括文章的核心问题等。修改的顺序最好是首先将文章的核心思想表述清楚，然后是逐步删除次要的语句，最后是仔细斟酌摘要的文字，删除多余的、可有可无的字。这样在多次修改以后，检查是否达到字数上的要求。

3. 关键词

关键词的主要作用是用于检索，合适的关键词将使得一篇文章在文献库中容易被查询。一般来说，关键词应该是文章中关键的、出现频率较多的概念或者是关键的变量等。一般的学术期刊会要求给出三到五个关键词，因此作者应该珍惜这几个词，仔细斟酌。

关键词例：

关键词：品牌策略　赞助活动　品牌形象转移　超级女声

关键词：消费行为　零售　价格促销　价格感知　价格折扣表述

二、引言

引言也可以称作绪论或者问题的提出等，是一篇学术论文正文的第一部分，主要是提出要研究的问题，并且论证研究的必要性和意义。就内容来说，这一部分已经涉及文献综述，原因是要论证研究的必要性，往往就要从理论或者实践的角度引用相关文献。

引言例：

由湖南卫视打造的超级女声活动在全国范围内受到了极大的关注，产生了较大的影响，这与蒙牛集团在背后的运作有着密切的关系。蒙牛以旗下的一个产品品牌酸酸乳通过赞助的形式向超级女声注入了赞助资金和提供宣传辅助。而另一方面，蒙牛酸酸乳也通过赞助超级女声获得了产品销量的增加和品牌知名度的提高。从营销传播角度来看，蒙牛通过这个赞助活动迅速而且大幅度地提升一个产品的知名度，对于谋求建立产品品牌的国内企业是一个有益的启示。

尽管赞助在达到提升企业和品牌知名度、提高产品销量等营销目标方面的重要性已被广泛认同，但从相关文献来看，在如何科学地评估赞助活动的效果方面还没有达成一致（Cornwell and Maignan，1998）。较早期的研究大多数以赞助品牌的知晓度作为赞助的主要目标来测量，另外还有部分研究关注的是赞助前后消费者品牌购买意愿的变化。由于后续的研究逐步意识到品牌形象的重要性，一部分学者开始将研究重点转移到赞助对消费者如何感知品牌形象的影响上来，品牌形象作为赞助的结果变量越来越受到学术界的重视（Walliser，2003）。

在我国，关于赞助影响品牌形象的研究仍然滞后于市场发展的步伐。虽然已经有一部分企业开始意识到赞助对于产品营销的帮助，但是在实际操作上并没有真正把握赞助对品牌创建、维护和提升的作用，以至于常常限于单纯追求短期销量的提高和品牌知名度的上升，在由品牌形象等构成的品牌资产方面并没有取得显著的效果。

因此，本研究将以蒙牛酸酸乳对超级女声活动的赞助作为研究对象，从品牌形象转移的角度来研究赞助活动的效果，分析影响品牌转移效果的因素。下面我们首先对相关理论和实证研究进行一个回顾，在此基础上提出相关假设。

引自：张黎，林松，范亭亭．2007. 影响被赞助活动和赞助品牌间形象转移的因素——基于蒙牛酸酸乳赞助超级女声的实证研究．管理世界，166：84-93.

三、文献回顾

这部分内容是结合所要研究的问题，对相关的理论和实证研究进行一个文献的回顾。在这个部分，主要应该达到几个目的：

1. 介绍相关的理论

一般来说，一个研究特别是实证研究是在一个理论的框架下进行，通过一个具体的研究以期对理论的适用性进行检验，试图拓展理论或者对理论的正确与否进行验证。要达到这个目的，首先应该对相关理论进行介绍。

2. 对实证研究进行回顾

对文献中相关的实证研究进行总结和分析，找出研究的空白、一致性的结果或者相互矛盾的地方等。

3. 提出研究问题或者研究假设

在理论框架和已有的实证研究的基础上，提出作者将要研究的问题或者需要检验的假设。

四、研究方法

在实证研究中，这个部分主要是介绍样本的选择、问卷的设计过程和问卷包括的主要内容，如测量变量的问题项等。对于利用实验方法进行的研究来说，这部分需要介绍参加实验者的情况、实验刺激物的具体描述、实验进行的过程以及记录、测量实验效果的方式（如问卷）等。

五、数据分析和结果

在这个部分，研究人员需要详细介绍对所收集到的数据进行统计处理的方法和具体步骤。比如在定量研究中对于变量的因子分析、对变量测量量表的信度和效度的检验、回归分析、方差分析或者是结构方程模型等。当然，作者需要以合适的方式，包括图表和文字等，对数据分析的结果进行报告。

六、结果讨论

在结果讨论部分，作者需要对数据分析的结果作一个总结，强调主要的发现等。同时应该结合相关理论和实证研究文献对结果和发现进行讨论，例如有什么重要的发现、和以前的研究结果有什么不同、如何解释等等。在这部分内容中，关键是对研究结果进行深层次的讨论，而不能紧紧局限于对结果的罗列。因此可以说这部分的内容建立在“数据分析和结果”部分之上，但在一个更高的层次对文章的结果和发现进行讨论，和以往的文献进行比较并加以解释。

七、文章的理论贡献和实践意义

一个研究对相关理论的贡献是什么、结论对于实践有什么启示和借鉴意义等，都应该在这个部分表述清楚。在本书的有关部分会论述到，在这个部分的内容中，作者可能同样需要结合文献进行具体的讨论。

八、文章的不足之处以及对未来相关研究的建议

在这个部分，作者需要对研究的不足之处进行讨论，例如样本的特殊性是否限制了研究结论的可推广性，对于相关问题的分析是否还不充分、在研究方法上存在哪些不严谨的地方等等。此外，对未来相关研究的建议就是作者在完成研究后，感觉有什么问题还没有说清楚、有哪些未涉及的但是还具有研究价值的问题、本研究给未来研究带来的经验和教训等。在这个部分可能同样需要涉及对相关文献的回顾。

九、参考文献

对于文章正文中引用的文献，在最后的参考文献部分应该给出所引用文献的细节，如作者名、文献年份、文章题目、出自的期刊名、期刊的卷和期以及所引用文章的起始页码等细节信息。其目的是让有兴趣的读者可以顺利地查找到所引用的相关文献。在这个部分容易出现的问题是作者往往忽视参考文献的重要性，表现为不遵守参考文献的格式规范、漏掉一些引用的文献、参考文献的给出顺序不合规范等。

十、附录

一些不适合在文章正文中出现的细节性内容往往会放在附录部分，例如调查问卷、一些细节性的数据处理方法和图表等。

第二节　文献综述的目的、文献来源以及对文献的有机整合

一、文献综述的目的

总的说来，文献综述有以下几个目的：首先，文献综述总结了与自己的课题相关的研究结果，包括每个研究所涉及的具体问题、研究思路以及研究结果等；其次，在总结的基础上，作者会通过文献综述将所综述的每一个研究与整个文献相关联，并且对每一个研究在文献中的贡献加以评述，比如说填补了文献中的空白、对文献进行了有意义的扩展等（Cooper，1984；Marshall & Rossman，1999）；最后，文献综述通过对相关文献的回顾建立了一个研究的框架体系。通过这个框架体系，读者可以清晰地了解到作者所要进行的研究对于文献的重要性和贡献。同时通过这个框架体系，也可以明确地界定文献中每一个研究的具体结果是什么、在这个框架中处于什么位置，并且能够和文献中其余研究的结果相对比（Creswell，2002）。如果给出这么一个比喻，读者们可能对文献综述的框架意义有着更好的理解：文献综述就好像是一幅地图，它将文献中的相关研究纳入这张图中。通过这张图，综述的作者清楚地描绘出了文献中每一个研究处在文献中的什么部位、和其他研究的距离以及方位（也就是关联性）。最后，作者会在地图中清晰地标识出自己的研究将处于的位置，并且告诉读者为什么要进行处于那么一个位置的研究。

文献综述者必须意识到文献综述不只是写给自己，而更主要是呈现给读者。通过阅读文献，找出自己的研究方向和要研究的具体问题，这是一个思维的过程。然而，读者不能直接看到文献综述者脑海中的思维，他们对文献可能也并不

熟悉，许多甚至对相关领域一点也不了解。因此，作者需要通过文献综述使得读者对相关研究有所了解，即在阅读文献综述后，读者应该对过去的研究所涉及的具体问题、研究的手段，以及研究的主要发现和结论有所了解。为了显示自己所进行的研究的意义、理论和实践的价值，作者也应该让读者知道过去相关研究的缺陷和空白，以及拟进行的研究将如何对文献有所贡献。读者甚至应该了解到相比过去的研究，本研究在研究方法包括研究的设计思路和具体程序上有什么改进（Cone & Foster，1993）。总之，好的文献综述应该使得读者确信你所要进行的研究在这个领域是有价值的，提出的研究问题是清晰的，方法也是可行的（Cone & Foster，1993）。

二、定性和定量研究中的文献综述

从认识论这个根本点出发，研究人员进行的人文科学研究有定性和定量两个方法，这两个方法在具体的研究手段上存在差异。首先，定性研究方法指的是“在自然环境下，使用实地体验、开放型访谈、参与型和非参与型观察、文献分析、个案调查等方法对社会现象进行深入细致和长期的研究；其分析方式以归纳为主……”（陈向明，1996，p. 94）。简单地说，定性研究的倡导和实践者认为世上并没有一个所谓普遍存在的客观事实和真理，对于世界的了解由于研究人员所处的角度不同而存在差异，这个角度是与研究人员的背景如教育水平、社会地位和宗教信仰等密切相关（Lincoln & Guba，1985）。形象地说，就是每一个人都会戴着自己特有的“眼镜”来看待周边的事物，因此在定性研究中研究人员除了报告自己的发现以外，还应该汇报自己在研究、看待问题时所处的角度（Maxwell，1997；Taylor & Bogdan，1984）。只有这样，别人才能处在一个相对客观的角度来审视我们的研究，并对研究结果的合理性做出判断（Creswell，2002；Lincoln & Guba，1985，2000）。定性研究常采用的研究方法包括案例分析、观察法、文献分析等。

相反，定量研究则认为存在一个客观的真理，事物之间的关联不以人的意识为转移并且可以通过量化的手段来揭示。因此，定量研究依靠量化的手段对事物的可量化部分进行测量，通过统计分析来发现变量之间的关系以达到对事物的理解和把握（陈向明，1996；Creswell，2002）。定量研究中常采用的方法包括问卷调查法、实验法等。

对于定性研究来说，文献综述的目的、方式以及在文章结构中的位置都和在定量研究中的文献综述有所不同。由于在本书中，我们讨论的主要是定量研究的文献综述，因此对如何在定性研究中进行文献综述，读者可以参考相关的书籍，例如 Creswell（2002）。在定量研究中，一般会安排一个专门的部分，叫做“文献综述”、“相关文献的回顾”等。这个文献综述的目的是为所研究的问题或者提出的假设服务。当然，在一篇文章的后面部分进行结果讨论时，一般也会涉及相关的文献。这个时候主要是将本研究的结果和文献中的研究进行比较，并在此基础上进行讨论。甚至在文章最后讨论研究的不足、局限性以及对未来研究的建议时，有时也会利用文献来支持自己的观点，请读者参考本书的相关部分。

三、文献的来源

在进行文献综述之前，一个比较常见的问题是如何找到有价值的文献。研究方法方面的著名学者 Burns（2000）在总结自己进行学术研究，特别是综述文献的经验时，提出较好的方法是首先找到一些初步的文献并从中得到有价值的线索，这里所指的初步文献包括教科书和一些学者在相关领域进行的文献综述。通过教科书，可以得到与课题相关的一个完整的理论和研究框架及体系，同时在书籍中也可以发现丰富的参考文献。而通过一些文献综述类文章，可以比较容易地对相关文献情况有一个初步的了解和整体的把握（Burns，2000）。虽然在一个文献综述中，作者对于原始文献的理解和总结可能存在一定的偏差，也可能加入了一些个人的观点，但是一般来说，这些已经进行的文献综述将使得研究者对相关的研究情况有一个快速和大概的了解。通过对这些资料的阅读和理解，可以更加明确自己所要研究的课题在整个相关文献体系中的位置，同时对自己所要进行的研究的价值和目的有个更好的判断（Burns，2000）。在这个基础上，可以进一步查找一些后续的文献，这些文献更多地来自一些学术期刊、学术会议的论文集、学位论文、工作论文等，然后进行详细的文献综述。

文献的来源是多方面的，研究人员可以使用关键词在一些文献数据库中进行搜索。在我国比较常用的社会科学的文献数据库有万方数据库、中文学术期刊数据库以及维普中文期刊数据库等，国外的西文数据库包括 ABI、EBSCO 和 JSTOR 等。在这些数据库中，可以找到一些学术期刊和一些实用型的非学术性期刊。当然在一些数据库中，还可以查找到书籍、硕博士的学位论文和一些课题报告等。除了图书馆中提供的数据库外，互联网也是一个很好的资料来源，例如通过 Google 中 Google Scholar 对文献进行搜寻，往往能够得到丰富的文献。当然在互联上搜集到的许多文献，没有办法得到全文，这时可以转向学校的图书馆或者相关的数据库，再查找全文。

当然，作者应该对相关课题的最新近文献有所了解并进行收集。没有对这些文献的回顾会使自己对所研究课题的最新进展缺乏了解，以致影响到研究的质量。从这点来说，文献的搜寻和综述是一个“永无止境”（never-ending）的过程（Welman & Kruger，1999）。

所综述的文献大多应该是一手的（primary sources）。一手资料或者称原始资料主要指的是那些由直接经历、目睹事件的人以文字、照片、录音或者是其他形式对相关事件所作的记录，这些一手资料能够对所研究的事件提供直接的证据

(Taylor & Bogdan，1984；Welman & Kruger，1999)。在学术文献中，那些针对某个问题而进行的原始研究和讨论就是一手资料，也可以称之为“一手文献”。相反，二手资料（secondary sources）指的是在相关事件上提供的非直接信息，这些信息不是建立在对事件的亲身经历基础之上，而是通过直接经历人的记录或者叙述而得到相关信息（Taylor & Bogdan，1984；Welman & Kruger，1999)。在学术文献中，有时候可以看到对其他人的研究结果和观点进行转述和评论，而不是自己亲自进行研究而得到的结果，此类对于别人研究成果的转述或评论就是一种形式的二手资料或者二手文献。过多地引用二手文献是比较危险的，原因是二手文献的提供者在解读别人研究结果时往往会加入自己的理解，甚至会有一些偏见，毕竟每个人对于一个事物的看法是不同的（Welman & Kruger，1999)。

此外，在有些情况下可能无法找到原始的文献，例如看到某个作者所引用的文章在一个无法找到的非主流的期刊中，或者是一个在会议上宣读的文章但是大会并没有出版论文集。如果在这种情况下确实需要引用该文献，就不能按照已经阅读了这篇文章的方式来引用，而是应该采用一种如美国心理研究学会（American Psychological Association，APA）制定的格式，以表明引用者是从另外一个作者的文章里阅读到该作者对于原始文章的转述（Cone & Foster，1993)。这种格式需要给出原文献以及引用的文献，如原作者、时间以及引自的作者和时间。

最后，对于一些实用型的期刊例如在我国比较知名的《世界经理人》、《销售与市场》、《商业评论》等，这些期刊的主要阅读人群为业界人士，同样是平时获取有价值信息的渠道。但是它们和学术性论文还是不一样的：学术性的期刊一般经过比较严格的评审，数据来源和分析方法等方面在文章中也有比较完整的呈现，因此可以从数据来源、数据分析以及结果等方面对相关研究进行回顾和评判，并提出自己的观点；而对于实用类型的期刊或者称杂志，一般来说在数据等资料来源以及研究方法方面基本没有涉及，无法判断相关结论和观点的正确性和可靠性等（Cone & Foster，1993)。因此，在文献综述时一般不会轻易引用这些期刊中的结论。当然，在一篇文章的引言部分，为了充分论证所研究课题的现实意义和研究的必要性等，有时候会引用来自这些实用型期刊的结论或者观点，读者可以参看在后面案例中的相关评述。

四、对文献的有机整合

文献综述是由对每一篇文章的总结组成。因此在写作文献综述的过程中，首先需要对文献中的每一篇文章进行很好的总结和评论。就每一篇文章，最好能够做一个读书笔记，最后将这些笔记进行综合并最终形成完整的文献综述。

阅读每一篇文献，不仅仅要对其中重要的结论和启示进行记录和总结，而且还应该有批判性和建设性的评价（Welman & Kruger，1999），比如说找出文献的缺陷。具体说来，在阅读每一篇文献时，需要考虑哪些是该文献所没有回答的问题、研究可能存在哪些方法上的问题、所提出的对未来研究的建议是什么等。特别是对于实证性的文章，尤其需要关注的是研究的逻辑推理、研究方法以及研究结果报告部分，而不是最后作者给出的结论（Cone & Foster，1993）。需要仔细审视作者们的发现，自己是否同意作者的结论，以及作者们是不是没有对其中的一些结果进行很好的讨论，或者夸大了自己的结论及其理论和实践意义（Cone & Foster，1993）。下面是笔者曾经做过的一篇读书笔记的部分内容，也就是对一篇文章的回顾（对于文章的评述包括存在的问题和批评的内容需要结合其他文献进行，因此在这里略去），请读者作为参考。

读书笔记例：

引自：Dwyer F R，Oh S. 1987. Output sector munificence effects on the internal political economy of marketing channels. Journal of Marketing Research，24 (4)：347-358.

① 本文主要研究的是渠道的外部环境对于渠道成员之间关系的影响。所谓的外部环境指的是渠道成员所需要资源的稀缺程度，具体体现在市场上这类资源的稀少性或丰富性。渠道成员之间的关系主要考虑的是供应商对于零售商或者经销商的控制。

② 从本文综述的文献看来，Etgar（1977）较早地将渠道的外部环境与渠道内部成员关系相联系，发现市场需求的稳定和成长状况、渠道间的竞争（inter-channel competition）以及自我服务技术（self-service technologies）会影响在供应商控制下的渠道中供应商的领导地位，具体来说即 Etgar 认为在面临严峻外部环境下的渠道中，会催生渠道领导者。

③ 从 Etgar 的研究开始，政治经济的研究框架被运用到营销渠道的研究中，揭示了政治和经济这两种力量的交互作用。这里，内在经济（internal economy）指的是渠道的垂直经济架构（vertical economic arrangements of a channel system）以及决定交易条件的机制。内在政治（internal polity）指的是渠道内的权力分配和渠道成员间合作或者冲突的程度；外部经济（external economy）指的是市场结构、竞争力量、结构的可变性、集中度以及供应的充足程度和需求状况。外部政治包括外界的机构和合作伙伴，这些机构和伙伴可能会寻求改变渠道的目标和社会合理/合法性（social legitimacy）。

④ 外部和内部的关联性：外部的条件对于渠道内部的政治经济来说意味着限制或者机会（Dwyer & Welsh，1985，引自本文）。外部环境使得渠道内部管理人员面对不确定性（Brown，Lusch & Koenig，1984，引自本文）和依赖（dependence）（Aldrich & Mindlin，1978，引自本文）。

⑤ 本文认为，从以往的研究结果可以看出：外部环境的可变性会产生依赖的后果，这种依赖的后果会促使供应商采用简单一些（如整合）的渠道体系，并巩固其对于下游渠道成员的影响。多变的环境代表着更大的不确定性，因而需求分散（decentralized）和非常规（informal）的决策结构。

⑥ 资源的富足度（munificence）即关键资源的可获得性和充足程度，可以被用来作为衡量外部环境的一个重要指标，Pfeffer 和 Salancik（1978）是较早提出这个概念的学者，他们认为资源的富足度将会影响一个社会系统（social system）内部的冲突，而组织会受到控制资源的成员的影响。此外，本文给出了一些文献来论述上述变量对于渠道成员间关系的影响。如 Hermann（1963）提出组织出现危机以及资源的短缺会使组织内的权力出现集中趋势（centralization of authority）。资源的缺乏同样被认为会影响渠道中成员单位间的冲突，并刺激产生联合决策的需求（Pondy，1970）。

⑦ 对于营销渠道来说，重要的是有效地维护成员间的关系（Achrol，Reve & Stern，1983）。因此应用在渠道上，在环境对于组织内部的影响方面，所关注的点就应该是渠道成员关系的质量。本文用三个变量来反映这种质量：满意（satisfaction）、弱化的机会主义（minimal opportunism）以及信任（trust）。

⑧ 对于营销渠道来说，上述内容可以总结为三个因素和两个路径：外部环境→渠道成员间依赖关系（states of interdependence）→渠道成员间关系的质量。外部环境用富足度衡量；成员间依赖关系用“组织架构”（bureaucratization）来度量；而关系质量也即本文最终关心的因素，可以用上述三个变量来测量。

⑨ 就上述第一个关系来说，本文认为资源的富足度对组织架构（bureaucratization 或者 channel governance）的影响是基于两个机制：一是服务一个所谓富足或者称为宽松的市场（rich market）以及一个贫瘠的市场（lean market），不同的市场对于营销技术和销售过程的要求是不一样的，因此会进一步影响渠道被“官僚地控制”（bureaucratically controlled）的程度（Ruekert，Walker & Roering，1985）。同样的，Etgar（1977）指出在产品生命周期的早期阶段，渠道不适于集中控制。相反，创造力和成员个体的发挥很重要；而在一个衰退的市场下，渠道成员之间的竞争往往白热化，物流功能和渠道维护的功能其重要性凸现，在这种情况下，标准化和集中化就变得重要，目的是为了使渠道运作更加有效以及更加有利于渠道成员的生存。二是基于权力理论（power theory）之上，所谓的权力理论其核心是资源依赖。在一个市场状况较好情况下，渠道有较好的盈利空间，供应商（厂商）的品牌力量和市场份额起到较为重要的作用，在这种条件下，下游的零售或者经销商对于上游的作用增强，因此获得一定的权力。这样一来，对上游成员的约束增加，同时也给下游成员比较宽松的渠道地位。

⑩ 通过对文献的回顾，本文发现相关的实证研究主要立足于两个方面来探

讨渠道的管理架构（governance structure）。一是组织的复杂程度（organizational complexity），也即渠道的垂直整合程度（vertical integration）（Dwyer & Welsh，1985）和成员间组织结构（bureaucratic structuring）（John，1984）。对于本文所关心的后者（注：本文并没有涉及渠道的垂直整合），本文在综合以往研究的基础上提出三个纬度（dimensions）来进行描述和衡量：正规化（formalization），即基于明确的规则和程序进行决策的程度；参与度，即渠道成员参与决策的状况；集中，即决策权是否集中于某个成员一方。因此，第一个要研究的变量间的相互影响路线是：环境的富足度到这三个变量，本文并据此提出假设。

⑪ 第二个关系是从变量组织架构到关系质量（relationship quality）。如前所述，本文用三个变量，即满意、机会主义和信任来衡量关系质量。因此第二个要研究的变量间的相互影响路线是：组织架构到关系质量。本文据此提出相关假设。

⑫ 最终的实证研究结果表明，上述的第一层关系是成立的，第二层关系应该不是我们所关注的要点，故在此处省略。

前面谈到，一个完整的文献综述建立在对文献中每一篇文章的充分理解基础之上，但关键的问题是如何将对这些文献的理解和评论做一个有机的结合，组成一个整体。只有这个整体才使得研究者能完整地理解相关的主题、文献中各个研究的优缺点和相互之间的关联。在这个过程中，“既要看到森林，也要见树木”（Cone & Foster，1993）。文献综述不仅仅是将文献中的研究结果和观点进行一个简单的罗列和集合，作者还必须清晰地阐述这些研究结果和观点之间的联系，以及它们与自己正在进行研究之间的联系。例如，哪些研究在相关问题上有相似的观点，不同的观点之间存在什么具体的差异、原因是什么，以及这些差异和自己的研究有什么联系等（Kumar，2005）。通过文献回顾，作者可以对文献中不一致甚至是矛盾的结果和观点有个清晰的了解，或者找出文献的空白，这将给自己为什么要进行相关的研究找出理由、提供一个佐证。例如通过文献综述，作者可以明确自己的研究会对文献中的不一致和矛盾的地方进行澄清，也可以填补文献中的空白（Welman & Kruger，1999）。

在这个过程中，比较困难的是不同的研究在该问题上的观点和结论来自不同的角度，不同学者表述的方式也不尽相同，那么我们如何按照一个合理的线索将这些研究有机地整合起来，而这个线索必须和自己的研究密切相关，并且能够为自己的研究服务（Welman & Kruger，1999）。要实现这个目标，需要文献综述者多次的实践，在实际写作中具体体会，通过分析案例进行学习也是一个较好的方法。

最后，文献综述是学术论文的一部分，既然是学术性的论文，就应该用最简单的语言将主题思想表述出来，而避免使用带有感情色彩的语言，正如在学术界的一个通常的说法：“好的论文就是用最简单的语言把问题说清楚。”一篇好的学术论文，其核心是逻辑和思维，而不是语言的华美。因此作者需要注意语言的简洁、平实和准确。

五、对文献的引用

在文献综述的过程中，作者应该注意使用自己的语言，在充分理解原文的基础上用自己的话将原文的思想表述出来。而在教学实践中，笔者发现一些作者往往将原文中的内容直接进行引用和粘贴，对于外文文章的引用可以明显地看到直接翻译的痕迹。当然，文献综述中并不是完全不可以直接引用（quotation）。一般来说，如果作者认为原文的表述非常精确和到位，用自己的语言进行转述会失去很多有价值的信息、不能体现出原文的含义，在这种情况下，可以进行直接的引用，但是必须注明引用的文献和页码（Creswell，2002；Welman & Kruger，1999）。

对于原文的直接引用有两种形式：一是引用原句，那么要使用引号，并且给出引用文献和具体的页码；二是对一段文字的直接引用，除给出引用文献外，还应该使用单独的段落，并在后给出所引用文献的页码。当然，大多数期刊的格式要求在引用整段文字时，单独的段落还要左端缩进。具体的方法请读者参考本书提供的具体案例。

在本节的上述内容中，结合一些关于研究方法方面的书籍，对文献综述的目的、方法和大概的程序以及注意的几个问题进行了论述。但是从目前有关如何写作文献综述的文献来看，基本上大同小异：虽然给出了文献综述的思路和方法，但是并没有就文献综述中容易出现的种种问题进行阐述。从笔者的教学实践来看，这些文献无法给初学者一个清晰的思路和具体的示范，也没有办法从根本上解决他们在写作文献综述过程中遇到的各种问题。正如一位学生在笔者的“文献综述和研究方法”课程中所谈到的：“看了如何组织文献综述的文章和书籍，好像都懂了。但是一拿起笔开始综述文献的时候，感觉还是无从下手，也不知道具体应该如何组织文献综述的线索、如何将个别的文献有机地整合，也不清楚什么才算是‘建设性的评述文献’等。”

成熟的文献综述需要综述者在写作的过程中持续地练习，这其中是没有捷径的。作为教师和研究人员，自己也需要在这个过程中不断地体会，努力使自己对于文献的综述更加准确、清晰，并服务于自己的研究。除了练习之外，笔者发现使用案例教学可以明显提高学生们对于如何综述文献的直观感受和认识。因此，后面的章节将一些学生的论文作为案例，通过对这些案例的讨论和评述，使得读者对文献综述中出现的具体问题有个直观的了解。

在文献综述中容易出现的问题是包罗万象的，有些常见问题在将给出的案例中会多次出现，在每一篇案例中对这些问题进行评述难免会有重复。但是，在对任何一篇案例文章进行评述时，必须保持文章的完整性，否则读者无法了解整个文献综述案例文章的整体和逻辑。因此笔者没有将这些案例文章进行分解、按照案例中出现的某类问题分节进行讨论并随后进行总结，而是将每一篇案例及其评述作为一节，对每一个案例都进行了比较完整的评述，这样在几个小节中就难免会出现对某一类问题的反复讨论。

参考文献

陈向明．1996. 社会科学中的定性研究方法．中国社会科学，6：93-102.

Burns R B. 2000. Introduction to Research Methods. 2nd ed. Thousand Oaks, London: Sage.

Cone J D, Foster S L. 1993. Dissertation and Theses from Start to Finish: Psychology and Related Fields. Washington D C: American Psychological Association.

Cooper H. 1984. The Integrative Research Review: A Systematic Approach. Newbury Park, CA: Sage.

Creswell J W. 2002. Research Design: Qualitative, Quantitative, and Mixed Methods Approaches. 2nd ed. Thousand Oaks, CA: Sage.

Kumar R. 2005. Research Methodology: A Step-by-step Guide for Beginners. 2nd ed. Thousand Oaks, London: Sage.

Lincoln Y S, Guba E G. 1985. Naturalistic Inquiry. Beverly Hills, CA: Sage.

Lincoln Y S, Guba E G. 2000. Paradigmatic controversies, contradictions, and emerging confluences//Denzin N K, Lincoln Y S. Handbook of Qualitative Research. 2nd ed. Thousand Oaks, CA: Sage: 163-188.

Marshall C, Rossman G B. 1999. Designing Qualitative Research. 3rd ed. Thousand Oaks, CA: Sage.

Maxwell J A. 1997. Designing A Qualitative Study//Bickman L, Rog D J. Handbook of Applied Social Research Methods. Thousand Oaks, CA: Sage.

Taylor S J, Bogdan R. 1984. Introduction to Qualitative Research Methods: The Search for Meanings. New York: John Wiley & Sons.

Welman J C, Kruger S J. 1999. Research Methodology for the Business and Administeration Sciences. Cape Town, South Africa: Oxford University Press.

第二章　文献综述案例评述：纯文献综述类型的文章

总体上来看，我们一般在两类文章中会涉及文献综述。一是纯文献综述类文章，这类文章和一些理论和实证研究不同，不是讨论和研究某个具体的理论或者是对相关理论进行实证性的检验，而是对某一方面研究的文献进行比较详尽的回顾，并在这个基础上对文献中存在的不足、矛盾，以及未来研究的方向进行总结和探讨。一般来说，这类纯文献综述类文章所回顾的文献数量大，基本囊括了相关文献中的研究，同时有作者自己对文献的总结和评述。在这类文献综述中，作者容易出现的问题是多方面的，如对相关文献只是简单的罗列而缺乏归纳、总结和评论；在对文献的回顾中以作者为线索，没有结合所探讨的问题进行文献的安排；没有对文献做出自己的评论等等。

二是在理论和实证性的文章中进行的文献综述，例如在实证性的文章中作者研究的主题是对相关的理论、研究框架等进行实证性的检验。这类文章在管理学文献中常见。例如在定量的实证研究中首先要对相关的文献进行回顾，在此基础上提出自己的研究问题。在定性的研究中对于文献的回顾和定量研究是有些区别的，例如是在提出研究问题前还是之后进行综述等等，对于定性研究中如何进行文献综述的问题，读者可以参考相关的定性研究方法书籍。本书主要结合定量研究来讨论如何在实证研究中进行文献综述。

在纯文献综述类文章中，作者容易出现的问题中有些问题在实证性文章的文献综述中也同样存在，而有些问题是在这类文章中比较突出的。在这一节中，给出几篇硕士和博士研究生的习作，并结合这些案例进行评述，相信可以帮助读者发现其中存在的主要问题。当然在每一篇案例文章中，对于一些细节性的问题也给予了评述，这些细节性的问题有时是比较难以总结和归纳的。虽然在每一篇案例中对所有问题进行评述会显得重复，但是为了对读者有些帮助，并保持对每篇文章评述的完整性，笔者还是在每个案例的评述中指出了这些细节性的问题。

第一节　案例一：中国旅游节庆活动研究综述

本文主要通过中国全文期刊数据库，以“旅游节”、“文化节”、“节庆”、“节庆活动”、“节庆旅游”、“旅游节庆”、“节庆经济”、“旅游节事”为关键字，将发表时间在 1997 年至 2003 年期间的文章进行了搜索，共查询到 49 篇节庆研究论文和30篇有关节庆举办情况的报道。这些数据主要集中在科技期刊、经济研究及普通学报等上。其中科技期刊类具体包括《社会科学》、《社会科学家》、《科技进步与对策》、《山东体育科技》、《山东统计》、《安徽建筑》、《新闻爱好者》、《旅游科学》、《体育科学》、《海岸工程》、《旅游学刊》、《桂海论丛》和《乡村月谈》等；经济研究类具体包括《浦东开发》、《江苏商论》、《上海综合经济》、《上海经济》、《今日上海》、《旅游经济》、《资源论坛》、《技术经济》和《商业经济与管理》等；普通学报类具体包括《桂林旅游高等专科学校学报》、《宁波大学学报》、《河北大学学报》、《大连教育学院学报》《兰州大学学报》、《温州大学学报》、《广西民族学院学报》和《新闻大学》等。

从论文发表的时间上来看，2000年以后（含2000年）发表的文章数量为40篇，占总数的82%，由此可以看出近几年学者们对旅游节庆的研究呈明显的上升趋势。总结其研究侧重点，可以发现包括以下几个方面：

① 节庆活动与城市的关系（20篇）。主要研究节庆活动对城市旅游产业的重大作用、存在的问题并在此基础上提出发展节庆活动的建议，其中有8篇是对上海旅游节的专题研究。

② 民族传统节庆的开发研究（10篇），诸如对具体民族传统节日的调查、节庆旅游资源的开发现状、可行性分析、开发构想及传统节日的社会学研究等。

③ 市场运作、筹资办法的专题研究（5篇）。

④ 从经济学角度的分析（6篇），包括节庆活动的经济学内涵及效益机理等。

⑤ 新闻界对节庆活动报道的总结性研究（2篇）。

⑥ 其他（6篇）。

评述：

① 其实这两个自然段应该是一个引言，但是在这个部分作者没有使其成为一个整体，也就是说缺少了一些内容。例如作者可以对为什么要进行这个课题研究进行说明，指出在实践中或者理论上的重要性等。此外，作者如果在本部分的内容之后介绍一下本文内容的安排等，也会起到一个很好的过渡作者。请参考下面的两个引言部分的例子，当然没有必要一定按照这个格式来组织自己的引言部分。

例文1：

过去几年中，渠道在我国营销理论界和业界是一个重要话题。相关探讨主要集中在两个方面：一是企业如何构建合适的营销渠道；二是渠道的管理，这个方面的核心问题之一是如何管理渠道成员、改善渠道成员之间的关系。

要建立和维系一个高效的营销渠道，渠道成员间的良好合作必不可少（Anderson & Weitz，1992；Kumar，Scheer & Steenkamp，1995；Mohr，Fisher & Nevin，1996）。就如何构建良好的合作关系，Morgan和Hunt（1994）提出了承

诺-信任理论（commitment-trust theory）。这个理论的核心是对于合作的承诺以及对合作方的信任，认为承诺和信任是影响渠道成员间长期合作关系的关键因素。

但过去的文献大都从权力（power）的角度来研究合作关系问题，所谓的权力就是建立在一个渠道成员所拥有的重要资源的基础上对合作对方所产生的影响和控制力（张黎 & Dickson，2004）。然而承诺-信任理论而不是权力理论（power theory）可以使我们可以更好地研究合作关系，原因是权力强调控制和对抗，然而在控制基础上的合作是被动和消极的，不能保证从根本上建立长期合作关系（Morgan & Hunt，1994）。相反，承诺和信任这两个因素是长期合作关系得以建立和维系的基础，他们可以使企业和合作伙伴良好相处，不以短期的利益为导向（Andaleeb，1996；Dwyer，Schurr & Oh，1987；Gundlach，Achrol & Mentzer，1995；Scheer & Stern，1992）。下面我们将首先回顾文献中对于承诺以及影响承诺的因素的讨论。

引自：张黎．2007．经销商对合作关系的承诺及其影响因素．营销科学学报，3（3）：13-30.

例文 2：

由湖南卫视打造的超级女声活动在全国范围内受到了极大的关注，产生了较大的影响，这与蒙牛集团在背后的运作有着密切的关系。蒙牛以旗下的一个产品品牌酸酸乳通过赞助的形式向超级女声注入了赞助资金和提供宣传辅助。而另一方面，蒙牛酸酸乳也通过赞助超级女声获得了产品销量的增加和品牌知名度的提高。从营销传播角度来看，蒙牛通过这个赞助活动迅速而且大幅度地提升一个产品的知名度对于谋求建立产品品牌的国内企业是一个有益的启示。

尽管赞助在达到提升企业和品牌知名度、提高产品销量等营销目标方面的重要性已被广泛认同，但在如何科学地评估赞助活动的效果方面还没有达成一致（Cornwell and Maignan，1998）。较早期的研究大多数以赞助品牌的知晓度作为赞助的主要目标来测量，另外还有部分研究关注的是赞助前后消费者品牌购买意愿的变化。由于后续的研究逐步意识到品牌形象的重要性，一部分学者开始将研究重点转移到赞助对消费者如何感知品牌形象的影响上来，品牌形象作为赞助的结果变量越来越受到学术界的重视（Walliser，2003）。

在我国，虽然越来越多的企业通过参与赞助活动进行营销传播，开始意识到赞助对于产品营销的帮助，但是在实际操作上并没有真正把握赞助对品牌创建、维护和提升的作用。没有将关注点放到赞助活动对赞助品牌形象的影响上，学术界对赞助效果的研究还停留在泛泛的意义和作用的介绍（黄升民，2004；卢长宝，2005）。因此，本研究将以蒙牛酸酸乳对超级女声活动的赞助作为研究对象，从品牌形象转移的角度来研究赞助活动的效果，分析影响品牌转移效果的因素。下面我们首先对相关理论和实证研究进行一个回顾，并在此基础上提出相关假设。

引自：张黎，林松，范亭亭.2007. 影响被赞助活动和赞助品牌间形象转移的因素——基于蒙牛酸酸乳赞助超级女声的实证研究. 管理世界，166：84-93.

② 作者在第一个自然段一一列举了文献出自的期刊，一般这样的做法是不必要的。因为这样列举具体的期刊并不能给我们带来什么额外的重要信息，更何况读者在最后的“参考文献部分”可以得到这些具体的期刊信息。因此，相比第一段，第二段的总结就显得有价值一些，至少我们能够从这些文字中了解到从数量上来说，文献在这些年来的发展。此外，对文献从哪几个方面研究了旅游节庆活动的总结也有助于我们对相关文献的了解。

(续原文)

一、概念、特征及分类

文献综述发现，学者们在研究旅游节庆及相关问题时，经常使用如上述搜索关键字中使用的词语（“旅游节”、“文化节”、“节庆”、“节庆活动”、“节庆旅游”、“旅游节庆”、“节庆经济”、“旅游节事”、“节庆文化”、“特色节庆”等）。国外理论界称其为 Hallmark Tourist Events，直译为“旅游节事活动”。这些概念互有重复，但在含义上只是略微有区别。

赵睿（2001）认为节庆旅游是指一定区域范围内能对旅游者产生吸引和向往、有可能被规划开发成旅游消费对象的各种节庆庆典活动的总和。陈文君（2002）认为旅游节庆是以各种节庆活动为依托，经过一定的旅游开发形成的一种特殊的现代旅游产品。而章平（2000）的节庆旅游概念主要指的是“经济文化节”，即以经济文化为主题的大型专项旅游活动。李力和崔卫华（1999）认为，旅游节庆是一些内涵丰富多彩的旅游项目或一次性结束的特殊事件。李玉新（2003）则明确提出由节庆引起的旅游为节庆旅游（节庆和节庆旅游二者不应混为一谈）。此外，兰铁民、何放对特色节庆，李布和文晴对节庆文化，张伦书对节庆，史铁华、何玲、王子新和樊中红（2003）对旅游节庆都作了定义。从以上定义可总结出，旅游节庆（以下采用该名称）的概念有一共同的核心，即强调以旅游资源为依托的旅游活动或事件。

在旅游节庆的特征研究方面，和立新和庞风东（1998）、郭伟（2001）、朱佩军（1998）、赵睿（2001）等认为旅游节庆具有动态参与性和社会性；章平（2000）在将旅游节庆与一般节庆活动对比后得出旅游节庆具有季节性、联动性和综合性等特征；李力和崔卫华（1999）将旅游节庆的构成概括为兴奋、娱乐和炫耀三个要素，并将每个要素分解为若干特征；周玲强和冯晓虹认为旅游节事活动的文化性和地方性表现得特别突出。吉文桥（2003）将旅游节庆的特征总结为经济性、群众性、创新性、地方性、休闲性和可持续性。

评述：

① 上述以作者为线索进行的概念综述并不是最好的办法，其实读者需要了解的是这些定义在本质上存在什么区别、分别从什么角度进行的定义、被广泛接受的定义是什么，以及旅游节庆这个概念在这些年来有什么发展、变化等问题。作者应该从这些方面进行相关文献的综述。

② 既然讨论到了概念，那么不仅仅需要对现存概念的不同表述方式进行介绍，更重要的是对这些概念的核心思想和共同点进行总结和归纳，还可以分析为什么会存在不同的表述等。当然最好可以提出自己的概念。

③ 在相关研究中，学者们到底发现了旅游节庆的哪些特征、其中比较关键的特征是什么、应该从哪几个主要的方面去总结旅游节庆的特征等是这部分文献回顾所应该回答的问题。而以学者作为文献回顾的线索显得比较松散，在很大程度上失去了文献综述的意义。

④ 在一篇学术文章中，对于一些概念需要在全文中进行统一，即不能变换概念的名称。这里作者指出了对于旅游节庆这个概念有不同的表述，并进行了讨论。那么之后，就应该交代一下本文如何称呼这个概念，并在文章余下的内容中要做到统一。然而，在前面的内容中，虽然作者对这个概念进行了统一（例如作者写道："以下采用该名称"），作者在文章后面内容中表述这个概念时用到了"旅游节庆"、"节庆旅游"和"旅游节事"，这样是不规范的。

（续原文）

就旅游节庆的分类来说，各学者采用的分类方法不同，内容也不同。赵睿（2001）在分析上海旅游节时依据主题性质将其分为商业类、文化类、体育类、政治类和科教类等；范春（2001）将商业节庆分为"以旅游促旅游的节"和"旅游为媒、文化搭台、经贸唱戏的节"；石玉凤和单博诚按照文化特征将节庆活动分为政治类活动、传统民俗节庆活动、传统的地方民族节庆文化活动、地方特色节庆文化活动以及专业性较强而民众参与性较差的节庆活动，并指出第一类和第二类经济功能不足而第三类和第四类是以经济利益为目的的；蔡晓梅（2003）将城市的节事活动分为传统节庆型、商务型、博览型和体育型；吉文桥（2003）以"命名物"这一形象载体将节庆分为工业性产品节、物产节、自然景观节、人文景观节、历史文化节、生产经营活动节和休闲娱乐活动节等七类。此外，从主办者身份来看可以分为官办、民办以及官民联办的节庆；从组织形式来看又分为独办与联办的节庆；从举办地点来看还分为本地节与异地节。

评述：

① 同上，这部分的文献综述存在相似的问题，即没有抽象出划分旅游节庆的实质性标准。相反，作者按照学者的线索对相关文献进行回顾，显然这样的线

索是存在缺陷的，使得文献综述带有明显的文献罗列、堆砌的痕迹。

② 进一步说，作者没有将一些分类方法在本质上阐述清楚。例如作者提及“范春（2001）将商业节庆分为‘以旅游促旅游的节’和‘旅游为媒、文化搭台、经贸唱戏”的节。”从这个对相关文献的回顾可以看出，作者并没有对文献进行一定的加工和总结。其实从这句话中可以看出，范春（2001）对商业节庆的划分是按照以旅游本身为导向或者以旅游、文化和经济贸易活动这个整体为导向来进行划分的。从这个案例可以看出，在进行文献综述时，作者应该在一定程度上对相关的文献进行总结和加工，提炼后以服务于自己的研究目的。

③ 最后，作者提及对旅游节庆的划分还可以从主办者身份和组织形式来进行，但是这里没有明确给出所引用的文献及出处，这是不严格的。

（续原文）

二、城市旅游节庆研究

在收集到的20篇关于旅游节庆与城市研究的论文中，有18篇都是对具体城市某一具体旅游节庆活动的专题性研究。关于上海旅游节，学者们对其特点、内容、面临的问题、发展历程、成功经验及发展对策都有较为详细的论述，如赵睿（2001）、郭伟（2001）、冯学钢、王慧敏（2002）和吴国清（2002）。对于青岛啤酒节、宁波的大型旅游节庆活动、大连服装节、泰山国际登山节、南宁国际民歌节、哈尔滨冰雪节、黄山国际旅游节、云南陆良国际彩色沙雕节、闽澳津妈祖文化旅游节、广州的旅游节、河北的旅游节、温州旅游节和盱眙中国龙虾节等，学者们也都有详细的研究，如张文清、贺小岚和章平（2000）、李力和崔卫华（1999）、和立新（2000）、兰铁民、何放、李布、文晴、王景富和王立军（1999）、赵鸿翔（2002）、苏永清（2000）、蔡晓梅（2003）、王子新和樊中红（2003）、夏太生（2003）以及吉文桥（2003）等。

以上列举的这些旅游节在我国都是知名且举办得比较成功的一些节庆活动。它们虽是各地的具体案例，但在节庆所起的作用、存在的问题以及发展经验方面都有诸多共通之处，因此对其加以总结分析，一方面有利于节庆自身的完善与发展，另一方面给正在起步的我国旅游节事活动以指导或借鉴。

评述：

① 请注意作者对于相关文献的这么一个回顾：“关于上海旅游节，学者们对其特点、内容、面临的问题、发展历程、成功经验及发展对策都有较为详细地论述，如赵睿（2001）、郭伟（2001）、冯学钢、王慧敏（2002）和吴国清（2002）。”那么相信读者从这句话中基本上得不到任何有价值的信息，如上海旅游节的特点、内容、面临的问题以及成功的经验等到底是什么，这个对于上海城

市旅游节的研究为相关文献提供了什么有价值的贡献等。其后，作者提及了对其他一些城市的节庆活动进行的研究以及相关的学者，如青岛啤酒节、宁波的大型旅游节庆活动和大连服装节等，并在其后给出了一连串的引用文献。然而从这些信息中，读者没有办法辨认到底是那个学者进行的是具体什么城市的研究，更无法得知相关研究得出了什么有益的结论，以及从这些研究中可以归纳出什么信息。因此这样的形式不是文献综述，而是研究的罗列。

② 这里作者犯了“蜻蜓点水”的毛病，即没有涉及问题的关键，仿佛只是摆出了一个文献回顾的“姿态”，没有具体的内容，读者也得不到所需要的信息。毫无疑问，读者在阅读这篇文章时，想要了解的是相关作者在研究具体城市承办的某个旅游节时，是从什么具体的角度进行研究的、得出的主要结论是什么、对于学术界和业界的启示是什么、通过对这些城市节庆的研究可以总结出什么规律性的东西等，而不是简单地知道是谁研究了什么城市的节庆活动。

③ 最后作者论述到：“…… 虽是各地的具体案例，但在节庆所起的作用、存在的问题以及发展经验方面都有诸多共通之处，因此对其加以总结分析，一方面有利于节庆自身的完善与发展，另一方面给正在起步的我国旅游节事活动以指导或借鉴。”在这里及后面的内容中作者并没有给出文献中对这些具体案例的总结和分析，作者自己也没有在文献回顾的基础上对这些案例进行总结和分析，那么在这里提出对案例进行总结和分析其目的到底是什么？读者可以从这样的论述中得到什么有价值的信息？这样的文献综述也失去了价值，因为没有对这些问题的回答。

（续原文）

1. 旅游节庆的作用

文献认为，成功的节庆活动一方面可以推动城市经济的发展，带来物质文明方面的经济效益，另一方面为城市文化的定位奠定了基础，带来了精神文明方面的社会效益。具体来说，在经济功能方面，旅游节庆不仅吸引了当地居民的参与，还吸引了国内外游客，增加了客源，成为旅游发展的推动力和先导。同时，旅游节庆可以体现出城市的综合管理水平，向游客传递出丰富的都市旅游形象，有助于打造城市的品牌。当然，旅游节庆也直接繁荣了当地经济，短期内调整地方旅游资源结构，促进了城市相关产业的发展。在文化功能方面，旅游节庆有利于弘扬民族传统文化和融合国内外优秀文化，增加该城市乃至国家的旅游吸引力和凝聚力。

评述：

① 旅游节庆的作用应该是本文所要讨论的重要问题之一，而作者用于论述

作用部分的篇幅较少，也没有给出所引用的文献。从这点上看，上述内容不是一个文献综述，而是作者自己并没有根据的观点和评论。

② 作者提到旅游节庆在经济功能方面可以体现城市的综合管理水平，向游客传递出丰富的都市旅游形象，有助于打造城市的品牌等，这些都是具有结论性的论述，相信有许多文献就这些问题进行了研究，并得出了相关的结论。因此作者不应该不依据相关研究的结果就得出这么一个结论。同样，作者论述说“旅游节庆也直接繁荣了当地经济，短期内调整地方旅游资源结构，促进了城市相关产业的发展”。这也是一些具有结论性的观点，应该引用相关的研究来佐证这些观点。文献综述的基本目的之一是作者利用文献中相关研究的结果来提出、整合一些观点，并在此基础上进行总结、归纳和评论，在需要时也借用文献中的结果来论证自己的观点。因此从本质上说，文献综述部分不是一个实证研究，一般就某个问题应该引用相关研究的发现和观点，而不是凭空给出自己的结论。

（续原文）

2. 旅游节庆存在的问题和对策

总结节庆活动存在的问题，主要集中在以下几个方面：城市形象不够鲜明；城市硬件设施不够完善；忽视地方特色、创新内容不多；市场调研较少、产业化程度不深；旅游纪念品开发欠缺；对外宣传力度不大、品牌意识不足、促销缺乏系统性；时空布局不合理；持续发展观念淡薄；缺乏足够的参与性和开放性；政府干预过多、市场作用远未发挥；投入产出不成比例；华而不实、财力不胜；市场管理无序、缺乏科学规划（章平，2000；郭伟，2001；盛红、董玉明、周玲强、冯晓虹和吉文桥，2003）。

针对以上问题，相关研究提出的发展对策为：深化认识旅游资源概念，变“小旅游”为“大旅游”；建设硬件和软件、营造节庆良好氛围；加强整体形象促销及促销力度；走产业化道路，以节创收；注重特色和创新；大力开发旅游纪念品；注重节庆的宣传、包装和促销；时空布局合理化；进一步搞好已有的旅游节庆、打造精品旅游节；强调大众参与；政府搭台、企业唱戏，建立健全宏观管理体系；与当地经济发展水平相适应；要有总体、决策、形象、产品、功能、市场等方面的具体策略；放眼国际、面向全国，高起点、高标准（章平，2000；郭伟，2001；盛红、董玉明、周玲强、冯晓虹和朱佩军，1998；赵睿，2001；冯学钢和王慧敏，2002；吴国清，2002）。

评述：

① 作者在列举了 13 条旅游节庆存在的问题后，给出了引用的文献。这样的方法存在一些问题，因为读者无法了解到底是哪位学者提出哪个问题，因此就没

有办法进一步找到相关文献，对这个问题进行更加深入的研究。因此正确的做法是在提出每一个问题之后，应该引用提出这个问题的文献。第二个自然段也存在同样的问题。

② 此外，对于一个观点或者论述所引用文献的排列应该遵循一定的顺序。例如对上述所引用学者姓名的排序（章平，2000；郭伟，2001；盛红、董玉明、周玲强、冯晓虹和吉文桥，2003）可以按照姓氏拼音中第一个字母的顺序，那么郭伟就应该在章平之前，其后是盛红等的研究，在最后才应该是章平的研究。这样的细节是一个规范的文献综述所必须注意的问题。

③ 本文既然是对“旅游节庆活动研究”的综述，那么我们还是需要将重点放在对于旅游节庆的研究上，而不仅仅是旅游节庆本身。那么，就目前的研究来说，还有哪些相关的问题没有被重视和研究？目前的研究角度和理论框架还有哪些问题？我们还可以从哪些领域来分析研究旅游节庆的问题和相关的对策等？这些都是我们应该围绕所谓的“对旅游节庆的研究”这个主题进行的文献回顾和总结分析，而不是简单地对几个文章中的结论进行罗列，这样就失去了文献回顾的意义和深度。

（续原文）

三、旅游节庆的经济学分析

节庆活动是文化现象和经济活动的双重载体。举办节庆活动的实质是以发展为宗旨，以加快人流、物流、资金流和信息流的转换为手段，促进经济、文化和社会全面进步为目标。从这一意义上说，节庆活动也是节庆经济（张伦书，2002）。因此，有很多学者从经济学的角度来分析研究旅游节庆。

石玉凤、李建国以经济学的价值理论为基础，通过建立一系列动态数学模型，得出地方经济文化活动过程中的工作原理和节庆活动的内部结构，分析了这一过程中投入与产出等方面的关系，得出节庆管理和发展趋向的结论；石玉凤、单博诚从地方经济角度着重分析了文化节庆活动的经济学内涵；周玲强、冯晓虹分析了节事经济效益形成的宏观和微观条件，提出节事产业发展要构建有效的产业组织结构；张伦书提出持续创新是节庆经济的灵魂，并设定指标体系对其进行了评价；李玉新（2003）给出了节庆旅游对目的地经济影响的测算方法，并提出了管理策略。

评述：

① 上述部分的综述存在已经评述过的问题，如没有将具体的问题说清楚，读者在阅读后不能获得这些经济学分析到底得出了哪些结论这样的信息。此外，本节在内容的安排上也没有按照合理的线索，而依据的是作者。这些问题在本文

中比较严重，贯穿在每个部分和小节。在下面一节中也存在同样的问题，请读者自己进行分析评述。

② 文献综述的目的是在对已有文献总结和分析的基础上，对目前研究的不足和未来研究的空间、角度和方法等提出自己的建议。那么作者首先应该对文献进行评述，而不是罗列和陈述，这样就失去了提出建议的基础。纵观全文，这个问题是比较突出的。请参见下面的例子并体会。

例文 3：

差价返还价格策略（price-matching refund policy）是在美国等西方国家流行的零售价格宣传策略，在我国也有一些实践。商店运用这个价格策略向消费者保证对于相同或者相似的商品，该店的价格低于竞争对手的价格。如果消费者在购买后的一段时期发现有其他商家提供更低的价格，则由提出保证的商家补偿价差（Sivakumar & Weigand，1996）。

有研究认为，消费者受“差价补偿”策略的影响而倾向于得出商店整体低价的印象，其主要原因是消费者认为那些在比较价格下的商品来说，商店享有价格优势，而这个感觉可能会进一步影响他们对于商店整体价格水平的判断，但是他们对于那些在价格策略宣传中没有包括的商品的价格持怀疑态度，甚至认为这些商品价格相对来说可能高出其他商店（Barowne，Manning & Miniard，2004）。文献中尚没有在何种具体商品上进行“差价返还”价格策略宣传会对商店的整体价格形象产生显著影响的研究报告，这也是文献中的一个缺憾。

有学者认为在商家的价格促销宣传中应该考虑到具体商品种类在消费者整体价格印象形成中所占的权重是不同的，例如 Bell 和 Lattin（1998）发现有些商品种类如熏肉和冰激凌的价格水平在影响消费者整体价格印象中的作用较大。相关学者据此提出了两个划分商品品种的指标（不包括那些季节性很强，偶尔购买的商品如圣诞卡），即单位商品的价格和完成对某个商品消费的周期。之所以选择这两个指标是因为它们会显著影响消费者对于相应商品的关注：消费者对于价格高的商品通常会有比较高的关注，较短的消费周期意味着较高的购买频率，这也会加深他们对这些商品的印象（Alba & Hutchinson，1987；Alba，Hutchinson & Lynch，1991）。因此在消费者感受商店整体价格水平时，相比于其他商品来说，这些商品的影响作用较大。因此认为到底在哪些类别的商品上集中进行“差价返还”宣传可以更加有效地影响消费者对于商店整体价格形象的感受，是未来可以考虑的又一个研究方向。

引自：张黎．2006．“差价返还”价格宣传策略与商店整体价格形象．工作论文．北京大学中国经济研究中心．

从上述例子可以看到，作者不仅对相关文献进行了回顾，而且在此基础上对文献没有涉及的问题进行了讨论，这是我们进行文献综述的最终目的之一。

（续原文）

四、办节机制

从主办者身份来看，旅游节庆可分为官办、民办、官民联办的节庆。在对办节机制这方面的研究上，学者们的观点基本上是一致的，即普遍推崇“政府主导、市场运作”这一模式。

杨继瑞（2002）认为要以市场机制来配置办节资源，并提出了“政府主导、市场运作、产业办节”模式的五大优势：有利于转变政府职能、解决城市办节经费来源、形成文化经济互动机制、较好结合办节的即期效益与后续效益、促进公益性事业和商业活动有机结合，使节庆与企业达到“双赢”。韩庆顺、李仁贵以“中国湖北长江三峡国际旅游节”为案例提出了市场运作筹资办节的12项具体办法和“五步走”的具体策略。《市场化运作大型文体节庆活动研究》课题组对政府在节庆活动中的行为做了界定，并提出应建立多元的筹资机制、大力发展文化中介组织、积极组织志愿者参与、建立科学的财务管理制度等。吉文桥（2003）提出节庆活动要充分运用市场经济规律，将其作为一种商品或品牌来经营，作为一项庞大的系统工程来实施。通过市场化的运作积极凝聚包括企业、行业、民间组织等在内的一切力量来“办节”，达到面向市场求生存、求自立、求发展和求壮大的目的。

五、民族传统节庆的开发研究

学者们对民族传统节庆的研究主要集中在对文化本身的研究和对民族节庆的策划开发两个方面。

在文化研究上，赵东玉总结了中华传统节庆中的禁忌如语言禁忌、行为禁忌和性别禁忌等类型，并从功能角度研究了节庆禁忌有避免招致不幸、提示人们注意气候之变化、留心身体的保养和健康，以及维护节庆气氛、传播文化理念等诸种功能。阮云星（2000）研究了“义序”这个昔日“宗族乡村”的传统节庆，并提出研究者们对现代宗族问题应该从历史学、社会学和人类学等方面综合进行考察、研究。赵东玉（2001）研究得出中华传统节庆受到儒学的渗透和影响，形成儒学化倾向。

在民族节庆的策划开发方面，余青、龙光文（1999）对贵州少数民族节庆活动进行了探析，提出了贵州少数民族节庆活动开发的特点和开发的主要措施。邓明艳（2002）从旅游目的地营销这一角度出发，研究了培育西部旅游节庆的方法和途径。陈爱林对西双版纳的民族节日提出了开发构想。陈少卿对晋商社火节作了调查之后写出了详细的调查报告。这些研究主要集中在具有鲜明的民族特色的民族传统节日的研究上，综合这些研究可总结出：

① 少数民族节庆活动具有如下特点：地域性、多样性、多元一体化、节律性、迁移性、模式性、神秘性、敏感性、稳定性、群众性、传统性等等（范春，2001；余青和龙光文，1999）。

② 少数民族节庆开发存在的问题：规模小、参与度低；多数地方性节庆影响范围较小；基础设施落后、服务水平低；旅游商品单一、缺乏浓郁的地方特色和民族特色；不同程度受到外来文化的同化或异化。

③ 对开发民族节庆的建议：统一规划、系统开发，形成少数民族节庆活动系统体系；重经营讲实效加大宣传促销力度；抓好旅游开发，不断推出新亮点、不断注入新的活力；阐释目的地形象、体现目的地个性；加大规模和参与度；注重大城市的牵动效应，节庆活动要丰富多彩；加强和改善旅游设施；提高导游人员的素质；重视对旅游者行为的管理；提高服务水平。

评述：

如果我们仔细分析作者在上面几个段落中对民族传统节庆研究的回顾，就会发现其实作者并没有提出少数民族节庆的具体特点、存在的问题和建议等，那么作者是如何在综合这些研究的基础上总结出下面提出的几个特点呢？较好的做法是作者在上述部分对相关研究涉及的少数民族节庆的特点、存在的问题和建议等进行比较充分的综述，然后可以在此基础上进行自己的总结和概括。也就是说，在文献综述中如果作者要对文献进行些归纳和概括，一般应该在对相关文献进行比较充分的回顾基础之上。

总体评述：

① 本文是对中国旅游节庆活动研究进行的文献综述，既然是对相关研究的综述，那么对于文献的回顾就不应该仅仅局限于在对相关研究结果的陈述之上，还应该对现有研究的理论框架、研究角度、研究方法等进行总结和分析，在此基础上提出目前研究的不足、空白点等，同时对未来的研究提出有价值的建议。

② 在上面对具体小节的评述中，已经看到了本文献综述中存在的具体问题。除此之外，本文还存在一个主要的问题：一般来说，就某个主题对相关文献进行综述，其目的不只是对相关的研究进行总结，还需要在总结的基础上对目前研究的不足之处以及未来研究的方向进行探讨，这是本文没有涉及的内容。这样，就大大降低了文章的价值，读者不能够从作者那里得到一些观点和评述，作者也就没有自己的贡献。

第二节　案例二：国内外主题公园研究综述

第一部分　国内研究综述

主题公园作为现代旅游产业中一种新的形态，是利用自然生态与艺术加工共同构建而成（杨艳蓉，2004）。我国第一座主题公园“锦绣中华”获得巨大成功以后，主题公园建设的热潮在全国各地迅速掀起。在近 20 年的发展过程中，主题公园逐渐发展壮大。但是，不论从全国范围的宏观管理角度，还是从具体的主题公园开发与建设角度来看，目前的主题公园都存在着许多问题。与此同时，我国学者对主题公园的研究投入了巨大的热情。本文拟通过对这些研究成果的综述，为后续研究提供一些借鉴，同时也为相关人士从整体上把握主题公园的研究提供参考。

评述：

① 本文的架构基本上是对国内的文献进行综述后，对国外的相关研究进行回顾综述。在进行这两个部分之前，作者最好能够首先对整个文章的组成进行一个统筹的安排。从本文来看，如果能在具体的文献综述部分之前给出一个“本文的目的”，或者叫“前言”，并且在这个部分从目前我国的主题公园发展的大概状况、出现的问题等方面提出进行这个文献综述的意义，那么效果会更好。原因是在阅读文献综述之前，读者应该明白作者为什么要进行这方面的文献回顾、文献回顾主要涉及的是哪几个方面的问题、通过这个文献的回顾将会提出什么关键的问题，以及文章的后面部分是如何安排的等。

因此，作者需要对将要进行的研究或者对将要进行的相关文献讨论的重要性进行论述。也就是说，要结合一些文献来佐证研究的现实意义。这个方面的问题，在本书的相关部分会有多次提及。在这里，作者可以将前面五个自然段的内容做一些改动，并作为引言来对为什么要进行这个问题的讨论做个更加详细的交代。

② 上面这一段的内容中还存在一些具体的问题。首先，“我国第一座主题公园‘锦绣中华’获得巨大成功以后”这句话没有说明这第一座主题公园出现的时间和地点。既然这个主题公园出现之后，主题公园在我国的发展出现了一个热潮，那么该主题公园的出现这个事件应该是非常重要的，作者有必要对出现的时间和地点等细节加以介绍。

其次，作者指出“主题公园建设的热潮在全国各地迅速掀起。在近 20 年的发展过程中，我国的主题公园逐渐发展壮大。”严格地说，作者提出这样的观点，即第一座主题获得巨大的成功，以及随后热潮在全国各地的掀起并逐渐发展壮大，这些都是一些具有结论性的判断，在文献综述中需要引用相关的研究、观点或者数据等来佐证。换句话说，作者需要告诉读者有什么事实、数据、研究或者说观点认为主题公园的热潮确实是在第一座主题公园获得成功后出现的。请参看下面的例子：

例文 1：

中国的电子商务事业在近些年得到了快速的发展，具体表现之一就是网民数量的持续快速增长（中国互联网络信息中心，2004）。在 B to C 电子商务方面，相关数据表明在我国通过购物网站购买商品或服务的网民数量和网上消费金额总量在近两年持续增长（中国互联网络信息中心，2003、2004），近期统计表明58%的网民有在未来一年内通过网上购物的打算（中国互联网络信息中心，2004）。这些都充分显示网上购物作为一种新型的商业模式已经逐渐被我国消费者所接受，并逐步成为一种习惯的购物方式（中国网，2004）。

引自：张黎．2006．网民传统的网下购物习惯与其网上购物行为的关联性及其实践意义．管理科学，19（2）：13-21.

从这个例子我们看到，在提出电子商务在我国得到快速发展时，需要给出一些佐证，包括相关统计结果显示的我国网民数量的增长、网上购物网民数量和购物金额的增长，以及有超过一半的网民在未来有网上购物打算等。而这些结论都是相关统计或者研究结果已经证实了的，应将这些统计和研究结果拿来佐证观点。

③ 作者在上述一段内容中随后提出："不论从全国范围的宏观管理角度，还是从具体的主题公园开发与建设角度，都存在着许多问题。"作为引言部分的内容，作者在这里最好结合文献大概列举出一些具体的问题，这样读者就可以对主题公园的开发和建设中存在的问题有个大概的认识。严格地说，当提出在某些方面存在问题的时候，最好能给出一些文献来佐证确实存在所谓的问题。其次，既然作者提到了这些问题存在于宏观管理角度以及主题公园具体的开发和建设中，那么作者在本文随后的综述部分就应该从这几个方面、按照这个顺序进行展开论述。下面的例子可以使我们对上面的观点有更加深入的认识。

例文 2：

在中国这样转型经济背景下的市场上，许多产品的整体质量依然较低，消费者在购买这类产品时往往会感知到较高的风险，而这种风险感知可能会影响他们对延伸品牌的评价。最近几年来，消费者对于行业和市场安全性的担心日益加剧，尤其是过去两年中发生的安徽毒奶粉事件、苏丹红事件、化妆品 SKII 事件等，更是引发了全社会对于产品质量的关注和对企业诚信问题的疑问。各大媒体在近期也追踪报道了这些问题，例如 2007 年上半年北京电视台（"透明度"栏目，2007）对北京市场羊肉质量问题的跟踪报道就在居民中引起了很大的反响，这从一个侧面反映出了我国的一些行业和市场上，产品质量和商业诚信严重影响了消费者购买信心，增加消费者对于购买风险的感知。在 2007 年的两会上，商品质量和企业诚信成为全国人大和政协代表的提案中的一个热点（“朝闻天下”栏目，2007），代表们一致认为消费者对产品质量的担心和对企业商业诚信的质疑最终会严重影响行业的发展。因此从我国的商业实践来看，从产品类别这个行业环境角度来进行品牌价值评估和品牌延伸研究也有着较大的现实意义。

引自：范亭亭，张黎，张实，马京晶．产品类别风险（PCR）对品牌延伸的影响．中国营销科学学报2007年年会论文．复旦大学和上海财经大学，上海．

在上面的例子中，作者们谈到了在我国市场上出现的商品质量问题，想表述的是这个问题的严重性以及社会对这个问题的关注，从而引出了为什么要从商品品类质量角度来研究品牌延伸这个主题。为了论述商品质量问题的严重性和全社会的关注，作者给出了相关的文献或者说是资料来源，如“透明度”和“朝闻天下”电视台新闻报道。

（续原文）

通过“中国期刊网”对“主题公园”进行搜索，共得到文章153篇。这些文章的期刊来源比较广泛，涉及城市规划与城市研究、地理、园林、商业经济、旅游和大学学报等诸多种类，但其中只有六篇发表在核心期刊上，如《旅游学刊》、《地理学报》、《地理研究》和《城市规划会刊》等。此外，在著名搜索引擎Google中对“主题公园”进行搜索，得到中文网页数量约390万；对“迪斯尼”进行搜索，得到网页276万；同样，“锦绣中华”约131万，“华侨城主题公园”约19万。而对“theme park”进行搜索，得到英文网页3000万。由此可见媒体与公众对于这一领域及大型主题公园的关注程度是非常高的。

评述：

① 作者在这里提到了在搜索到的文章中只有少数发表在核心期刊上，是想说明相关研究的水平还不高，还是什么其他的问题如学术界对这个问题不够重视？因此这里作者应该把想表述的观点明确阐述出来，或者干脆就不要涉及这个问题。同样，作者提到所搜集到的文章来自不同的领域，如城市规划与城市研究、地理、园林、商业经济、旅游和大学学报等，那么这说明了什么问题，作者同样需要进行讨论。当在文献综述内容中提到一些现象和事实时，需要告诉读者作者的目的。当然，这个目的应该服务于所研究的问题，否则给出这些现象和事实是没有意义的。

② 作者在Google中对“主题公园”这个概念进行搜索，得到大量的网页。首先，在这样的网页中搜索得到的相关文献一般来说不应该作为学术文献进行回顾。其次，许多概念如果在搜索引擎上进行查寻一般都可以得到大量的结果。其实作者可以将这个搜索的结果放在引言中来论证公众和媒体对于主题公园这个问题的关注，并用以佐证进行本篇文献回顾研究的重要性和意义。

（续原文）

表 1　153 篇文章的年份分布

年份	文献数量/篇
1988	1
1994	4
1995	1
1996	0
1997	7
1998	8
1999	7
2000	18
2001	14
2002	20
2003	26
2004	14
2005	29

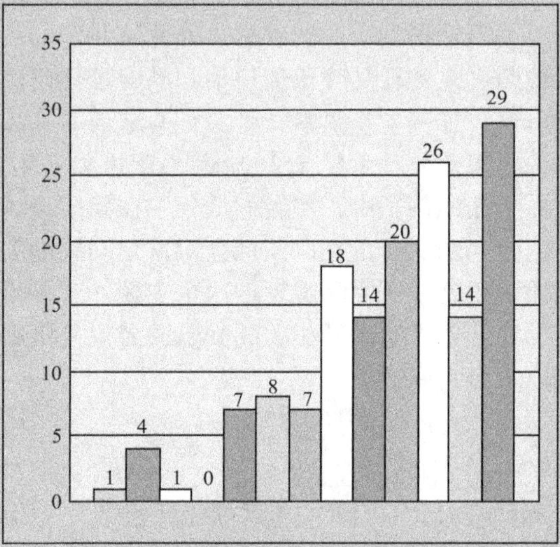

图 1　153 篇文章的年份分布

评述：

① 一般来说，在学术论文中不常用上述类型的柱状图，也不用饼图。这样的图一般更常见于商业咨询类文章，如调研和咨询报告等。在学术性论文中，一般的表格就可以将这样的统计结果介绍清楚。

② 在上述统计后，作者在下面一段介绍了不同年份研究的发展情况，包括数量和研究所关注的问题。既然提到了不同年份的研究在所关注问题上的变化情况，那么作者在上述的表格中就应该给出一个所关注问题的相关统计结果，例如每一年的研究中所关注的主要问题和代表性的文章。

（续原文）

表 1 和图 1 表示了搜索到的 153 篇文章的年份分布。可以看出，对主题公园的研究主要集中在 1997 年以后，此前只有少数学者就主题公园的布局与效益进行了研究。此后的几年间，学者们对主题公园的研究日趋多样化，并逐步深入，研究对象扩展到主题公园的影响因素、布局选址、建设开发和发展趋势等等。尤其是进入 21 世纪后，面对国内主题公园纷纷上马又纷纷落马的现实，该方面的研究也逐步细化。学者们给予了主题公园个案的研究以极大关注，如深圳华侨城、迪斯尼、环球嘉年华、杭州宋城等。同时注重主题公园与区域/城市之间关系的探讨，案例也十分丰富，包括广州、南宁、杭州、武汉、青岛、厦

门、太原、乌鲁木齐、大理、开封的主题公园都是重点的研究对象；区域主要集中在珠江三角洲和河北等地。这些努力极大地增强了文献的针对性和实用性。

此外，相关研究逐步深入、广度逐步拓展。研究和剖析主题公园现状、存在问题及在建设中存在的误区的文章数量较多，规划设计及营销方面的研究数量有所增加，并逐步关注主题公园与其他产业尤其是旅游业之间的关系。同时主题公园研究中可持续发展以及生命周期理论开始被应用起来。在刚刚过去的2005年，该领域的研究状况更是反映了上述趋势和特征。

综述文献发现，学者们在如何定义主题公园方面的探讨并不是很多，类别的划分也相对单一。如保继刚（1997）认为，主题公园是具有特定的主题、由人创造而成的舞台化的休闲娱乐活动空间，是一种休闲娱乐产业。就类型来说，可从多方面对主题公园进行划分，但一般或以主题内容进行划分，也可以按照吸引范围或者规模大小进行划分（保继刚，1997）。商一言将主题公园的类型划分为大型目的地公园、地区性主题公园、游乐园、小规模主题公园和景点、教育性景点等五大类（2005）。

评述：

① 作者在这里对主题公园的定义问题进行了文献的回顾。一般来说，对文章中要讨论的主要概念在文章的开始部分如引言部分就应该给出定义。因此这部分的内容应该在本文的第一段给出。

② 此外，给出这部分文献的目的不应该是文献中对于主题公园这个概念的不同定义，更为关键的是定义的思路是什么、具体划分的出发点是什么、不同的思路都有什么合理以及不合理性、这些划分的方法对于我们研究主题公园到底都有什么借鉴意义等。只有对于这些问题的分析和总结才真正对读者们有所帮助。在这里需要认识到在文献综述中需要为了研究的目的而去综述，所有部分的内容都应该服务于文章的主题。

（续原文）

下面对文献研究的主要方面综述如下：

一、主题公园与区域发展关系研究

主题公园与区域的发展之间存在着辩证关系。一方面，客源市场的交通条件以及区域的经济发展水平关系到游客市场的大小、基础设施条件、投资能力和游客的消费水平。同时，城市的总体形象、主题公园的空间集聚和竞争等也会影响着游客的决策行为（保继刚，1997）。

另一方面，健康发展的主题公园有利于合理配置区域资源、提升区域核心竞争力、形成全新的区域产业链条、优化区域产业结构、全面驱动区域社会经济综合发展。相反，如果主题公园泛滥发展，不论是1983～1990年的低层次、小规模，还是1990～1998年的高层次、大规模的过度开发，直接后果是导致区域社会资源的大量浪费，阻碍了区域社会经济的发展（李永文，2005）。

评述：

① 在这部分的文献综述中，作者想要论述的是主题公园与区域发展之间的关系。因此从逻辑上说，这部分应该结合相关文献，按照主题公园对于区域发展的影响，以及区域发展对于主题公园发展的影响这两个方面分别加以论述。但是作者在上述的两个段落里并没有完全按照这个线索来安排相关文献，而是在两个段落分别只给出了一个研究的观点，这样是不够的，应该将所有涉及二者关系的研究都纳入文献综述的范畴，并在之后进行自己的总结和评论。

② 在上述的两个段落里，作者没有清晰地表明主题公园和区域发展之间的相互影响关系，显得逻辑比较混乱。特别需要指出的是，作者对于两个研究的回顾已经超出了本小节所讨论的问题。例如在第一个段落里，作者给出了文献中的观点："同时，城市的旅游感知形象和主题公园的空间集聚和竞争，影响着游客的决策行为"。但是游客的决策行为是一个主题公园消费行为方面的问题，这里所讨论的是主题公园的空间分布以及其带来的竞争会影响消费者的主题公园惠顾行为，因而很难把这个观点归属于主题公园对于区域发展的影响，还是区域发展对于主题公园的影响。从这个方面看，作者对于相关研究的回顾已经超出了本小节的主题。

③ 作者在第二段落里回顾了李永文（2005）的研究，提出"如果主题公园一旦泛滥发展，不论是1983～1990年的低层次、小规模，还是1990～1998年的高层次大规模，直接后果是导致区域社会资源的大量浪费，阻碍了区域社会经济的发展"这样的一个观点，也就是说不加控制的、盲目的主题公园的发展将负面影响区域经济的发展。但是什么是高层次和低层次、什么是大规模和小规模？作者并没有将原研究中的这些概念介绍清楚，因此本文的读者将难以判断什么可以被定义成"泛滥"的主题公园发展。因此，在文献综述中，每当作者给出一个概念时应该将这个概念介绍清楚，特别是当相关概念比较关键、容易产生歧义而又是第一次出现时，对于概念的介绍就显得更加必要。

④ 最后，如果我们仔细审视上述内容中的第二段内容，就会发现它实际包含两个方面的观点：首先是"……健康发展的主题公园有利于合理配置区域资源、提升区域核心竞争力、形成全新的区域产业链条、优化区域产业结构、全面驱动区域社会经济综合发展。"这里论述的是健康发展的主题公园对于区域经济的积极影响。其中包含了多个结论，如首先是有利于合理配置区域资源；然后是

可以提升区域核心竞争力、形成新的区域产业链条、优化区域产业结构；最后是驱动区域经济综合发展。一般来说，这样包含多个方面结论和研究结果的论述可能是来自不同的研究，如果保继刚（1997）的研究只是对这些做了总结，那么作者就需要对这些影响分别加以论述，找出相应的原始文献，而不是保继刚的总结性研究。而目前这种将多方面的影响混为一谈、没有相对应的文献会给读者带来模糊的信息，也无法了解到底是保继刚一个人，还是在此之前已经有研究就主题公园对于区域经济的各方面影响进行了分析，并有了一些观点和结论。

上述第二段中第二个方面的观点是："相反，如果主题公园泛滥发展，不论是1983～1990年的低层次、小规模，还是1990～1998年的高层次大规模的过度开发，直接后果是导致区域社会资源的大量浪费、阻碍了区域社会经济的发展（李永文，2005）。"作者就这个观点给出了所引用的文献。而在之前的健康发展的主题公园对于区域经济的影响方面没有引用文献，那么这部分的观点是来自相同的文献还是不同的文献，不得而知。原因是上述两方面的内容是分开的，不属于一个句子。从这个例子我们看到，对于文章中给出的每一个文献中的观点，在一个完整的论述后都应该给出所引用的文献。相反在这里，作者只在提出了两个方面的观点后才给出一个引用文献，会让读者不明白这两个观点是否出自一个文献，还是不同的文献。因此作者应该在第一方面的观点（主题公园对于区域经济的积极影响）之后给出文献，在第二个论点后（泛滥的主题公园开发带来负面的影响），再引用相应的文献，即使和前面是同一文献，也不要担心重复，总的来说，就是在每一个明确的观点之后，作者都应该让读者了解其出自的文献。为了进一步说明这一点，请看下面的例子：

例文3：

总之，认知-情感模型（cognitive-affective model）强调认知的基础性作用，认为在购买意愿的形成过程中，情感建立在认知的基础上（Anand，Morris & Debra，1988；Lazarus，1982）。而强调情感为影响意动的核心因素的学者所提出的独立性假说（independence hypothesis）认为情感和认知是两个彼此分离和独立的要素，情感反应并不总是需要之前的认知过程（Mittal，1988；Zajonc，1980）。独立性假说并未完全消除认知的作用，只是它更强调审美和主观经验等情感因素对购买决策的影响，而且这种影响在富于表现力或能带来感观愉悦的产品上表现尤为突出（Mittal，1988）。

引自：马京晶，张黎，马欣昕．2007．情感主导的品牌购买意愿——对体现中美文化品牌的态度和购买意愿的影响机制研究．工作论文．北京大学中国经济研究中心．

从上面这段例子中，我们可以看到，针对每一个观点，作者都引用了相应的文献。第一个论点是认知-情感模型强调认知的基础性作用，提出这个观点或者得出这个结论的文献是 Anand，Morris & Debra（1988），以及 Lazarus（1982）。第二个论点是独立性假说认为情感和认知是两个彼此分离和独立的要素，作者是从 Mittal 和 Zajonc 那里得到的这个结论。最后的一个论点是独立性假说并未完全消除认知的作用，所引用的文献是 Mittal（1988）。因此，即使最后的两个论点所引用的文献有重复，还是分别明确了文献的出处。

（续原文）

二、主题公园的现状、问题及发展趋势

我国的主题公园建设虽然起步较晚，但发展较快、起点较高，成功的案例也较多。目前主题公园已经成为丰富我国旅游产品、促进旅游业发展、满足海内外游客旅游需求、与世界主题公园市场展开竞争的一支生力军（李永文，2005）。但总的来说，主题公园的开发依然处于探索阶段，过去一些主题公园的残枝败叶还未及收拾，一批新的主题公园项目又竞相上马，但以同样惊人的速度纷纷落马。而与此同时，有关主题公园的一些理论还是以总结主题公园成功与失败的具体经验为多，缺乏对实践的事先指导作用，尚不成熟并有待完善（芦宝英，2004）。李翔宇、崔明月等以更加具体的数字阐述了 20 世纪 90 年代至今我国主题公园的总数、同类甚至同名的公园数量，及全行业 70%亏损、20%持平，只有 10%左右盈利的状况（2005）。与此同时，从世界范围来看，美国至今仍然是主题公园业最为发达的国家，日本在亚洲主题公园发展中的领先位置。台湾、香港两地的主题公园用地狭小，目前仍以中小型主题公园为主（郑江宁，周春发，2005）。

关于主题公园存在的问题，学者们的观点相对来说比较集中。从主题公园建设的主观因素方面来看，在实践中这不仅是投资者的决策行为，而且还变成了政府的决策行为。而有些主题公园的建设宗旨仅是一种以改善投资环境和增值地价为目的的政府行为，这样就缺乏一种市场推动力。此外，建园之前缺乏必要的市场调查、盲目投资、题材趋同；建设初始缺乏整体理性的规划设计，产品的开发与营销脱节；主题公园数量虽多但规模小，主题不鲜明且产品没有层次，资金回收的方式太过单一等等（李翔宇等，2005；芦宝英，2004，2005）。

评述：

① 作者在上述第一段对于主题公园现状的讨论中，主要涉及了这么几个问题：一是主题公园的盲目上马；二是对主题公园的研究（理论）不成熟；三是大多数主题公园处于亏损状态。其中，对于主题公园的相关研究理论问题不应该和其他两个问题一起作为“主题公园的现状、问题及发展趋势”加以讨论，而是可以单独作为“对于主题公园的研究情况”，拿出来单独进行讨论。原因是一个关

注的是主题公园的实践问题如决策、现状和发展；另外一个关注的是对主题公园的研究，应该包括的是研究内容、方法、空白点以及研究的理论基础等方面。

② 在第一个段落里，作者最后讨论了美国和日本等地的主题公园发展状况，这个和本节的讨论（我国主题公园的现状、问题和发展趋势）并不相关，显得比较突兀。

③ 在第二个段落里，作者通过对相关文献的回顾，总结出主题公园存在的几个主要问题：政府而非市场行为如盲目投资、缺乏前期的市场可行性调查；缺乏整体规划、产品的开发与市场脱节；主题公园在规模、主题和资金回收方式等方面的问题。在列举了所有的这些问题之后，作者给出了对两个学者、三个研究文献的引用：李翔宇等（2005）和芦宝英（2004，2005）。这样的方式在学生们的文献综述部分常常出现，前面已经谈及这方面的问题，但是在这里再次强调如下：

读者在阅读作者的文献综述时，除了了解文献中的主要观点外，往往还需要知道提出某个观点的学者。但是像作者在本段的综述方法，即给出所有的观点后再给出所引用的文献，这样让读者无法了解到底是哪位学者提出的某个具体的观点。比较规范的方法是在每个观点后就给出文献的出处，如在政府主导的主题公园建设决策行为后即给出相关的引用文献；在提出主题公园决策中盲目投资、缺乏前期的可行性调查问题后同样给出所引用的文献，等等。这样虽然可能重复给出所引用的文献，但是可以避免作者无法了解到底是哪个学者提出什么观点的问题，让读者可以在必要时进一步对相关文献进行收集和阅读。

④“生力军”、“残枝败叶”、“以同样惊人的速度纷纷落马”这些都是些带有文学色彩的字眼，不适合用在学术性论文中。

（续原文）

三、主题公园的发展策略

有学者认为，目前我国主题公园存在一种发展趋势，即主题公园市场增长迅速，游乐主题由惊险刺激向静态休闲的方向发展（商一言，2005）。一个很简单的原理是，只有游客量超过主题公园的门槛游客量，主题公园才能生存发展，否则只有衰亡。

评述：

在上述这个小段落中，作者想表达的意思是：游乐公园的主题由惊险刺激向静态休闲的方向发展，这种转变的原因是静态休闲的主题公园可能吸引更多的游客，超过门槛客量，使得公园得以生存和发展。但是作者在表述这个观点时，在推理上出现了问题，出现了逻辑上的“断环”：主题公园从惊险刺激转向静态休闲后，是否就可以吸引更多的游客呢？作者需要在这个问题上，结合相关的研究结果加以介绍。

通过这个例子，希望读者可以认识到，所谓的文献综述是通过对相关文献的回顾，利用文献中的观点来服务于所要进行的研究。文献综述的阅读对象是读者，那么每一个逻辑的推进都应该一环紧扣一环，有清晰的推理过程。不能如同自言自语，让读者难以理解。要永远站在读者的角度来审视自己的文章，特别是自己的逻辑。

（续原文）

学者们对主题公园的发展提出了诸多建议，如要充分考虑其主题的选择、市场需求、品牌效应以及项目所在地的社会、经济、自然等条件。同时，政府作用必不可少（李永文，2005）。

具体来说，要认真作好市场分析调查；经营方式要灵活，门票价位应让更多的人容易接受；与时俱进，不断丰富内涵，使其吸引力长存。在主题选择方面，要周密策划，谋求特色，寓教于乐；选好用好主题，坚持围绕“主题”不断创新，注意营造自然生态环境背景，要以当地和附近地区为客源市场（徐君亮，2005）。

在营销方面，挖掘文化主题，开展文化营销；构造顾客矩阵，明确竞争地位；打造主导品牌，走品牌发展之路；实施战略管理，实现现代主题公园的可持续增长（冷志明，2005）。

同时必须注意到世界主题公园经营策略的发展趋势——重视房地产开发、商贸和短期度假市场；普遍应用高科技成果和娱乐活动鼓励游客参与；通过滚动开发来延长主题公园的生命周期；营销渠道由单一型向多元化发展；通过资本经营和品牌经营进行商业扩张，向集团化发展；通过加强人力资源管理加大对企业无形资产投入（郑江宁，周春发，2005）等，在这一方面，商一言认为目前主题公园的主要市场由美国向全球范围转移，主题公园向规模化、综合化发展，建设向区域集中化发展。同时，要注重高投资的规模性效应、严密独特的主题策划、主题规划的独特性、真实细致的场景制作、项目的循环投资、多样性的市场开发以及高品质的内容管理和维护（商一言，2005）。

评述：

① 可以看出，作者在对主题公园的发展策略问题进行的文献回顾中，依据的是学者这个线索，即在每一个小的段落分别回顾了一位学者的研究成果和观点。这样，在几个段落中所讨论的问题存在严重的重复。如在回顾李永文的研究中，涉及了主题的选择、市场需求、品牌效应和外界环境等问题；在对徐君亮的研究进行回顾时，也涉及了市场分析调查（一般的市场分析调查会包括对市场需求的调查）、主题选择以及外界环境等问题；在后面对冷志明的研究回顾中，同

样也涉及了其中的一些问题。因此这样来安排文献综述的线索会出现重复问题，较好的线索应该按照所涉及的问题来安排。

② 在后面的两段中，也存在同样的问题。因此总体来看，在这个部分作者进行的文献综述比较混乱，只是简单给出了不同学者的观点，但是缺乏自己对于相关文献的总结和归纳，没有将主题公园应该采取什么样的发展方向总结出来。这样，就完全失去了文献综述的意义，变成了对相关学者观点的罗列和堆积。因此在这里，希望通过这个案例向读者再次强调，所谓的文献综述，关键的是要对相关研究的观点和研究结果进行综合和归纳，因此重要的是研究结果和观点，而不是作者。

（续原文）

此外，在对主题公园的个案研究方面，学者们给予华侨城大型主题公园以极大关注；徐君亮等对广州 20 年来主题公园兴衰的回顾和当前各家所持观点的分析，得出了失误的原因并提出了相应的建议；蒋文中以云南民族村的经营与发展为例探讨了老牌主题公园走出困境的途径等等。

评述：

这部分的文献回顾中存在的问题是比较普遍的。在看了作者对相关研究的回顾后，读者并不了解到底广州 20 年来在主题公园的发展过程中失误的原因是什么，作者相应的建议是什么；也无法得知蒋文中在对云南民族村的经营和发展进行研究之后，提出了哪些老牌主题公园走出困境的途径。这样的文献综述如同前面提到的“蜻蜓点水”式文献回顾。显然，读者需要了解的是相关学者的观点和研究成果，而不是谁做了什么研究这个信息本身。由于这个问题相当普遍，笔者本书的其他案例中会多次对这个问题进行评述。

（续原文）

文献综述发现，目前我国对主题公园的研究已不断深入，发展也较快。但是研究的内容相对来说还比较单一、深度不够、理论研究较少，对案例的解析缺乏个性。随着主题公园的发展，相信相关研究会逐步完善，并以理论发展推动主题公园实践的进步。

评述：

上述的这个段落是作者对于前面整个第一部分文献综述结果的总结。作者总结到这么几个问题，即相关研究的内容比较单一、缺乏深度；理论研究较少、对案例的解析没有深度。但是如果审视作者前面的文献回顾，其实并没有对这些问题进行探讨。因此这里的总结没有基础、总结的没有道理。

但是如果反过来看这个问题，就会明白作者在前面整个的文献综述中，围绕的问题和文献，以及综述的角度是有问题的。本文的主题思想是对主题公园的研究，而不单纯是对主题公园的现状和问题进行讨论，那么前面作者在试图总结时所提出的几个问题，如相关研究的内容比较单一、缺乏深度、理论研究较少、对案例的解析没有深度，这些才真正是作者在整个文献综述中应该着重探讨的，对文献的回顾也应该围绕这几个问题进行。

（续原文）

第二部分　国外研究综述

在世界知名搜索引擎"Google——学术搜索"上以"theme park"为篇名进行搜索，得到搜索结果 211 篇。从时间上来看，这些文献基本上发表于 1990 年以后。从发表的刊物来看，大部分为各大知名期刊，除 *Tourism Management*（旅游管理）、*Annals of Tourism Research*（旅游研究年报）、*Journal of Travel Research*（旅行研究）等旅游行业著名刊物外，还有 *Media Culture and Society*（媒体文化与社会）、*Human Geography*（人文地理）、*International Journal of Heritage Studies*（遗产研究国际刊）、*Journal of Vacation Marketing*（度假市场）、*Business Week*（商业周刊）、*The Futurist*（未来学家）和 *Australian Science Teachers Journal*（澳大利亚理科教师期刊）等等。此外，在许多大型知名网站上也有不少文章。

纵观这些文献可以发现，国外学者对主题公园的关注点与我国学者有很大不同。他们除了研究主题公园的规划与设计方法之外（如 Pearce，1994），更加注重对主题公园基础理论的研究，专业性更强，因此也更能深入到主题公园这一概念的实质。例如在对主题公园的研究上，学者们更多的是从旅游者的行为和动机入手，注重人与公园主题之间的互动，所以"体验"一词受到高度关注。Milman（2001）在分析主题公园和未来旅游业的发展时认为，经济推动力、人力资源等对这一行业的发展有巨大的作用，消费者会越来越青睐主题公园的互动体验，能够提供幻想的神秘和科幻主题。Wong（1999）探讨了主题公园市场营销中的战略性主题，认为现在的旅游业愈加重视特定主题下激发出的兴趣而不是传统意义上的风景和气候，文章试图发现一个主题公园的清晰而有特色的主题类型并研究了游客游览主题公园的动机和主题选择之间的关系。Bigne 认为游客在主题公园中的体验应该是欢乐、有激励性的，此外还要拥有满足感。此外，Kemperman 研究主题公园中游客的行为模式（1997）；Philips 研究了主题公园中创造故事的重要性（1999）。

评述：

① 在这个部分，作者首先给出了一个结论，即"纵观这些文献可以发现，国外学者对主题公园的关注点与我国学者有很大不同。"其后分别回顾了几个学者是如何进行主题公园研究的，其关注的问题分别是什么。这里就出现了一个顺

序问题：作者应该首先对国外学者的研究加以分析，然后才能在这个基础上给出一个结论性的观点。

② 同上，作者没有按照所研究的问题这个线索来安排对文献的回顾，显得比较混乱。这个问题在前面已经谈到，这里就不再赘述。

③ 最后，作者在提及 Kemperman（1997）和 Philips（1999）的研究时，同样犯了"蜻蜓点水"的毛病，读者根本没有了解到所提出的行为模式是什么、主题公园如何创造故事，对为什么故事是重要的也不得而知。

（续原文）

从宏观角度，国外的相关研究立足于全球进行思考。其中 Davis 认为主题公园是一个全球性的产业和文化形式（1996）；Richards 等以欧洲的一个主题公园为例探讨其国际化的程度（1998）。

微观方面，在主题公园的营销与市场的研究方面，学者们注重定性研究与定量研究的有机结合。如就新建主题公园这一课题，Milman 以佛罗里达的主题公园为例阐述了如何进行目标市场识别（1988）。Ah-Keng 通过跨文化的比较对新建主题公园进行了效益评估（1993），该作者后又以新加坡为例探索性地研究了新建的主题公园的市场接受度（1994）等等。

主题公园是旅游业的一个重要部分，学者们也进行了行业内的横向研究。如 King 关注了博物馆可以从主题公园中学到什么（1991），Braverman 称主题公园和图书馆是一对奇怪的伙伴（2000）。

不难发现，国外对主题公园的研究不论在深度和广度上，还是在研究的方法上，都为我们接下来的研究提供了很好的借鉴，用以弥补我国在这方面研究的不足，同时也可以为实践领域提供新的思路，注入新的活力。

评述：

① 在这部分，作者从宏观和微观两个层次对相关文献进行了综述。但是如果回到这部分前面的内容（上个批注前的一个段落），就会发现作者其实在那个部分就已经开始从微观的层次对相关研究进行了总结，因此作者在综述的线索上出现了混乱。

② 作者在这里提出"微观方面，在主题公园的营销与市场的研究方面，学者们注重定性研究与定量研究的有机结合。"但是在随后的内容中并没有看到相关学者是如何在研究中进行定性和定量结合的，作者完全没有回顾这方面的问题。

③ 在最后一段，作者想提出的论点是国外相关学者将对主题公园的研究与对其他公共设施的研究进行了结合，探讨了他们之间的关联性。但是作者在具体论述这个问题的时候显得非常模糊，没有将相关问题说透。

总体评述：

① 总体上说，本文是一篇对主题公园的相关研究进行的比较宽泛的回顾性文章。从这个方面看，它不是一个在实证研究之前进行的文献综述。这样的文献综述数量不少，基本上是对相关研究的一些热点问题讨论、研究方向、研究方法以及空白点等进行的一个综合论述。因此涉及的点比较多，不似在实证研究之前的文献综述部分针对的是一些特定的、实证研究所要涉及的具体问题。

② 本文从国内和国外相关研究两个方面对文献进行了回顾。一般来说，除非作者的主要目的是将国内外的相关研究进行一个对比，否则这样安排文献综述的线索存在一定的问题。例如在首先对国内文献进行综述时，作者可能会集中讨论几个问题；而在对国外的相关文献进行回顾时，作者同样会从几个方面来总结国外进行的研究所讨论的问题。这样在讨论国内外文献时，会出现问题的重复和交叉。因此，较好的做法是以文献所关注的问题为线索，在每一个问题下对国内外的研究成果进行回顾和比较。

③ 在这篇文章中，还存在一些在文献综述中常见的问题，例如综述的线索不是以问题而是以作者、“蜻蜓点水”式的综述方式，对于一些具有结论性的观点没有给出文献佐证等。

第三节 案例三：现代大学制度下高校财政危机问题的研究综述

引言

在20世纪80年代，英美等国的财政紧缩导致对高校投入减少，引发了对高校财政问题的研究。自1998年我国开始加速发展高等教育起，高校毕业生人数保持每年20%～30%的速度增长。2007年我国毕业生将达到495万，10年间高校毕业生人数增长近10倍。高等教育扩招引发了很多潜在的危机，包括财政危机、教学危机和管理危机等。据有关研究统计，目前中国公办高校向银行贷款大致为1500亿元至2000亿元，一些高校已经出现连利息都还不起的情况。巨额债务已成为制约高校发展的重要因素，个别学校甚至资不抵债，破产隐患凸显。高校不能按时还贷，必然影响了商业银行的正常经营，从而影响了社会正常的金融秩序。

因为这一问题是在最近几年才显现出来，所以学者们对高校财务危机这一问题的研究还不是很多，还没有从理论方面进行深入地研究。因此，全面、深入分析引发高校财政问题的原因，提出解决高校财务危机问题的思路，构建保障高校可持续发展的财政运行机制就成为当前亟待研究的重大理论课题。

本文第一部分介绍了高校财政危机问题研究的必要性和重要性，第二部分对高校财政危机的相关研究进行综述分析。本文主要从现代大学制度、国外高校财政危机研究经验的借鉴、高校财政来源渠道、财政拨款体制、财政支出绩效评价体系五个角度，研究导致高校财政危机的原因。

评述：

① 总体上看，这是一个相比前面案例更为成熟的引言，作者基本上交代了为什么要进行这个文献综述，包括其现实意义和目前我国学术界对这个问题的研究现状。其后作者对文章的大概内容做了一个交代。当然，这其中也同样存在一些问题。

首先我们看看第一个自然段。第一句话其实就是一个结论性的观点，它指出了英美国家重视研究高校财政问题的原因，即财政紧缩导致对高校投入的减少。那么这个判断来自于什么研究的结论、谁的观点，作者应该给出引用的文献。其后的一连串数据同样需要作者给出资料的来源，例如高校毕业生每年的增长速度、2007 年高校的毕业生人数以及 10 年间的增长倍数等。给出一些统计数据的来源是很重要的，原因之一是读者可以依据这些资料的来源对数据的权威性和可靠性进行判断。因此，在引言以及文献综述的主体部分出现的任何统计数据等，作者都应该给出资料的出处。

其次是这么一个论述："高等教育扩招引发了很多潜在的危机，包括财政危机、教学危机和管理危机等"，这个论述中存在的问题是有什么确凿的证据或者有什么研究表明这些危机都是由高等教育的扩招引起的呢？因此，作者在这里同样需要给出引用的文献。后面还有一系列判断性的观点，如高校不能及时还贷的后果等都需要给出相关的文献。

② 作者指出本文要从现代的大学制度、高校财政的来源、财政拨款体制和财政支出绩效评价等这几个角度来研究导致高校财政危机的原因，文章在这里需要解释为什么从这几个角度就可以较好地对高校财政的问题进行分析研究，例如文献中相关的研究都是从哪些角度进行的，是不是有研究认为从这几个角度来进行高校财政危机的分析可以对这个问题有深刻的了解等等，作者在这里或者本文的后面内容中最好也能结合相关的文献进行阐述。

（续原文）

一、文献综述

随着我国高等教育的大众化，高等教育规模急剧扩张，高校财政问题日益突出。国内外学者分别从现代大学制度、国外研究的经验借鉴、高校财政来源、高校财政拨款体制、高校财政资金使用绩效评价以及利用效率等角度对高校财政危机问题进行了研究。

评述:

① 对于国内外学者分别从这几个角度进行研究的这么一个论述，作者需要针对从每一个角度进行的研究，给出一个或者更多有代表性的研究文献。虽然在本文后面的内容中，作者在每一个角度下给出了具体的文献，但是在这里作者还是可以结合每一个角度给出一两个具有代表性的文献，使读者在这里对本问题有个初步的了解。

② 此外，这一段的论述中也出现了一个逻辑性的问题。即作者首先提出高校财政问题在我国日益突出，其后却指出国内外学者分别从现代大学制度等几个方面对高校财政危机问题进行了研究。显然，国外学者所研究的基本上应该是国外高校的财政问题，这样两个句子陈述的问题似乎并不十分相关，在逻辑上的关系显得比较难以理解。按照作者想表达的内容，将这段文字进行了修改（引用的文献略）:

随着我国高等教育的大众化，高等教育规模急剧扩张，由此带来日益突出的高校财政问题。这个问题不但引起了相关政府部门的重视，一些学者也对这个现象及其背后的原因进行了研究。由于高校财政危机问题在我国引起学术界关注的时间还不长，因此一些研究借鉴了国外在这方面的研究体系、理论和成果。总体来看，国内外学者分别从现代大学制度、国外研究的经验借鉴、高校财政来源、高校财政拨款体制、高校财政资金使用绩效评价以及利用效率等角度对高校财政危机问题进行了研究。

之所以提出这个问题是希望大家能够认识到，在文献综述中出现的逻辑递进关系不清晰的问题会影响到读者对于文章内容的理解，作者的思维紊乱，文章不通畅，使得文章阅读起来“跳跃”。

（续原文）

（一）关于现代大学制度的研究

建立现代大学制度，是新时期高等教育改革的方向和发展的必然要求（季春轶、王伟，2006）。于森（2006）认为现代大学制度的核心是在政府的宏观调控下，面向社会、依法自主办学、实行民主管理。现代大学制度可以从宏观和微观两个层次进行研究，宏观层面上的大学制度是指一个国家或地区的高等教育系统，包括大学的管理体制、投资体制和办学体制等（季春轶、王伟，2006）。Agasist 和 Catalano（2006）从微观的角度对世界各国大学制度进行了对比研究，认为在决定大学的财政体系的同时，政府还对大学教育的质量有监督责任。现代大学制度建设是一种制度变迁和创新的过程，合理的权力结构是现代大学制度生成的关键，大学应坚持自主而实现自治，政府、大学、社会三者之间需要形成一种合理制衡的权力关系（李国，2007；魏小琳，2006）。建立现代大学制度的目的在于提高高校的运作效率，Agasisti 和 Bianco（2006）通过对构成教育产品过程的教学和研发两个方面进行对比和计算，发现了提高高校的投入和产出效率的核心。

评述：

① 在上述短短的一段中，出现的问题还是不少的。首先，本研究的核心目的是如何解决高校的财政问题，但是我们从上述段落中没有看见作者是如何将现代大学制度这个问题与解决财政问题相关联。此类问题是文献综述中比较严重的问题之一，即文献的回顾没有和所研究的问题结合，失去了文献综述的基本意义和价值。在本段落作者需要阐述的是从宏观角度来看，对现代大学制度所进行的相关研究如何能帮助读者深刻理解目前我国高校的财政危机问题，并提出应对措施。此外，在国内外有没有相关的研究，如果有，那么是什么结论；如果还没有，是什么原因，应该如何进行这样的研究；在这几个问题上，有没有一些学者提出了相应的观点等。

此外，在微观层次上进行的研究对分析高校财务危机的意义是什么等等，这些都是作者在这个部分的文献综述需要涉及的。

同样，作者引用了 Agasist 和 Catalano（2006）以及李国（2007）和魏小琳（2006）的研究，这些研究所论述的主要是如何建立现代的大学制度问题。虽然建立现代化大学制度这类问题是重要的，但是作者更需要将如何建立现代化的大学制度与解决高校财政危机相关联。作者在进行文献综述的时候必须围绕着高校财政危机出现的原因和解决思路这个主线，不能跑题。

② 作者指出现代大学制度可以从宏观和微观两个层次进行研究，并且给出了宏观层次上大学制度的含义。然而，并没有看到作者相应地给出微观层面上大学制度的含义，只是看到了作者给出的一个从微观角度进行的大学制度的相关研究，而一个对实证研究的引用并不能代替相关的定义。

③ "Agasisti 和 Bianco（2006）通过对构成教育产品过程的教学和研发两个方面进行对比和计算，发现了提高高校的投入和产出效率的核心" 这句话到底能够给读者提供什么样的信息呢？这个核心到底是什么、作者给出这个文献的目的是什么？在本书中，笔者结合案例不止一次地指出，这样的文献综述好似"蜻蜓点水"一般，没有实质的内容。

（续原文）

（二）国外高校财政问题研究的经验

各国高校财政拨款主要由教学经费拨款、科研拨款和对学生的资助三部分构成（戈飞平，2004；课题组，2004），英国、美国、日本等国的政府拨款是高校教育经费的主要来源（才秀凤、刘雪静等，2007；江庆，2004；刘天佐，2006；阎红丽，2003）。各国高校财政拨款模式随各国政治制度、经济制度和教育制度的差异而不同，英国、美国、澳大利亚等国公式拨款模式运用较多（课题组，2004；杨明、谢卿，2003），另外美国还有绩效拨款模式、合同拨款和协商拨款等；英国还有招标拨款模式、基数加发展拨款模式等；澳大利亚还有指定用途拨款，相对拨款模式等（东北财经课题组，2004）。

20世纪80年代受通货紧缩的影响，许多国家大量减少高等教育拨款，这促使高校财政来源向多样化方向发展（才秀凤等，2007；阎红丽2003）。美国、日本、英国和澳大利亚等学杂费和学校服务收入也已为高校教育经费的主要来源（戈飞平，2004；阎红丽，2003）。国外对高校财政来源、财政拨款体制和模式的研究为我们解决我国当前的财政危机提供了借鉴。

评述：

① 这部分的标题是“国外高校财政问题研究的经验”，因此应该主要论述对国外高校财政问题的研究都有什么发现和观点，他们在解决高校的财政问题方面都有什么思路以及优缺点都是什么等。总之，既然是对相关研究的经验总结，那么就应该立足于相关的研究。然而在这里，作者实际讨论的是国外高校的财政拨款的多种模式，而不是对相关研究的回顾，这与标题是不相符合的。

② 此外，如果如作者安排的那样，这部分内容讨论的是国外高校财政问题研究的经验，那么除了政府财政拨款外，作者应该对其余的财政来源进行讨论。即便是在对于政府财政拨款的论述中，作者也需要对“公式拨款”、“绩效拨款”和“合同拨款”等模式进行详细的解释，只给出拨款模式的名称是不够的。

（续原文）

（三）关于高校财政来源的研究

高等教育的发展需要有财政的支持作为基本保障，高校财政来源多元化成为基本的发展趋势（Geetha，2006）。国内学者对我国高校财政来源状况进行了详细研究，王序坤（2000）、王为民（2004）和刘亮（2006）认为我国高校财政体制僵化、教育投资渠道单一、办学效益不高、教育规模远远不能满足社会对高等教育的需求；高等教育的急剧扩张和大众化导致高校的财政来源不足。依据公共产品理论，韩宏（2001）、李兆荣（2003）、吴立武（2006）和曾明（2007）

等认为高等教育是准公共产品，具有局部的排他性、局部的非竞争性以及很强的外部性，因而存在供给不足、搭便车以及效率低下的问题，从而找到了高等教育从免费教育向成本分担以及财政投入逐步减少的理论依据。

Tilak 和 Rani（2002）通过对 20 世纪 90 年代早期和中晚期的印度高校的研究，发现政府对高校的财政支持大幅度缩减，结果是印度政府对重点大学财政支持较多，而对地方高校财政支持较少，由此导致地方高校的学费收入高于重点大学，而且学费收入占到高校财政总收入的 20%以上。以财政理论为基础，李亚琪（2003）通过比较税收与收费的异同，分析高等教育作为一种社会产品所适应的补偿方式，找到高校收费的理论支撑。因此，鼓励居民扩大教育投资，利用金融系统工具和国际银行组织的投资，取消民间资本进入壁垒，适当发行高等教育彩票等措施是扩宽教育投入的可选渠道（李冬梅，2000；曾明等，2007）。通过建立自回归模型对 2001 年的国家财政经费与个人学杂费进行了预测研究，王远伟（2006）认为中国的高等教育成本分担政策已经快速实现，国家财政经费比重显著降低，个人学杂费所占比重较快地增加；人均高等教育经费在 1999 年之后呈现稳中趋降，个人及其家庭对高等教育的经济负担大大加重。苗迎春、李碧虹等（2006）进一步分析了我国财政的高等教育投入不足、财政教育投入分配机制不合理、投资结构不合理，并提出了扩大高等教育财政投资规模，理顺政府和个人的教育投入关系，形成合理分担机制的对策。但是，李乐夫和文雯（2006）运用聚类分析和线性回归的方法进行实证研究，认为中央投入强化了高层次地区的优势，而地方投入基础性作用的增强，有效地对中低水平地区予以支持，最终使地区间高等教育经费差距有所缩减。

高等教育产品的性质决定了高等教育财政来源的多元化，在多元化过程中高等教育财政来源形成国家投入较少，个人承担较多，中央和地方政府投入结构不合理，高校盲目借债扩张等问题，因此高校在财政来源渠道中所承担不协调比例为高校财政危机埋下隐患。

评述：

① 作者在这部分的综述具有非常明显的文献罗列痕迹，在内容上显得逻辑主线不清晰，没有成为一个具有逻辑和总结归纳性的文献回顾。文献回顾不是将相关的研究结论和发现逐一列举出来、原汁原味地呈现给读者。相反，文献综述者应该围绕自己所研究的问题，对相关研究进行有机地归纳和总结，有的时候甚至需要作者在总结和归纳的基础上进行评价。

在这部分内容中，作者完全依据学者进行的研究为线索，进行文献的罗列，实质上不是文献综述。例如我们希望通过文献综述，可以对这么几个问题有所了解：首先，相关研究是从哪些方面进行的、角度是什么；目前我国高校财政来源主要是什么、相关研究发现哪些来源被证明是应该进一步挖掘的，哪些是有局限性的；相关文献对不同的高校财政来源都有什么评价，例如认为哪些是主要的来源、哪些是有益的补充等；有没有学者提出了因为我国和国外经济和教育发展程度的差异、体制的不同等，我国高校的财政来源应该发展和国外不同的渠道；作者对于文献中相关研究的评价是什么，对于高校的财政来源的研究还存在哪些空白需要下一步去填补等等。

在作者所罗列的文献中，Tilak 和 Rani（2002）对印度高校的研究显得很没有道理。在这个部分内容中探讨的是我国高校的财政来源问题。这个文献似乎应该放在前面“国外高校财政问题研究的经验”部分。从这里可以看出作者在整个内容安排、文献回顾思路上的混乱。

② 在上述内容中还存在一个问题，就是作者在最后提出这样一个论断：“高等教育产品的性质决定了高等教育财政来源的多元化，在多元化过程中高等教育财政来源形成国家投入较少，个人承担较多，中央和地方政府投入结构不合理，高校盲目借债扩张等问题，因此高校在财政来源渠道中所承担不协调比例为高校财政危机埋下隐患。”读者对于作者如何得出这样的一个论断不得而知，也就是说读者不清楚这个论断是基于对相关文献的回顾后作者自己总结出来的，还是有相关研究提出了这些论断。但是不管是哪种情况，作者都不会是凭空推出这些论断，因此都应该对其背后的文献做个交代。

（续原文）

（四）关于高校财政拨款体制的研究

高校财政拨款体制是保证财政资金使用的公平性和效率性的重要手段（吴伟等，2005），我国原有的高校财政拨款方式过于单一、僵化，严重地制约着高等教育的生产效率，因此要改进高等教育财政综合拨款的方式（马永霞、邓娅，2002）。

针对我国高教财政投入不足、财政性教育经费事权和财权不统一、拨款依据不合理等问题，艾洪德和吕炜（2006）提出了重塑中央和地方财政对高校的分权模式、完善高校财政预算制度、完善拨款模式、建立教育基金制等措施。韩莉和李辉（2005）认为在我国目前高等教育经费投入占 GDP 比重呈逐年下降趋势，家庭教育成本分担比例的空间已相当有限的现状下，“综合定额加专项补助”拨款方式忽略了学校间的资源利用效率与社会效益方面的差别。吴伟、刘志民等（2005）对我国现行高校财政经费拨款机制与模式进行了剖析，借鉴美国、智利、印度等国外的先进经验（王光宇、徐晓辉，2006；朱昌发、吕炜，2004），在公开性、公正性、有效性三大原则下，提出了我国高等教育财政经费拨款机制与模式的改革方向是构建“政府-中介-学校”的三方协调运作机制，从单一的"综合定额加专项补助"模式改为"公式加合同"的复合模式，以及从单一的参数公式拨款到多指标公式拨款方式转变（王光宇等，2006）。

高校财政拨款体制和模式直接影响着财政资金的使用效率和公平性，借鉴国外的先进经验并结合我国的实际，创造性地探索出适合我国的财政拨款模式和机制，有利于防范高校财政危机和实现高等教育的可持续发展。

评述：

① 虽然在这段内容中对于文献的安排还是有罗列的痕迹，但是相比上面的文献综述，这段文献回顾具有相对较好的逻辑递进。如果说有什么不足的话，就是作者完全可以按照自己的逻辑思维来安排这一段的内容，而没有必要特地指出是某某学者提出的什么一个观点。文献综述强调的是相关研究的结果和观点，而不是谁进行了哪个研究、干了什么事情，因此在陈述的方式上可以直接提出观点，没有必要习惯采用"有学者提出"这样的文字。我们在下一个案例中还会对这个问题进行评述。

② 在"吴伟、刘志民等（2005）对我国现行高校财政经费拨款机制与模式进行了剖析，借鉴美国、智利、印度等国外的先进经验（王光宇、徐晓辉，2006；朱昌发、吕炜，2004），在公开性、公正性、有效性三大原则下，提出了我国高等教育财政经费拨款机制与模式的改革方向是构建'政府-中介-学校'的三方协调运作机制，从单一的'综合定额加专项补助'模式改为'公式加合同'的复合模式，及从单一的参数公式拨款到多指标公式拨款方式转变（王光宇等；2006）"这句话中，读者很难明白所有引用的文献和这句话中阐述的观点到底都存在哪些关系。例如，是吴伟、刘志民等（2005）还是王光宇和徐晓辉（2006）及朱昌发和吕炜（2004）对我国现行高校财政经费拨款机制与模式进行了剖析，借鉴美国、智利、印度等国外的先进经验，并提出了我国高等教育财政经费拨款机制与模式的改革方向，还是最后的王光宇等（2006）。

此外，当所引用文献中的作者是三个或以上时，一般惯常的用法是当再次引用该文献时只需要给出第一个作者的名字加上"等"即可。而对于两个作者，在每次引用时均需要给出全部两个作者的姓名。因此后面的"（王光宇等；2006）"容易引起误解，不知道是否还指王光宇和徐晓辉（2006）。

（续原文）

（五）关于高校财政支出绩效评价的研究

目前我国高校财政在预算执行和管理的过程中缺少绩效评价，还未建立科学规范的高校财政支出绩效评价体系（徐盛，2006）。黄波（2006）指出了现阶段高等教育资源浪费、高校经费使用效益低、高等教育缺乏合理竞争机制等高校财政资金的管理和使用过程中存在的一些问题。高等教育服务产品介于公共产品和私人产品之间，它既具有竞争性和排他性，又具有非竞争性和非排他性（曾明、周秩，2007）。基于高等教育产品的特性，徐仲民和陈乳燕（2006）认为高校的产出难以衡量、高校水平的巨大差别以及高等学校经费来源的多元化导致高等教育财政支出绩效评价存在其特点和难点。焦笑南（2004），徐仲民、陈乳燕（2006）应用成本效益法思路，依据高校投入和产出的特点，通过高校筹集资金能力、产出效益、资金使用效率和发展潜力等几个方面，建立了一套反映高校财政支出效益的评价指标体系。章建石和孙志军（2006）则建议运用Analytic Hierarchy Process（AHP）法来开展对高校财政支出的评价。AHP法综合应用了定量和定性的分析方法，提高了高校财政支出绩效评价结果的准确性，对于正确引导高校财政投资渠道，合理分配有限的资金，提高财政支出效益有重要意义。针对如何提高高校财政资金运用效率，黄波（2006）提出了制定和完善高等教育财政法规、教育预算管理制度化、改革高校管理制度等一系列建议。

高校财政支出绩效评价体系是保证高校财政正常运作的有效手段，高等教育产品的特殊性导致财政支出绩效评价存在其特点和难点。因此依据相关理论、借鉴国外先进经验，建立一套有效的高校财政绩效评价体系是本课题要研究的重要问题之一。

评述：

同样，作者在这部分内容中对如何科学制定高校的财政支出绩效评估体系的相关文献进行了回顾。这里还是存在一个文献罗列的问题，作者没有对相关文献进行很好的总结和归纳，更没有进行自己的评述。

（续原文）

（六）关于高校财政危机问题的研究

20世纪90年代中国高校开始出现财政危机，巨额债务已成为制约高校发展的重要因素，个别学校甚至资不抵债，破产的隐患凸显（马国川，2006）。胡德维（2004）认为政府不断削减对高等教育的拨款，慈善机构捐款持续减少以及捐赠投资的收益减少是造成英美高校财政危机出现的主要原因。弓民（2004）、李国华（2007）、王冲（2005）等认为，我国20世纪90年代高校开始大规模扩张，教育资源相对不足，部分高校开始大量贷款进行基础设施建设，部分高校资金利用效率低下，致使还本付息产生困难，以致产生财政危机。孙天华（2004）认为商业银行向高校发放贷款是以国家信用作为支撑的，正是由于高校、商业银行和政府三者之间的这种关系，导致了大学过度贷款，从而易于产生财政危机。对于如何解决高校财政危机，弓民（2004）、耿庆春（2006）、王琳（2006）、高天宏（2004）等认为国家应加大对高校的财政投入力度，按照“谁受益，谁缴费”的原则筹集资金，建立财政投入、社会资助和个人负担相结合的筹资体系，建立政府、银行、高校三者之间正常的关系，同时高校应加强财务管理，建立财务风险预警制度。

学者们从上述角度，对高校财政问题进行了探索。而对于高校财务危机问题，更需要运用博弈论、产权理论等从理论上找到危机产生的根源，然后运用系统论从机制构建、模式选择和绩效评价等几个方面构建一套有效的保证高校财政稳定运行的制度体系。

评述：

① 对于高校财政危机问题的研究，相信国外有不少的文献，这里作者只对国内的相关研究进行了回顾。但是其中“胡德维（2004）认为政府不断削减对高等教育的拨款，慈善机构捐款持续减少以及捐赠投资的收益减少是造成英美高校财政危机出现的主要原因”这么一句话，显得尤其突兀：既然作者在这里探讨的是我国高校的财政危机问题，那么对于国外高校财政危机原因的研究和所探讨的问题并没有什么联系。文献综述首先应该围绕所探讨的问题，如果和核心问题无关，再好的文献也没有必要涉及。

② 作者在最后提出，应该进一步“运用博弈论、产权理论等从理论上找到危机产生的根源，然后运用系统论从机制构建、模式选择和绩效评价等几个方面构建一套有效的保证高校财政稳定运行的制度体系。”同上面指出的问题一样，作者需要给出这个论断所依据的文献。

总体评述：

① 本文存在的主要问题是在文献的回顾过程中，缺少对于文献的总结和加工，而更多的是对于文献的罗列。作者从现代大学制度、高校财政来源、高校财政拨款体制、高校财政资金使用绩效评价以及利用效率等方面对高校财政危机的问题进行了讨论，在每一个具体的方面也都引用了丰富的文献，给出了文献对相关问题的分析结果和观点。但是需要注意的是，作为一个文献回顾类文章，应该有作者自己的贡献。这个贡献不只是体现在将文献收集在一起并呈现给读者，重要的是作者应该对相关研究的结论做出自己的分析和评述。

例如目前这些研究总体来说是从哪几个角度来看待一个问题的（例如高校的财政拨款体制），每一个角度的优点和缺陷分别是什么；在理论框架和研究分析思路上都存在哪些问题；国外的相关研究给予我们的启示到底是什么，鉴于我国高等教育发展的现状和国民经济发展的水平，国外的一些先进经验有哪些可以借鉴、哪些还不可以；我国未来结束高校财政危机的思路和可行方法到底应该是什么、未来的研究思路可以是什么等等。对这些问题的回答应该是本文有价值的部分，也是进行相关文献综述的根本目的所在。

② 文章在内容安排、文献综述的思路上存在一定的问题。解决这类问题一个较好的方法是在文献综述之前对整个综述的框架和思路进行逻辑线路的设计，草拟一个线路图。

第四节 案例四：对改革开放以来中国农村土地制度研究的文献综述

一、引言

在中国，自20世纪70年代末开始实行的农村土地制度改革给农村带来了深刻的变化，对推动农业经济乃至整个国民经济的增长起到了关键性的作用。作为一项制度创新，它激发了生产潜力、促进了中国农业的发展。在这项改革过程中形成的以土地产权结构为核心的一系列制度安排影响着中国农业生产、经营的每一个环节。

在《农村土地承包法》颁布后，第二轮土地承包政策得以用法律的形式加以明确，规定了禁止对土地使用权进行大调整，重视发挥市场机制在土地承包经营权流转中的作用等等，促使农村土地使用权的流转变得更加普遍。土地流转比例的提高给我们提供了更多的研究土地租赁市场运行的机会。在这一大背景下，理论界对中国农地产权制度改革、土地市场的发展、土地配置的公平和效率等内容有了许多深入研究。目前，研究农村土地制度的文献比较丰富，本文的目的正是希望能够对这些文献加以分类和梳理，以供研究人员参考。

评述：

① 在引言的开始部分，作者给出了一个论断即实施农村土地制度改革以来，给农村带来了深刻的变化，推动了农业经济乃至整个国民经济的发展。在本书中也多次提到，即使对于这样一个看起来被普遍认可的观点，严格地说还是应该给出一些有代表性的学者的观点来加以佐证。对于其后的观点："作为一项制度创新，它激发了生产潜力，促进了中国农业的发展"，也是一个重要的论断，因此同样需要给出一个或者几个引用文献。

② 在引言部分，作者引用了一个政府的法律法规《农村土地承包法》。对于这样的引用，在文章主体以及后面的"参考文献"部分都需要提供时间和法律法规的颁发部门，因为有读者可能需要查阅这样一个重要的文献。

③ 总体来说，这是一个简洁、清晰的引言，作者用短短的一段文字说清楚了进行本研究的背景、本文献综述的意义和目的，显得相当成熟。

（续原文）

二、对相关文献的回顾

（一）早期关于调整土地关系的讨论

这一阶段的时间起止大约是从1986年到1991年，调整土地所有制关系就成了这一阶段理论界讨论的热点问题。对如何调整土地所有制关系却众说纷纭，主要形成了“以国有制取代集体所有制”、“以私有制取代集体所有制”、“在坚持集体所有制的基础上完善之”三种有代表性的观点。

首先，主张土地国有化的学者，其立论依据多有不同。有学者认为农村土地集体所有制从来就没有真实地存在过，社会主义实践的发展已经到了目前这个程度，到了还农村土地国家所有制的本来面目的时候（文迪波，1987）。还有学者认为实行土地国有化是一种现实可行的制度选择，而且这种选择在我国的经济、政治和社会生活中不会引发剧烈动荡（安希，1988）。也有论者强调，由于土地资源的特殊重要性及其在我国的极端稀缺性，实行土地国有化才便于国家对土地资源的高效管理（如杨勋，1989）。

至于实行土地国有化的具体方案，学者有不同的建议，主要有两种。一种意见认为应实行国家租赁制，即宣布全部土地归国家所有，成立国家土地经营管理部门，将土地按效益原则租给农民使用，农民按租赁合同规定向国家缴纳地租（如蔡，1987）。另一种意见认为应实行国有永佃制，即土地所有权归国家，不允许买卖或转让。土地使用权则通过法律形式永佃给农民，政府不收地租，只征收统一地税（如安希，1988）。还有学者提出应实行土地国有化之下的个人土地占有制度，即国家拥有农业土地的最终所有权，具体占有并使用某一块土地的是微观经济单位（如厉以宁，1989）。此外，也有学者认为应实行国有私营，即国家是土地的最终所有者，农民经营国有土地，必须依法缴租、纳税（如杨勋，1989）。

主张土地私有化的学者，其立论依据主要有这么几个方面：一是有学者指出，人类历史上的土地私有制存在着土地私有原型和土地私有变型之分。土地国有、土地集体所有的提出和实践都可视为人们对土地私有变型的否定。但是，如果因为反对土地私有变型而伤及土地私有原型，可谓矫枉过正（魏正果，1989）。二是有学者认为，实行家庭联产承包责任制后农村的土地关系发生了深刻变化。在一些地方，土地的集体所有制只剩下空壳，只具有一定的法律象征，农民已经成了土地的实际所有者（李庆曾，1986）。

在坚持完善土地集体所有制的学者中有人指出，我国粮食生产由1984年的高峰跌入1985年的低谷，农业经济发展出现了新的徘徊，其根源主要不在于土地所有制关系本身。在农村土地制度建设上，稳定和强化土地家庭承包责任制仍然是关键。其基本思路是强化农民承包权、明确土地所有权、积极开辟承包权流转市场（骆友生等，1988）。此外，也有一些学者认为，在坚持土地集体所有制的前提下，应对家庭联产承包责任制进行重大改革。如有学者认为，农业内外部情况的变化已经表明，农户有必要也有可能成为一个独立的商品生产者。如果仍继续把农户作为原集体经济中的一个经营层次，不仅不符合现实情况，也不利于今后农业的发展。当前，建立在集体统一经营基础上的承包方式已经包容不了真实的经济关系，土地的使用方式以租赁制代替承包制就成为必然的方向（马炳全，1988；孙自铎，1988）。

在这一阶段的后期，主张从根本上变革农村土地所有制的呼声逐渐减弱。这时已有学者开始运用西方新制度经济学和产权学派的理论，分析中国农村土地制度改革问题。在充分考虑了当代财产产权在不同权利主体之间的分化及分离的客观事实之后，有学者提出了建立“土地微观使用决策权、收益权以及一般转让权归农户，宏观使用权与最终处置权归国家所有”的复合土地产权结构的观点（曲福田等，1991）。

评述：

① 和本书中给出的其他案例文章相比，这篇文献综述的作者在对文献中相关观点的归纳和综合方面做得比较好。例如首先作者归纳到：在如何调整土地所有制关系的观点和研究中，主要形成了“以国有制取代集体所有制”、“以私有制取代集体所有制”和“在坚持集体所有制的基础上完善之”这三种有代表性的观点。相比那些以学者为线索进行的综述，读者们从这一句归纳中，就可以对相关文献有了比较好的了解。从这点上来说，作者有了自己的贡献，即在充分理解文献的基础上，对所回顾的文献进行了自己的加工，加入了自己的评述和观点。当然，作者在其他方面的问题上也进行了较好的归纳，例如归纳了学者们对于实行土地国有化方法的观点等，这些都值得读者借鉴。

② 在前面的案例中曾经指出：在进行文献综述的时候，重点是利用文献的一些观点和研究结果为所讨论的问题服务，而不是强调到底都是哪些人干了什么事情，得出了什么结论。例如在作者对主张土地私有化的学者的立论依据进行回顾的一段文字以及本文的其他部分，读者可以体会其中出现的这类问题如出现“有学者指出”“有某某学者认为”等这样的文字，多少破坏了文章的连续性。可以将原文中的这段修改成为：

主张土地私有化的观点其依据主要有这么几个方面：一是人类历史上的土地私有制存在着土地私有原型和土地私有变型之分，土地国有、土地集体所有的提出和实践都可视为人们对土地私有变型的否定。但是，如果因为反对土地私有变型而伤及土地私有原型，可谓矫枉过正（魏正果，1989）。二是实行家庭联产承包责任制后农村的土地关系发生了深刻变化。在一些地方，土地的集体所有制只剩下空壳，只具有一定的法律象征，农民已经成了土地的实际所有者（李庆曾，1986）。

③ 在一篇文章的任何部分，当引用一个作者的原话时，需要给出具体的页码。那么在最后一个自然段，在引号内对曲福田等的引用是需要给出页码的。请看下面的例子：

卷入（involvement）是指“一个人基于其内在的需要、价值观和利益而对一个客体所知觉到的关联性”（Solomon，2004，p. 110），这里的客体是指一种产品或品牌、一则广告或一种购买情境。卷入的程度从对客体的简单考虑（simple processing）到详细权衡（elaboration）不等，前者只考虑信息的基本特征，而后者将接收的信息与个人原有的知识体系相联系（Solomon，2004）。主观上来说。消费者对于产品相关因素的感受越深，即对该产品的卷入程度越高，称为消费者的高卷入，反之称为消费者的低卷入（罗子明，2002）。

引自：马欣昕，马京晶，张黎．选择与放弃中对产品实用和享乐性偏好的差异．工作论文．北京大学中国经济研究中心，2006.

当然，如果文献综述者可以用自己的话将原文献中的观点或者研究结论叙述清楚，而不是一定需要引用原话才能表述清楚一个概念或者一个观点等，那么一般最好不要采取这样的方式来引用原话。

（续原文）

（二）土地制度改革的深化阶段

这一阶段的时间起止大约是从 1992 年到 1998 年。从根本上变革农村土地制度的呼声不见了，但局部的土地制度创新实践却不断涌现。因此，跟踪、总结农村各地的土地制度创新经验，试图从中发现今后农村土地制度进一步变迁的线索，构成了这一阶段我国理论界讨论的热点、重点问题。

评述：

这一段是很好的综述，首先对这个时期的土地制度创新这个特点做了交代，然后对这个背景下土地制度研究的重点和热点进行了高度的概括，这样让读者对于这个时期的相关研究有了大致的了解。此外，这段文字在文章中也起了承上启下的过渡作用。

（续原文）

例如有学者认为，山东省平度市的“两田制”的核心内容之一是形成了土地和劳动力合理结合和优化配置的机制（周诚，1993）。有学者进一步强调，在

“两田制”制度的安排中，其“口粮田”的设计满足了农民稳定占有土地的心理；而“责任田”的设计则满足了政府和社区的利益，从而减少了在均田制度下的不确定性和多余的交易费用。因此，“两田制”的制度绩效远大于其制度缺陷，多少实现了“帕累托改进”（骆友生等，1995）。还有学者认为，“两田制”的实质是两种机制配置土地资源，即“口粮田”是行政手段配置土地资源，而“责任田”是引入市场机制配置土地资源。因而“两田制”是适应社会主义市场经济要求，有利于加快建立农村社会主义市场经济体制的过渡性土地制度安排（盖国强，1997）。

另外，有观点认为拍卖“四荒地”是农村土地制度改革的深化，也是耕地承包制的继续和发展（王西玉，1994）。也有学者强调，由于“四荒地”使用权拍卖是一次性“买断”，长期性开发受益，因此在考虑效率优先原则的同时，也要注意社区成员的平等权利，确保社区农民参与拍卖的广泛性、群众性（骆友生、张红宇，1995）。

对于在一些发达地区出现的股份合作制，有学者认为这一制度安排建立起了集体土地权益由集体和农民共享的土地产权制度，是农村土地制度改革的最优选择（蒋励，1994）。还有学者把土地股份制与“两田制”、规模经营等土地制度创新形式进行比较后认为，土地股份合作制已经触及深层次的产权关系，实质是对农民私有土地产权的承认和落实。无论是经济发达地区，还是经济落后地区，进行这种深层次产权结构构造都是必要的，也是可能的（綦好东，1998）。

在这一阶段，理论界除了追踪农村土地制度创新的局部实践外，越来越多的学者运用西方新制度经济学和产权学派的理论来分析中国农村土地制度改革，这已成为这一阶段农村土地制度研究的一个重要特点。有学者建构了一个以工分制作为收入分配方式的生产队模型，在模型中正式引入了监督和监督费用（林毅夫，1992）。有学者认为，产权残缺是我国农村土地制度存在的突出问题，即在集体所有制框架下往往会出现各个“上级”以所有者的名义来侵蚀农户土地的使用权和收益权的现象（刘守英，1993）。还有学者对人民公社的产权制度进行分析后认为，生产队的产权是一种受到严格限制的产权，因产权的弱化所引致的剩余合约和剩余享益缺乏激励才是人民公社失败的决定性因素。今后农村改革的方向是进一步消除国家对土地产权排他性的限制，明确土地制度的永佃制（陈剑波，1994）。有学者在全面回顾了新中国成立以来我国农村经济制度变迁历史之后认为，中国经验最重要的内容也许在于改革同时兼顾了新产权合约及其执行和保障系统之间的互相配合，避免了产权创新的孤军奋进（周其仁，1995）。

评述：

相关文献对局部的土地制度创新实践进行了讨论和研究，作者首先对这部分的文献进行了回顾，涉及了“两田制”、“四荒地”和“股份合作制”这几个较为重要的概念。作者在这里最好对这几个概念进行简要的介绍。同样，作者提到在这个阶段有一些学者运用西方新制度经济学和产权学派的理论来分析农村土地制度改革，那么作者也可以将西方制度经济学和产权学派的理论这个较大的范畴进行细化，具体谈谈都有哪些具体的理论被运用到了对农村土地制度改革的分析研究当中。然后再对具体的研究进行回顾，如后面引用的几个研究。

（续原文）

（三）地权稳定性和农业生产的研究

这一阶段的时间起止是从 1998 年底至今。到 1998 年，“集体所有，家庭经营”的农村土地制度已经运行了 20 年。实践已充分证明这一制度安排具有很好的适应性和生命力。政策提出要贯彻土地承包期再延长 30 年，同时加紧制定确保农村土地承包关系长期稳定的法律法规，赋予农民长期而有保障的土地使用权。另外，经过 20 年的改革发展，我国农业和农村经济已进入了一个新的历史阶段，对农业和农村经济结构进行战略性调整是新阶段面临的重要任务之一。在这样的背景下，理论界讨论的议题主要有三个：一是怎样稳定农村土地承包关系。例如，在 30 年承包期内是否还调整土地、稳定农村土地承包关系与农业和农村经济结构战略性调整是什么关系等等。二是地权的稳定性与农业增长是什么关系。例如，地权稳定是促进了农业投资还是与农业投资无关等等。三是农村土地承包立法问题。例如，争论较多的是将土地承包经营权定位为物权还是债权等等。

评述：

① 作者将对我国农村土地制度的探讨分为几个阶段，然后分别对每个阶段的理论研究进行了总结讨论。在这其中，作者一般首先进行一个总结归纳，然后涉及具体的理论观点。例如在上述段落中，作者提出在这个阶段理论界所探讨的议题主要集中在三个方面。那么作者最好能在每一个方面后给出具有代表性的研究文献，其后再就每一个具体的问题进行较为详细的文献回顾。原因是作者提出理论界的探讨主要集中在三个方面，那么这样的总结归纳应该是建立在对丰富的文献进行回顾的基础之上，因此在这里最好就给出相关的文献。

② 看看作者的一个表述：“在这样的背景下，理论界讨论的议题主要有三个……”。换个说法是不是更好？如“有三个问题引起了理论界的关注……”。

(续原文)

有学者认为，在人均资源禀赋少、人地矛盾尖锐的地方，不断按人口变动来平均地权是农民的一种自发要求。而在30年承包期内，如果不随人口变动进行地权调整，就不能满足农民公平占有土地的要求。因此，如果“一刀切”地执行“承包期无条件延长30年”、“增人不增地，减人不减地”等政策，不但难以取得整齐划一的制度绩效，甚至会形成制度的反激励，导致事物走向反面（林卿，1999)。还有学者进一步认为，农户长期稳定的心理需求与集体成员平均占有承包地的要求之间的冲突，是农村土地问题的主要矛盾。因此，当务之急是制定既满足农民对平等权利的需要，又可以使之得到长期稳定的土地使用权的政策（迟福林等，1999)。

在这一阶段，理论界开始较为广泛地应用计量经济模型研究农地制度与农业经济绩效之间的关系。有学者引入计量经济学模型研究了家庭责任制下的土地制度和土地投资的关系。研究结果表明，土地承包权的稳定性对与土地相关的投资有正的影响，但对固定资本的投资却有负的影响（朱民等，1997)。有学者对浙江和江西两省449个农户的研究表明，地权稳定性对农民的绿肥使用面积有显著的正面影响，但对产量的影响不显著。稳定地权不可能马上就见到产量的效果，它的作用主要是通过促进土地长期投资达到可持续发展的目的（姚洋，2000)。但也有学者以广东省为例进行实证研究后认为土地产权制度安排或土地使用权的稳定性，不但影响农民对农业用地旨在提高土地肥力的长期性投入，而且影响其农业用地的短期投入（何凌云等，2001)。还有学者研究认为，赋予农民土地的长期使用权的真实意义在于稳定他们的社会保障。至于这种长期使用权是否会增加种植业投入，应该看这部分农民的投入增加是否可能通过提高农业产量来提高他们的收入。在当前土地对农民的生存保障功能重于生产功能的条件下，影响农户家庭经营投资行为的决定因素是土地规模（温铁军，2000)。

另外也有学者认为永佃制的土地制度排除了土地调整对农户生产和长期投资的负面影响（如周其仁和刘守英，1997；Besley，1995；Jacoby，Li & Rozelle，2004)，为我们提供了一个深入考察农户个人参与土地市场行为的样本，前期研究的学者已经证实了一个更完善的土地市场对土地调整有替代作用（姚洋，2003)，而改善土地流转市场的运行状况会提高农户的劳动生产率并保证公平的土地所有权分配体制（金松青、Deininger，2004)。

在这一阶段对中国农地产权制度改革、土地市场的发展、土地配置的公平和效率等的研究可参见相关文献（如Dong，1996；Feder et al，1992；Jacoby，Li & Rozelle，2002；Kuan & Liu，1996；Zhao & Wen，1998)。

第五节　案例五：中国农村社会养老保险制度的动态分析和趋势预测

一、引言

2005年我国总体人口达130，756万人，其中农村人口74，544万人，占57.01%。相对于西方发达国家中平均20%的农村人口比例，我国农村人口比例还相当高。同年，全国参加基本养老保险的有13，120万人，其中农村参加养老保险5，442万人。参加农村养老保险的人数占整个农村人口的7.3%，这个比例还相当低。

此外，中国的基本社会保障由中央进行指导性领导，即中央规定大致的法律法规，具体实施细则由地方政府根据各自具体情况进行制定。而我国各地区社会和经济发展层次不一，同一地区城镇和乡村发展水平也不一致，所以在我国基本社会保障各地区的差异性很大。农村的情况更为复杂，因此推行农村养老保险需要一套根据农村具体情况"量体裁衣"的办法。否则，非但不能改善农村养老保障体系，还会浪费大量的人力、物力和财力。因此，如何正确认识我国目前农村养老保险制度运行现状及问题，发现并分析农村养老保险推行过程中的难点和关键点，真正从农民角度、国家以及社会立场来制定一套集"精算、比较、宣传"于一身的实用、有效、积极的农村养老保险制度，显得非常迫切和重要。

评述：

① 作者在引言部分试图论述对于养老保险制度，特别是农村的养老保险制度的分析研究具有很强的现实意义。在第一个自然段通过一系列的数据说明了在农村参加养老保险的人口比例还很低。那么如果作者能够进一步说明参加养老保险人口比例低的负面后果是什么、有多么严重，则会更加理想。原因是农村参保人数比例较低是一个现象，而现象所产生的问题和严重后果才是背后的实质。

② 其次，在第一自然段中作者引用了一连串的数字，对于这些比较重要的数据，作者需要给出数据的来源，例如是来自一些统计年鉴还是其他资料的数据。这个问题我们在前面的案例中已经提到。

③ 同样，作者随后提到基本社会保障在我国各地区的差异性很大，而农村的情况更为复杂。作者如果在这里能够结合文献给出一些重要的数据和事实，将对读者理解相关问题的复杂性有所帮助。

（续原文）

中国农村养老保险推行的这 10 多年来，一直备受众多学者的关注，并且对其研究的角度和方法千差万别。总结起来有这么几类：一是对农村养老保险的现状分析和存在问题的思考；二是对在农村推行养老保险的可行性和必然性的论证；三是对现行农村养老保险制度进行评判；四是国内外农村养老保险的制度比较分析。另外，有少数人开始以精算模型分析中国农村养老保险制度以及运行效果。

但是，我国还处在制度转型过程中，社会保障制度并不十分稳定，尤其是农村的社会保障制度，因此对于农村养老保障体系急需要以一套动态分析模式来进行研究，从一个长远的角度来看待我国农村养老保险。也就是说在研究其动态变化的同时，能够对其发展提供有实际参考意义的精算方法、政策措施甚至民意宣传，并且为将来的发展趋向提供一个较准确的预测，从而为社会整体的发展和长远战略目标的制定方面提供有力依据。但是在这些问题上，目前还缺乏有价值的研究。

本文基于目前农村养老保险在推行过程中的实际操作问题，以特定地区为例，具体分析农村养老保险内在运行机制（包括农民缴费额、缴费年限、领取额、计算方法、中央及地方政策规定）。在此基础上，对我国农村养老保险运行提供一套动态分析方法，并且对于将来的我国农村养老保险运行趋势做出科学的预测。

评述：

① 作者在总结对农村养老制度的研究时，根据研究的角度和方法总结出了四类研究。这里最好分别列举出几个具代表性的研究文献。

② 在上述内容中的第二个自然段，作者提出在制度转型的过程中，社会保障制度尤其是农村的社会保障制度不稳定，因此需要用一套动态的分析模式来分析农村的养老保障体制。在这个论断中，涉及两个重要的结论：一是目前的农村保障制度不稳定，其次是需要用一套动态的模式来研究这个问题。显然，这些结论不是基于作者自己的研究，因此作者不应该没有根据地给出这两个重要的结论，而应该引用相关的观点和研究结论，这也是文献综述的根本目的之一。

（续原文）

二、基本概念

1．社会保障、社会保险、养老保险概念介绍

社会保障的范围比较广泛，对于社会保障一直以来也都没有一个明确的界

定。但是，对于社会保险是社会保障的一个重要部分这点是国内外都肯定的（陈良谨，1990；美国社会保障署，1995；郑功成，1994）。社会保障包含了社会保险、社会救助、社会福利及其他各种社会性的保障措施（郑功成，2000）。社会保险制度起源于德国，是以劳动者为对象，以劳动者的年老、疾病、伤残、失业、死亡等特殊事件为保障内容的一种生活保障措施（郑功成，2000）。社会保险又分为养老保险、医疗保险、工伤保险、失业保险和生育保险。其中，养老保险是指劳动者在达到法定退休年龄退出劳动以后，从政府和社会得到一定的经济补偿、物质帮助和服务的一项社会保险制度。养老保险是社会保险体系的重要组成部分，在整个社会保险制度体系中居于核心位置（周元洪，2003）。而农村养老保险则是养老保险在农村地区的推广和延伸。

2. 养老保险财务模式

概括起来，全世界养老保险的财务模式主要有三种：一是现收现支式，即不考虑资金储备、以支定收；二是完全积累式，即确定适当的费率标准后，将养老保险的支出按比例分摊到企业和个人；三是部分积累式，即兼顾现收现支式和完全积累式的混合模式。目前我国采取的是社会统筹和个人账户相结合的模式。这是我国在世界上首创的一种新型的基本养老保险制度。这个制度由国家、单位和个人共同负担购买保险的支出，体现了传统意义上的社会保险的社会互济、分散风险、保障性强的特点，同时也强调了职工的自我保障意识和激励机制。

评述：

① 作者在这个段落对养老保险的模式进行了划分。显而易见的是这种划分并不是作者的首创，因此应该给出相关的文献。

② 同时，作者提及了目前我国采用的养老保险模式是一种新型的模式，在国际上也属首创，并且指出了这种模式的优点。同样，对于这种模式的优点的概括也应该来自相关文献，因此应该明确给出所引用的文献。

（续原文）

3. 基本养老保险制度

我国的养老保险由三个层次组成：基本养老保险、企业年金和个人储蓄性养老保险。基本养老保险亦称国家基本养老保险，它是按国家统一政策规定强制实施的为保障广大离退休人员基本生活需要的一种养老保险制度。在我国，20世纪90年代之前企业职工实行的是单一的养老保险制度。1991年，《国务院关于企业职工养老保险制度改革的决定》中明确提出应该随着经济的发展，逐步建立起基本养老保险、企业补充养老保险和职工个人储蓄性养老保险相结合的制度。从此，我国逐步建立起多层次的养老保险体系。

4. 基本养老金

在我国实行养老保险制度改革以前，基本养老金也称退休金、退休费，是一种最主要的养老保险待遇。国家有关文件规定：养老保险是在劳动者年老或丧失劳动能力后，根据他们对社会所作的贡献和所具备的享受养老保险资格或退休条件，按月或一次性以货币形式支付的保险待遇，主要用于保障职工退休后的基本生活需要。1997 年，《国务院关于建立统一的企业职工基本养老保险制度的决定》（国发［1997］26 号）中明确提出，各级人民政府要把社会保险事业纳入本地区国民经济与社会发展计划，贯彻基本养老保险只能保障退休人员基本生活的原则。为使离退休人员的生活随着社会与经济发展不断得到改善，体现按劳分配原则和地区发展水平及企业经济效益的差异，各地区和有关部门要在国家政策指导下大力发展企业补充养老保险，同时发挥商业保险的补充作用。

5. 企业年金

企业年金是指企业及其职工在依法参加基本养老保险的基础上，自愿建立的补充养老保险制度。它是多层次养老保险体系的组成部分，由国家宏观指导、企业内部决策执行。企业年金实行市场化运营，由企业和员工共同承担。

6. 个人储蓄性养老保险

职工个人储蓄性养老保险是由职工自愿参加、自愿选择经办机构的一种补充保险形式。职工个人根据自己的工资收入情况，按规定缴纳个人储蓄性养老保险费，记入当地社会保险机构，在有关银行开设养老保险个人账户。实行职工个人储蓄性养老保险的目的在于扩大养老保险经费的来源、多渠道筹集养老保险基金、减轻国家和企业的负担。

评述：

① 作者在这里用了一个专门的章节对论文中涉及的主要概念进行了定义。一般来说，在学位论文中会有这样的要求，即用一个专门的章节对主要概念进行定义，而在一般的学术论文中没有专门的要求。因此在大多数情况下，都是将对概念的定义放在文献综述或者是引言中，而不用一个专门的章节。

② 在上述内容中，作者对基本养老保险制度、基本养老金、企业年金和个人储蓄性养老保险进行了讨论，对于每一个概念，最好能够给出定义出自的文献。

③ 此外的一个问题是，作者在这里对相关的概念进行了定义和比较详细的

叙述，但是在文章后面的讨论中，读者并没有看到有什么内容涉及这几个概念。那么这里对基本养老保险制度、基本养老金、企业年金和个人储蓄性养老保险等概念的定义和讨论就失去了理由和意义。

（续原文）

三、文献回顾

1. 我国农村社会养老保险的发展过程

我国政府从20世纪80年代中期开始建立了农村社会养老保险制度试点，到目前为止，农村社会养老保险已有10多年的历史。这段历史可以大体划分为三个阶段：

试点阶段（1986～1992年）：民政部和国务院有关部委1986年在江苏沙洲县召开了“全国农村基层社会保障工作座谈会”。会议根据我国农村的实际情况决定因地制宜地开展农村社会保障工作，一些经济较发达的地区成为首批试点地区。

推广阶段（1992～1998年）：1991年，原民政部农村养老办公室制定了《县级农村社会养老保险基本方案》（以下简称《基本方案》），确定了以县为基本单位开展农村社会养老保险的原则，决定1992年1月1日起在全国公布实施。此后，农村社会养老保险工作在各地推广开来，1997年底，已有8200万农民投保，比现在2005年的统计数据5442万还多出2758万，可见当时的《基本方案》对农村参加养老保险的推动是非常巨大的。

衰退阶段（1998年以后）：1998年政府机构改革，农村社会养老保险由民政部门移交给劳动与社会保障部。这个阶段由于多种因素的影响，全国大部分地区农村社会养老保险工作出现了参保人数下降、基金运行难度加大等困难，一些地区农村社会养老保险工作甚至陷入停顿状态。官方对这项工作的态度也发生了动摇。1999年7月，国务院指出目前我国农村尚不具备普遍实行社会养老保险的条件，决定对已有的业务实行清理整顿，停止接受新业务，有条件的地区应逐步向商业保险过渡。

从我国农村社会养老保险的发展阶段可以看出其在实践上是并不成功的。在理论上，这一制度也引起了激烈的争论和批评。20世纪90年代以来，农村社会养老保险一直是人口经济学研究的一个热点问题，积累了大量的文献资料。这些文献全面地反映了各地各时期农村社会养老保险的发展状况、存在的问题，并提出了相关的对策（陈长民，2005；刘子兰，2003；王国军，2000）。

评述：

① 作者在这里用了一些数据来论证农村养老保险推广以来，全国各地农民参与保险的积极性。对于这些比较重要的数据，作者应该给出来源，例如国家统计部门所发行的年鉴等。这样读者可以依据来源判断数据的权威性，并对作者基于数据的论断是否合理和可信进行判断。

② 作者在上述第二个自然段中提出，由于各种原因，1998年后在全国范围内出现了参保人数下降、养老保险工作呈现出停顿的现象，官方对于此项工作的态度也出现了动摇。同样，对于这些基于客观事实上的判断，作者在这里最好能给出相关的文献进行佐证。

③ 此外，作者在这里提出我国农村实行社会养老保险制度的10多年历史可以被大体划分为三个阶段，那么为什么这样划分、是什么观点或者研究提出的这样划分方法，作者应该引用具体的文献。

④ 作者提出这三个阶段对于后续对农村养老保险制度中存在问题的分析和讨论到底有什么意义，这也是必须考虑的问题。也就是说，作者在文章中给出的一些概念和定义以及其他的一些分析和讨论等，在文章后面的讨论内容中应该能够利用到前面的这些概念和分析讨论的结果，有个回应，否则给出这些概念、定义以及分析和讨论等是没有意义的。

⑤ 作者在最后一个自然段提到："20世纪90年代以来，农村社会养老保险一直是人口经济学研究的一个热点问题，积累了大量的文献资料。这些文献全面地反映了各地各时期农村社会养老保险的发展状况、存在的问题，并提出了相关的对策（陈长民，2005；刘子兰，2003；王国军，2000）。"作者提出了这个在各地各时期存在的问题，也引用了一些文献，然而读者从这段文字中并不能够得到一些具体的信息，例如都是什么问题和什么相关的对策等。这样的文献综述就是"蜻蜓点水"式的文献综述，没有实质的意义，也是一些学生在文献综述中容易出现的问题。

（续原文）

2. 焦点问题总结

从我国20世纪90年代尤其是1995年以来的文献资料发现研究的焦点主要集中在以下几点：

（1）建立农村社会养老保险的必要性

现有文献在建立农村社会养老保险的必要性以及重要意义等方面上的观点基本一致，最近还有专门提出要重塑农村社会养老保险战略地位的重要意义方面的观点（金惠新、潘萍，2006）。农村社会保障的建立对保障老年农民的利益，促进农村经济的发展和改革的深化，保证社会的稳定和进步都有积极意义。另外，它还有助于减轻农民“养儿防老”的思想，从而有利于计划生育政策的贯彻执行（曾毅，2000）。更多的研究从微观经济个体的养老需求与供给出发进行分析（如尚长风，2003；汪柱旺，2006）。

评述：

① 从上面的段落中可以看出作者在进行文献综述时，对于如何安排相关文献、使得对于文献的回顾与自己的研究目的相结合方面还不够成熟。具体表现是在逻辑上不够严谨。试和下面修改后的表述进行比较：

从相关文献看，学者们对于建立农村社会养老保险的战略意义有着共识，这种战略意义体现在保障老年农民的利益（引用）、促进农村经济的发展和改革的深化（引用）、保证社会的稳定和进步（引用），以及减轻农民“养儿防老”的思想和有利于计划生育政策的贯彻执行（曾毅，2000）等方面上。基于农村养老保险制度的重要性，有学者认为不仅仅要重申，而且有必要重塑农村养老保险的战略地位，将它提升到一个新的战略高度（金惠新、潘萍，2006）。

② 作者在最后提到：“更多的研究从微观经济个体的养老需求与供给出发进行分析。”并给出了相关的文献，但是从这句话中读者并不能得到任何有价值的信息，这是“蜻蜓点水”式文献回顾的又一个体现。

（续原文）

（2）农村社会养老保险存在的问题

诸多学者从不同角度对农村社会养老保险存在问题进行了多层面的分析。由于大多数农村集体无力或不愿对农村社会养老保险给予补助，绝大多数普通农民得不到任何补贴，往往并没有参加养老保险的积极性。同时，在不违背自愿投保的原则下，地方政府不可能强制要求农民参加农村社会养老保险。这就形成了一个困境，需要地方政府自行解决，目前发达地区和不发达地区，以及发达地区和不发达地区内部采取的执行规则都很不相同（赵德余、梁鸿，2007）。农村社会养老保险存在制度上的不稳定性，各地农村社会养老保险办法基本上都是在民政部颁布的《基本方案》的基础上稍作修改形成的，这些办法普遍缺乏法律效力。政府对农村社会养老保险的态度也时常发生动摇，导致农民更加不愿投保（李连重，1999）。在农村社会养老保险基金运转实践过程中，由于缺乏合适的投资渠道，缺乏投资人才，有关部门一般都采取存入银行的方式。由于银行利率的不断下调，加上通货膨胀等因素的影响，农村养老保险基金要保值已经相当困难，这些都造成政府的包袱加重，此外投保人实际收益明显低于按过去高利率计算出的养老金（约翰逊，1999）。

评述：

在上述内容中，作者对我国农村养老保险出现的问题进行了讨论，其实涉及了几个方面的问题：如由于地方政府在政策上的不一致导致不同地区在执行规则上的变化；目前政府相关部门颁发的《基本方案》缺乏法律效力，没有强制力，导致农民不愿参保；以及农村养老金缺乏合适的投资渠道，导致保值困难。因此在这里作者最好就几个问题分开讨论并对相关的文献进行回顾，具体论证每个问题的表现形式、形成的原因以及问题的严重程度。请参考下面修改后的内容：

诸多学者从不同角度和视野对农村社会养老保险存在问题进行了不同层面的分析。首先是农民参保的积极性问题以及各地政府在制定参保规则上存在较大的差异。由于大多数农村集体无力或不愿对农村社会养老保险给予补助，绝大多数普通农民得不到任何补贴，往往并没有参加养老保险的积极性。此外，在自愿投保的原则下，地方政府不可能强制要求农民参加农村社会养老保险。这就形成了一个困境，即地方政府需要自行解决参保问题。目前在经济发达地区和不发达地区之间，以及发达地区和不发达地区内部的不同小区域内政府所采取的参保规则都很不相同（赵德余、梁鸿，2007）。

其次，农村社会养老保险存在制度上的不稳定性。各地农村社会养老保险办法基本上都是在民政部颁布的《基本方案》的基础上稍作修改形成的，这些办法普遍缺乏法律效力。此外，政府对农村社会养老保险的态度也时常发生动摇，导致农民更加不愿投保（李连重，1999）。

最后，农村社会养老保险基金在运转的实践过程中，由于缺乏合适的投资渠道和投资人才，有关部门一般都采取存入银行的方式。由于银行利率的不断下调，加上通货膨胀等因素的影响，农村养老保险基金要保值已经相当困难。这就造成政府的包袱加重，以及投保人实际收益明显低于按过去高利率计算出的收益（约翰逊，1999）。

（续原文）

3. 需要进一步研究的问题

许多研究者都提出应当在农村养老基金筹集时增加政府扶持的力度（黄文强等，2005）。但是这个“力度”如何来把握，如何在充分调动农民投保积极性的同时，不增加政府的负担等，目前我国在这方面的研究都没有明确的定量分析，更不谈如何动态的描述和预测我国农村伴随经济增长、地区发展、人口变化的一个趋势发展。本文的目标就是弥补此空白，为我国农村社会养老保险提供一套明确、动态、基于精算模型的预测分析。

评述：

如果看看本文在最初提出的要研究的问题，那么可以发现本文献综述是不完整的。如是不是应该在分析文献的基础上提出动态分析的必要性、什么是动态分析、相比过去的分析手段动态分析的科学性和优势到底是什么等。对于这些问题的回答是本文的一个关键，遗憾的是作者在这里并没有就这个关键的问题进行论述、并引用相关的文献来佐证自己的观点。

总体评述：

① 从本文的内容来看，主要的问题是文章在内容上出现了脱节，特别是前后部分。例如作者在文章的后半部分对目前我国农村养老保险研究所关注的焦点问题进行了总结，并在此基础上提出了农村养老保险存在的问题以及需要学术界进一步研究的相关问题。但是作者的这些总结和分析并没有建立在前半部分内容的基础之上。即作者在文章的前半部分花了较多的篇幅对一些基本的概念和我国养老保险的发展历程进行了定义和回顾，并没有就文献中对于农村养老保险的研究进行讨论，例如研究的核心问题、研究的角度、研究的方法、发现的问题以及没有涉及的重要课题等，那么这就导致了作者在最后对目前我国农村养老保险研究所关注的焦点问题进行的总结、提出研究所存在的问题以及需要学术界进一步研究的方向等的分析和探讨缺乏基础。

② 其次，本文的标题是“中国农村社会养老保险制度的动态分析和趋势预测”，其核心目的是通过对相关文献的综述，找出目前在相关的学术研究中存在的问题，并据此提出未来研究的方向。但是文章花费了大量的篇幅进行了农村养老保险制度的基本概念和发展历史和现状的描述，形似一篇介绍性的“科普”文章，在一定程度上偏离了文章的目的。

③ 本文在引言和后续部分给出了不少数据来支持自己的观点，对于这些比较重要的数据，作者应该给出出处，如年鉴和其他文献等。其原因是读者需要根据来源来判断这些数据的权威性，并据此对作者基于数据上的观点和推论的可信程度进行判断。当然，给出数据的来源也是对数据提供者知识版权的尊重，同时也是一种严谨的科学态度。

第六节 案例六：产业集群研究综述

产业集群是一种有利于提高生产力和创新能力的产业组织形式（魏守华、王缉慈、赵雅沁，2002）。在当今全球化的背景下，产业集群的效果越来越凸显出来，加快产业集聚、培育产业集群逐渐成为了各地区加快推进新兴工业化，实现经济高速发展的必然要求。产业集群可以成为优化资源配置、营造产业发展良好环境的工作平台，同时也是壮大产业规模、提升产业竞争力和区域经济综合竞争力、推进工业化向高级阶段发展的必然过程和走新型工业化道路的现实选择（王晓梅，2007）。

目前对产业集群理论研究的前沿与热点问题有：产业集群形成演化机理（王纬、梁嘉骅、孙亚芳，2007；甄艳、李春艳、郑妍妍，2006）与生命周期（吴利学、魏后凯，2004）、产业集群特征（熊义杰、郝思羽，2007；郑胜利，2003）与竞争优势（蔡宁、吴结兵，2002；朱华晟，2003）、产业集群与经济增长（魏守华，2001；魏守华等，2002）、产业集群政策与政府作用（朱辉，2006）等。下面就产业集群及其相关理论进行综述。

评述：

① 从本文的题目来看，作者是想对产业集群方面的研究做一个总结和回顾。这不同一般的实证性文章，即提出一些具体明确的课题，通过假设验证等方式来对课题进行探讨。在前面谈到，这类的综述性文章就是立足于某一个问题，对相关的研究文献做一个比较全面的总结回顾，在此基础上提出一些问题，比如说目前研究的空白以及对未来相关研究如何进行的建议等。那么，在引言部分作者就应该明确阐述自己的观点，至少应该明确界定自己所要集中探讨的问题，以及通过本文献回顾，作者想要达到什么一个目的。但是在这里并没有看到这些关键的内容。

② 产业集群研究是一个非常宽泛的命题，其中应该包含许多明确、具体的研究方向和相关问题，因此作者对这么一个宽泛的命题进行文献回顾困难较多。因为命题太大，作者也难以在一篇短短的文章中将相关问题介绍清楚。

当然，有时可以看到对某一个比较宽泛的课题进行综述的文章，但是这样的文章往往要回顾的文献量是巨大的，几百篇文章并不少见。在进行如此大量的文献综述后，作者一般还是会在比较细化的研究方向上提出未来可以关注的一些具体研究问题。但是对于一般的学生和学者来说，对一个大的研究课题（例如这里的产业集群）进行讨论，题目还是大了些。据笔者的观察，这也是一些学生和学者中普遍存在的一个问题，就是在选择研究题目时往往贪大求全，例如“中国金融改革之我见”、“如何提高企业的营销竞争力”等等课题。这和西方学术界进行的研究存在很大的区别，如果分析一下美国等发达国家管理学领域，包括市场营销、人力资源管理和战略管理等，相信会发现他们所研究的学术课题往往比较细，所提出的问题非常明确和具体，比较专注。

作者常常使用盖房子这样的一个比喻：对于产业集团、企业营销竞争力这样大问题的研究就好似一个完整的房子，要建造好它，需要一块块砖以及由砖砌成的一面面墙。作为学者，首要的任务就是研究好一些具体的问题，也就是烧制好每一块砖。学者们烧制好的大量砖块就会砌造成一面墙，最终四个墙面就会形成一个房屋。每个学者的学术生涯，其实就是在烧制多块砖，并且在一面墙上添置自己的砖块。

因此，在决定将烧制的砖块放在墙的什么部位的时候，需要知道这面墙中都已经有了什么砖块，并且放在了什么部位。形象地说，了解一面墙中都有了什么砖块和其具体位置这个过程就是对现有文献的综述。在文献综述的基础上，明确了一面墙都已经有了什么、还缺乏什么、已经添置的砖块是不是合适、位置是不是正确等等都应该是文献综述的目的。

相反，在常常看见的一些泛泛而谈的论述性文章中，看不到严谨的文献综述，也无法得知在所讨论的问题上，已经有了什么结果和观点，其中哪些已经成了定论、哪些还在争论之中。如果没有文献综述作为基础，那么也无法得知作者本人的贡献是什么。在这样不严谨的文章中，由于作者没有严格的引用相关文献，好像最后所有的观点都出自于作者本人，缺乏对别人研究的尊重，也使得读者没有办法对相关研究的脉络有个清楚的了解、无法进一步开展自己的研究。

（续原文）

一、产业集群概念及形成机制理论

1. 产业集群概念

产业集群（industrial cluster），有时简称集群，指在某一特定领域内相互联系、在地理位置上集中的公司和机构的集合（波特，1990）。波特（1990）认为产业集群包括上游的零部件等供应商、下游的渠道与顾客、提供互补产品的制造商，以及具有相关技能技术或共同投入的其他产业的企业。此外，产业集群还包括提供专业化培训、教育、信息研究和技术支持的政府和其他结构如大学、质量标准机构短期培训机构以及贸易协会。

还有学者认为产业集群即为企业集群（李冬平，2005），但事实上两者还是有本质区别的，这种区别体现在地理空间、产业范围、构成主体和数量规模等方面（李亦亮，2005）。

评述：

作者首先给出了一个比较权威的产业集群定义，就是著名学者波特的定义。其后通过一个文献来表明产业集群和企业集群的本质区别。相信对于这些本质区别的介绍会有利于读者对于产业集群的准确理解。但是遗憾的是，作者只是泛泛地指出这两个概念在地理空间、产业范围、构成主体和数量规模上存在本质的区别，而并没有具体介绍在这几个方面两个概念都分别具有什么特点、因而区别到底是什么等，这种简单的介绍无助于我们对产业集群概念的进一步理解。

（续原文）

2. 产业集群形成机制理论

新古典经济学家马歇尔早在 19 世纪末就从劳动市场共享、中间产品投入和技术外溢三个要素对产业的地区性集中做出过解释。然而直到 20 世纪 90 年代，波特从竞争优势、克鲁格曼以收益递增理论为基础推出颇具影响的集群研究成果并引发产业集群的研究热潮后，才使得产业集群的研究越来越深入和丰富，成为管理学和经济学的核心研究内容之一（邓宏兵，2007）。国内外大量研究表明，产业集群作为常见的产业组织形态，以其特有的规模经济、外部经济和知识溢出等效应对于企业成长、工业化进程以及区域经济竞争力都做了贡献。然而，在不同的社会生态环境、不同的历史条件下，集群的形成因素是不同的，由此而引起的集群效应和演进机理也有差异（邓宏兵，2007）。

在产业集群形成的自发性问题上有三种不同观点：一种观点认为产业集群是市场自发形成的，且具有历史偶然性（如 Krugman，1991a；North，1981）。第二种观点认为产业集群是由特殊的比较优势、供给和需求结构、文化氛围、政府政策所引致的（Kaldor，1985；Scott & Stoper，1992a，1992b）。第三种观点介于前二者之间，是一种折中的看法。这种观点认为产业集群是多方面的综合原因造成，例如波特（1990）认为产业集群的形成必须有市场竞争参与，同时还有地区禀赋的作用和地方政府战略的影响。从实际情况来看，折中主义更符合实际特点，但存在模型化困难等问题（邓宏兵，2007）。

对于促成产业集群形成的因素，有学者认为是自然禀赋、丰富的原材料、适宜的气候、土壤和湖泊等自然条件，以及规模经济、企业家精神以及历史偶然因素。当然在现实中还有许多其因素，包括制度、文化或是政府方面的因素（王纬等，2007）。

评述：

作者在这里列举了众多推动产业集团形成的因素，但只是在最后给出了一个文献（王纬等，2007）。显然，作者提及的这些因素不可能在这样的一个研究中被完全讨论和概括，这个所引用的文献可能同样只是对这些因素做了一个基于文献回顾的总结。那么作者这样引用就不合适。正确的做法是针对每一个因素，引用比较重要或者是较早研究该因素的文献。

希望大家能够从这个例子了解到，在文献综述中，不能完全利用另外一篇文章中的文献综述内容。假如在这里学者王纬基于文献对影响产业集群的因素进行了总结，归纳出了若干因素，那么作者在文献综述中，不能完全依靠王纬的一篇文章就完成了对这些因素的回顾。相反应该查找到最初是哪些学者对这些因素进行了研究，或者针对每一个因素都有哪些具有代表性的文献，其后自己需要对这些文献进行很好理解和总结，并进行综述。这样做的原因之一是读者应该对文献综述有一种认真负责的态度，不能只根据别人对于文献的回顾就给予文献同样的理解。相反，读者应该仔细阅读原始文献，在完全忠于原文献的基础上、基于自己的理解对相关文献进行总结。

（续原文）

对于产业集群的形成机理，有学者认为从实质上说是企业价值链系统的分解与整合（李秋实，2005）。当某一地区为产业发展提供了适合环境时，这一地区集聚的企业数量就会增多，同时也会促进企业价值链的分解与整合，产业集群就是在这种条件下逐渐形成的（李秋实，2005）。一些学者也注意到了传统关系网络的作用，并认为领先的制度创新行为为地方产业集群的发展创造了条件（金祥荣，2000；朱华晟，2003）。

评述：

在最后的一句话中，作者论述到："一些学者也注意到了传统关系网络的作用，并认为领先的制度创新行为为地方产业集群的发展创造了条件（金祥荣，2000；朱华晟，2003）"。但是，相信读者对什么是"领先的制度创新行为"以及为什么会"为地方产业集群的发展创造了条件"还是不甚了解。那么作者这样综述文献有什么意义呢？

（续原文）

二、产业集群类型及生命周期

1. 产业集群类型

我国自改革开放以来，产业集群的发展迅速。不同地区内不同类型的产业集群使得我国形成了许多具有区域特色的经济高速发展区域。例如珠江三角洲的家用电器产业集群和长江三角洲的轻工业集群（王缉慈，2001）。目前我国基本形成了以下五种类型的产业集群（王缉慈，2001）。

集群类型	主要特征	典型例子
传统工业基地	国有大中型企业为核心的地域生产综合体	鞍山钢铁基地
外协加工基地区	国际产业分工中的世界工厂	深圳-东莞
经济开发区	人为规划以吸引外资的工业园	苏州工业区
高新技术产业群	智力密集型中小企业札堆	北京中关村
乡镇企业集群	民营中小企业专业化分工形成的县域特色经济	浙江温州

评述：

① 这一节的标题是“产业集群类型”，那么作者需要结合文献对目前存在的产业集群的类型进行定义，指出这些不同的类型在哪些方面具有本质性的区别等，而不是像这样只是简单地给出每种集群的类型名称、简单的特征以及相关的例子。

② 对于文章中出现的任何图表，都应该给出标题。其中表的标题在表的上方，而图的标题在图的下方。

（续原文）

2. 产业集群的生命周期

产业集群的周期性规律亦被文献所关注。相关文献普遍认同产业集群存在有规律的生命周期，但对该规律的认识和看法是不同的。Pounder 和 John 从动态角度提出了地理集群的演化理论，将产业集群分为创始期、企业的聚集期、企业的再定位期三个阶段。他们分析了集群收益由正到不经济再到重新定位的周期规律，提出了“进化中断平衡”问题。Tichg 将集群的生命周期分为诞生期、成长期、成熟期、衰退期四个阶段，认为集群的能力应该放在一个相当长的发展周期中来考察。

评述：

① 作者首先指出了虽然文献普遍认同产业集群的周期性规律，但是对于规律的认识和看法是不同的。那么在随后对于产业集群的规律性问题的讨论中，作者不应该只是给出两种对于周期性的描述，而是应该更加深入地讨论对于集群规律性的不同理解、描述以及解释为什么会不同、相关理论基础是什么等等问题。

② 作者在引用文献时（如 Pounder 和 John，以及 Tichg）应该给出时间。

（续原文）

三、产业集群的主要特征及竞争优势

1. 产业集群的主要特征

新产业区理论指出产业集群的特征是大量专业化的产业（或企业）及相关支撑机构在一定地域范围内的柔性集聚（flexible production agglomeration），它们结成密集的合作网，植根于当地不断创新的社会文化环境（王缉慈等，2001）。具体来说，相关文献认为产业集群具有以下五个主要特征：空间集聚特征，也称为机构稠密性；灵活和专业化的生产特征，也称为柔性专精；合作网络特征，也称为学习和创新性；社会文化特征，也称为根植性；自我增强（self-enforce）特征，也称为自组织（熊义杰、郝思羽，2007；郑胜利，2003）。

还有学者认为产业集群最突出的特点是众多产业关联密切、地理空间集中，以相互信任和承诺为交易协作基础的中小企业之间形成一种比纯市场结构更加稳定的特殊组织结构（曾国安、冯涛，2004）。

评述：

① 和上面评述中提到的一样，在这里既然讨论的是产业集群的主要特征，那么应该对每个特征进行比较详细的论述，而不仅仅是做一个过于简单的介绍。在下面"产业集群竞争优势"部分中，存在同样的问题，即没有对具体的竞争优势进行讨论。限于篇幅，下面就不再对这类问题进行评述。

② 这里还存在一个细节性的问题，作者在上述内容中有一个引用是"（王缉慈等，2001）"。一般的规范用法是在第一次出现多于两个作者的文献，应该给出全部的作者，后面再出现时，就可以采用第一个作者加上等的用法。这些在不同的学术文章写作规范中可能有不同的要求，例如在美国学术界被较为广泛采用的写作规范之一是美国心理学学会（American Psychological Assciation）制定的，读者可以浏览相关网站（www. apa. org）阅读具体的写作规范。

（续原文）

2. 产业集群竞争优势

国外对产业集群竞争优势理论研究可以被分为以下两大类：一是基于直接经济因素的产业集群竞争理论，其代表为哈佛商学院波特教授。该理论认为直接经济因素的竞争优势是通过地理集中和产业组织优化、群体协同效应而获得的，具体体现为生产成本优势、产品差异化优势、区域营销优势和市场竞争优势四个方面。二是强调非直接经济因素重要性的产业集群竞争理论（邓宏兵，2007）。

国内学者认为特定的资源和能力是竞争优势的来源，即资源禀赋及集群对于资源的整合能力（蔡宁、吴结兵；2002）。这些来源可以分为以下几个方面：外部规模经济效应；降低的交易成本，包括运输成本、信息成本、寻找成本以及合约的谈判成本与执行成本；产业集群所产生的学习与创新效应；产业集群产生的品牌与广告效应（韩焯桀，2004；王缉慈、童昕，2001）。

四、产业集群与区域经济增长和社会发展

1. 产业集群与区域经济增长

产业集群可以促进区域经济增长，具体来说，这种促进作用体现在如下方面：产业集群可以整合区域产业资源，推动区域产业结构调整；产业集群有利于技术进步与技术创新；产业集群要求区域发展要素中资源整合的协同效应，推动了区域内全要素的投入。最终使得要素在区域内具有巨大乘数效应，而且区域内收入分配相对平均、基尼系数差异较小，有利于区域的持续发展（魏守华等，2002；曾国安、冯涛，2004）；促进区域内新兴产业发展（熊义杰、郝思羽，2007）；通过区域内行为主体的相互合作来增强产业和区域的生产率和创新能力，使得产业集群发展成为区域竞争力的关键推动因素（波特，1990）。

2. 产业集群与社会发展

首先，产业集群为城市化集聚生产要素与产业，通过提升城市竞争力促进和推动城市化进程（陈柳钦、黄坡；2007）；此外，产业集群可以以吸纳劳动力从而实现剩余农业生产人口向非农产业转移（熊义杰、郝思羽，2007）；最后，产业集群的发展可以推动企业家、管理者和劳动者素质的提高，推动了社会的分化，扩大了工人、管理人员、个体工商户与企业家队伍，有助于优化各地的社会结构（王喜权、李树德，2005）。

评述：

① 作者在这个部分的文献综述中所呈现出来的问题其实贯穿在全文。本文的核心目的应该是对研究产业集群的文献进行回顾，也就是说除了对相关研究的结论和观点进行总结讨论外，还应该对这些研究的理论框架、研究的角度以及研究的合理与不合理性等进行讨论，找出文献中存在的空白点等，并为未来的研究提供一个有益的参考。但是从作者的文献综述部分并没有看见这些有价值的内容，这也是本文的一个主要缺陷。

② 同样，作者对于一些观点缺乏进一步的讨论，例如这里提到产业集群可以提高企业家、企业管理人员以及劳动者的素质，但是究竟如何提高，这些都是需要进一步讨论的。既然本文是一篇综述性文章，那么需要在所讨论的问题上至少对相关文献回顾的比较完整和清晰，而不是仅仅局限于提出一个问题、给出一个简单的观点和现象等。

（续原文）

五、产业集群政策与政府作用

政府对产业集群的作用是产业集群政策理论研究中的一个重要问题。Roelandt 和 Sinderen（2000）认为，应该在凯恩斯主义后重新定义的政府职能理论范畴中来界定产业集群政策中政府的作用。Feser（2002）则认为产业集群化是自生自发的结果，政府在产业集聚中的作用比想象的小得多。但Terkla

(1995) 不同意其主张。基于对于具有普遍意义的产业集群政策原则和政策工具的分析，Stuars (1995) 等对相关问题进行了研究。

评述：

① 国外的相关文献认为政府对于产业集群的作用是什么，本段没有对这个问题进行阐述。例如 Roelandt 和 Sinderen (2000) 认为"应该在凯恩斯主义后重新定义的政府职能理论范畴中来界定产业集群政策中政府的作用"，那么具体的作用是什么，所谓的"重新定义的政府职能理论范畴"指的是什么，在这样一个理论框架下研究政府对于产业集群的作用其新颖之处是什么；Feser (2002) 则认为政府在产业集聚中的作用比想象的小得多，那么他们为什么会有这个观点等等，这些问题作者应该结合文献进行详细的阐述。

② 最后的两句话没有提供具体的信息，再次出现了本书指出的"蜻蜓点水"式的文献回顾。例如 Terkla (1995) 为什么不同意其主张，Terkla 的观点是什么；Stuars (1995) 等对相关问题进行了研究：他们得出的观点和结果是什么、对于文献的贡献是什么、从他们的研究中我们得到的有益启示是什么等等，这些信息才是读者所需要的。

(续原文)

在国内，一些学者认为政府对产业集群的作用是积极的（胡红安、马千里，2007；朱辉，2006），如可避免产业结构失衡、有效解决产业集聚带来负面问题，有利于产业集群的可持续发展、防止产业集聚所带来的污染问题等，政府的作用势必会对未来的社会发展产生良性影响（朱辉，2006）。

就政府如何能发挥其对于产业集群的引导和推动作用方面，相关研究认为政府可以采取以下措施，如增加公共产品供给力度为产业集群发展创造良好环境、建立健全的支撑服务体系、着力培育有竞争优势的特色产业集群、培育龙头骨干企业、带动相同或者相近和相关产业的发展以激发产业集群的发展活力、发挥高新技术开发区的作用、构建产业集群创新网络体系、加大专业化分工力以及延长产业链等（胡红安、马千里，2007）。

评述：

将对上面内容进行评述的任务交给读者，读者们可以结合对于文章中其他部分内容的评述，找出具体的问题。例如在论述政府可以采取的引导和推动作用时，作者给出了一个文献：对于所提及的一系列措施，都是这一个文献的研究所得出的结论吗？是否在此之前有其他的文献论述了这些措施，而本文所给出的这个文献只是做了一个总结？那么作者在对这方面文献进行回顾时，较好的做法应该是什么？

总体评述：

① 本文比较明显的一个缺陷是作者在所讨论的几个问题上，如产业集群形成机制、产业集群类型、产业集群生命周期、产业集群竞争优势、产业集群与区域经济增长以及产业集群政策与政府作用，没有深入的讨论，仅仅局限于提出问题并做了简单的介绍。产生这个问题的根本原因是本文所讨论的题目太大，因而最终的结果是试图面面俱到，不可避免地失去了对其中每一个问题的深入探讨。这就是前面的评述中所说的砖、墙和房屋的关系。要完成对于“产业集群”这样一个宽泛的题目的讨论，作者需要巨量的文献以及长篇幅的论述。在这么一个短短的文章中，要想说清楚产业集群问题基本上是不可能的。作者只能集中在其中的一到两个点。

② 同本书中给出的其余综述类案例文章一样，作者缺乏对相关文献的总结和评述，仅仅停留在对文献的罗列层次，在一定程度上失去了文献回顾的意义。

第七节　案例七：商店价格形象

一、引言

早在20世纪50年代末，Martineau就提出了商店形象这个概念。随着各种业态商店的出现，商店之间的竞争日益激烈，越来越多的学者开始深入研究商店形象问题。在理论上，研究商店形象有助于理解消费者行为。商店的形象不仅会影响消费者对商店的选择，还会影响消费者购物的次数、花销、时间等(Martineau，1958)。对于业界，研究商店形象也十分重要。商家应该根据目标顾客的惠顾行为，确定影响商店形象的关键因素，从而树立良好的商店形象。

虽然中国零售业发展迅速，但是对商店形象的研究却十分缺乏。由于东西方文化的差异，消费者的惠顾行为也会不同。在我国如何构建良好的商店形象，什么因素会影响商店的整体价格形象，这些问题都亟待研究。本文对国外在商店形象方面的理论和研究进行了整理和总结，以期为在我国进行的相关研究提供帮助。

评述：

①在引言部分，作者提出了商店形象这个本文要研究的核心概念以及研究的现实意义。在引言的开始部分作者介绍了提出这个关键概念的学者，但是缺乏对这个概念的简单介绍，这样使得读者在引言部分没有办法对这个概念有个最起码的了解。因此作者在引言部分应该对商店形象这个概念的含义进行一个简单的叙述。当然作者在后面的文献回顾部分对这个概念的内涵、从不同角度进行的定义

等进行了较为详细的回顾，但这并不意味着在引言部分就不应该首先给概念一个简要的定义以帮助读者理解。

②其实本文真正要研究的是商店整体价格形象，它是商店形象的一部分。但作者在引言部分没有将这个问题说清楚，读者也不能了解本文的核心是商店整体价格形象。

(续原文)

二、相关文献回顾

1. 商店形象

(1) 从消费者角度定义的商店形象

Martineau (1958) 认为，商店形象是消费者看待商店的方式，其中包括客观因素（如商品的种类、价格、商店店面呈现和设计等可以和其他商店比较的因素）和心理因素（如归属感、温暖、友好）。Arons (1961) 将商店形象定义为人们用来形容商店的一系列含义和关联。其中“含义”即商店的特征，“关联”则是这些特征形成一个整体的方式。Kunkel 和 Berry (1968) 从学习理论的角度下定义，认为零售商店的形象是一种概念的或者期望的强化，消费者将它与在特定商店购物联系在一起。他们强调这种形象是从经验中学到的，并且基于顾客的标准、随时间而变化。

另外一些学者将商店形象定义成一种态度。Doyle 和 Fenwick (1970) 认为，商店形象类似于态度，是顾客对商店的总体印象。而 James、Durand 和 Dreves (1976) 则把商店形象看作是顾客基于对商店重要特征的评价而产生的态度。Engel 和 Blackwell (1982) 也认为商店形象是一种态度，它是由一系列足以反映商店特征的维度来衡量的。

还有一些学者在定义中体现了商店形象的形成和发展过程。例如 Hirschman (1981) 认为商店形象是主观的，它是顾客将其与其他商店比较的结果，而且与顾客的认知相一致。而 David 和 Jacob (1986) 则认为商店形象是一种认知和/或情感，它产生于顾客对某种现象的当前感受或是回忆，它还代表着这一现象对顾客的重要性。

虽然各种定义不尽相同，但是却不相互冲突。总体来说，商店形象有以下两个特点：商店形象是十分复杂的，它是有形因素和消费者心理因素的结合体；商店形象与消费者紧密联系，同家商店在不同消费者眼里的形象可能是不同的。

(2) 从零售商的角度定义的商店形象

与顾客眼中“实际的”商店形象相比，零售商眼中的商店形象也叫做“期望的”商店形象，它是零售商眼中顾客对其商店的评价（Pathak，Cerssy & Sweitzer，1974～1975）。零售商眼中的商店形象和顾客眼中的商店形象是不相同的，例如零售商自己对商店的评价方向会出现偏差（Isaacson，1964），如会低估（May，1972）或者高估自己商店的形象（Pathak 等，1974～1975）。

评述：

① 这一段对文献的综述较好，作者在给出商店形象的定义之后，对文献如何定义这个形象进行了总结归纳，指出文献是从几个方面，如从学习理论的角度、从态度的角度以及从形成对商店形象的感知过程等来看待商店形象的。这样的综述就显得比较成熟，不仅让读者对商店形象这个概念，而且对文献中是如何从不同角度去研究和看待这个问题有了比较清晰的认识。在综述文献的同时，应该在其中加上一些综述者自己的评述。这些评述是在综述过程中结合所讨论的一个具体问题、基于所回顾的文献内容而加入的，而不是在全部文献综述结束后统一给出。当然，在这类综述性文章的最后应该有一个总结和结论性的评述。

② 作者将消费者感知的商店形象和零售商如何看待自己商店的形象做了区分，并结合文献讨论了这两个商店形象的差异。从这个方面看，作者已经不仅仅局限于对文献的介绍，而是按照自己的思路对相关文献进行了分析加工，这在文献综述中是必要的。

（续原文）

2. 影响商店形象的因素

Martineau 是较早研究这一问题的学者之一。他提出了四个影响商店形象的因素：商店设计、颜色符号、广告和销售人员（Martineau，1958）。Kunkel 和 Berry（1968）通过开放式问卷调查发现 12 个影响商店形象的因素，包括商品的价格（包括低价/高价、合理性、价值）、质量（商品质量的优劣、商店管理的优劣、品牌）、种类（不同商品的种类、同类商品的种类、顾客喜欢的品牌）、时尚、销售人员（销售人员的态度、知识丰富程度、人数、服务的优劣）、地理位置的便利性（离家的远近、离办公地点的远近、交通的便利性、地点的优劣）、其他便利性（包括停车、营业时间、商店内客流设计、与其他商店相比的便利性、总体便利性）、服务（包括赊购制、送货、餐馆的设备、其他服务）、销售促销（包括特价、优惠券和时尚展览等）、广告（包括广告的类型、质量、媒体）、商店氛围（包括商店的摆设、内外装璜、商品陈列、顾客类型、拥挤程度）、退换货物（包括退货、换货和公平性）。

Lindquist（1974～1975）在总结了 26 位学者的研究的基础上，归纳出 9 个因素，即商品（包括商品的质量、种类、样式、质量担保和价格）、服务（包括总体的服务、销售人员的服务、是否有自助服务、退货的难易程度、送货服务和赊购制）、顾客（包括目标客户的定位、客户种类和商店形象的一致性以及商店职员）、设施（包括商店里可供顾客使用的设施，如电梯、灯光、空调、洗手间等，它还包括商店的设计、走道的布置和宽度、地毯等）、便利性（包括总体的便利性、地理位置和停车）、促销（包括促销、广告、陈列、赠券、符号和颜色）、商店氛围（指的是顾客感受到的温暖、认同、悠闲等）、整个商店的因素（包括了商店的保守/时尚程度、声誉以及可靠性）以及购物后的满意度（包括正在使用的商品和退换商品，本质上就是顾客是否满意该商店以及在其中的购物经历）。Arnold、Oum 和 Tigert（1983）认为消费者的惠顾行为受到商店地理位置、购物环境、服务、结账速度、商品价格和促销等因素的影响，而其中地理位置和价格是最重要的。许多学者还具体研究了这 9 个因素中各种属性对商店形象的影响。

评述：

① 作者在从“商店形象”过渡到“影响商店形象的因素”中，存在一个问题：即在上述部分提及到了从消费者和零售商看商店形象是不同的，那么对于影响因素的讨论部分，到底指的是哪个形象？讨论的是影响从消费者角度定义的商店形象还是从零售商角度定义的商店形象？从这个问题可以看出，在进行文献综述的时候应该严谨、具有逻辑性。

要解决这个问题，可以在这个段落开始的时候加入一段，即预先总结一下：比如消费者看商店并感受其形象是有主观色彩的，会受到一些因素的影响。因此主要讨论的是从消费者角度定义的商店形象，并就影响消费者感知的商店形象的因素结合文献进行讨论。

② 在这个段落的倒数第二句话中，作者回顾了 Arnold、Oum 和 Tigert（1983）的研究，该研究认为消费者的商店惠顾行为受到商店地理位置等一些因素的影响。很明显，作者所引用的这个研究关注的是消费者的商店惠顾行为及其影响因素，而非商店的形象。可能作者隐含的推理是消费者的惠顾行为与商店形象是密切相关的，因此影响惠顾行为的因素就可能会同时影响商店形象。但是严格地说，这是有问题的。因此，如果作者要引用这个研究，那么就必须要说清楚为什么这里引用的是一个对于惠顾行为的研究而不是商店形象，所涉及的影响因素为什么也会影响商店形象，这个过程不能缺少。

③ 同样在本自然段的最后一句话中，作者写道：“许多学者还具体研究了这 9 个因素中各种属性对商店形象的影响。”这样对相关文献进行综述的句式是没有什么实质性意义的，这就像本书中所说的“蜻蜓点水般的综述”，没有实质内

容。原因是读者仍然无法了解具体是哪些学者以及大概的影响是什么。

④ 在这部分对影响商店形象因素的文献回顾中，作者对文献的讨论完全以学者为线索，这种对文献进行综述的方法在初学习学术论文撰写的学生中较为常见。在本书中也多次提到，这是一种不理想的方法，原因是在这部分进行文献综述的主要目的是说明影响商店形象的因素，因此应该以影响因素为线索，而不是以作者为线索。可以看到这里每个作者所讨论的影响因素和其他作者所讨论的因素有重合的地方，因此，这种以作者为线索的综述使得对相关文献的总结看起来较为凌乱。尤其是作者在后面的段落中归纳了几个影响商店形象的因素，如商品的种类、价格、音乐、颜色和商店的地理位置等，这样和上述段落中的文献综述交叉重复，使得这部分对于"影响商店形象的因素"的文献回顾缺乏条理。

⑤ 最后，本文所讨论的核心问题是商店的价格形象，它是商店形象的一个组成部分，因此作者所回顾的文献应该主要涉及商店价格形象和其影响因素的文献。从这点上来看，作者在本文中对商店形象和其影响因素部分的讨论过多，没有突出文章主题。在后面的内容中，这个问题也同样存在。限于篇幅在此就不再评述。

（续原文）

（1）商品种类

指的是同类商品中可供选择的不同亚种类商品（如品牌、口味、包装的大小等）的多少，以及不同类商品的数量。同类商品中可选择的亚种类越多，消费者感受到的效用就越大（Kahn & Wansink，2004；McAlister & Pessemier，1982），选择的自由度也更大（Kahn & Lehmann，1991）。但是，太多的选择也会给消费者带来感知上的负担和不确定性，从而影响购买行为（Greenleaf & Lehmann，1995；Iyengar & Lepper，2000；Tversky & Shafir，1992）。

不同商品的种类越齐全，就越容易被顾客记起，顾客的光顾行为也会增多，而商店的形象也会随之改善（Ailawadi & Keller，2004）。但是，如果零售商新增的商品与商店形象相冲突，反而会损害商店的形象（Meyers-Levy，1989）。

评述：

① 作者在第一个自然段中谈的主要是商品的选择对于消费者购买行为的影响，而不是商店形象。因此，作者需要结合商店形象这个因素来进行论述，不能跑题。

② 作者在第二个自然段中阐述到：新增商品如果和商店的形象冲突，会损伤商店的形象。那么如何才算是冲突、冲突如何影响商店的形象特别是价格形象是作者应该进行详细讨论的。

（续原文）

（2）价格

商店的定价模式也会影响商店的形象，进而影响消费者的惠顾行为。Bell 和 Lattin（1998）的研究表明，一次购买量较大的顾客比较偏好天天低价的商店（即大部分商品在大多数时候都会比较便宜的商店）；而一次购买量较少的顾客则喜欢打折力度大的商店，虽然降价商品的范围不一定比较宽泛、降价频率不一定会很高。

评述：

显然，作者在这里所讨论的影响商店形象的因素是价格，但实际上作者讨论的只是定价的模式，例如并不频繁降价促销的天天低价模式或者常常进行大力度降价的高低价格模式。定价的模式只是价格这个因素中的一个方面，而价格水平等重要的价格相关因素并没有涉及。

（续原文）

（3）音乐

商店的音乐会使顾客消费更多，同时也能带来较好的心情（Burleson，1979；Wicker，1971）。但是音乐的效果会因其种类、节奏而不同。在音乐声音比较大的商店里，顾客的购买速度会比较快（Smith & Curnow，1966）；在节奏比较快的商店里，顾客的购买速度较快，而且购买量也较大（Milliman，1982）。

评述：

同上，消费者的购物心情、购买速度和购物量都属于购物行为的范畴。这里作者需要讨论的是音乐对于商店形象的影响，而不是购物行为。这样的综述又一次“跑题”。后面对于颜色、拥挤程度和地理位置的讨论也存在同样的问题。

（续原文）

（4）颜色

消费者认为冷色调的商店比冷色调的商店更舒适（Bellizzi，Crowley & Hasty，1983）。

（5）拥挤程度

拥挤的环境与商店形象负相关，但是这个相关的关系也与顾客的类型、购买的物品、时间有关。计划性购物的顾客比非计划购物的顾客更容易对拥挤的购物环境产生不满；如果顾客购买的物品是高风险的，或者购买的时间紧促，那么拥挤的环境也会造成更多的不舒适（Eroglu & Harrell，1986）。

（6）地理位置

早期的研究认为地理位置是消费者选择商店的主要因素（如 Arnold，Oum &

Tigert，1983；Kelly and Stephenson，1967；Kunkel and Berry，1968）。但随着交通工具的改进、网上购物的兴起，现在的研究认为地理位置不再是决定消费者惠顾行为的主要因素（Bell，Ho & Tang，1998）。另外，地理位置对不同商店、不同消费者的重要性是不同的：便利店的地理位置就比大型超市和专卖店更加重要（Bucklin，1961）；购买量较少或者临时购物的顾客就会更加看重商店位置的便利性（Ailawadi & Keller，2004）。

评述：

这里请大家注意一个细节性的问题。在就地理位置对商店形象的研究中，作者回顾了相关的研究结论并给出了所引用的文献（如 Arnold，Oum & Tigert，1983；Kelly and Stephenson，1967；Kunkel and Berry，1968）。可以注意到在本文的引用中，对于一个以上的作者，使用的是在作者姓之间用“&”符号来连接，例如（Ailawadi & Keller，2004）、（Arnold，Oum & Tigert，1983）。这种使用“&”符号而不是“and”，在一些期刊所要求的格式中常见。而另外有些学术期刊要求使用“and”而不是“&”符号。那么在写作的过程中，应该遵循某一个格式要求进行统一。作者这部分引用中的问题就是没有统一，应该改成“&”符号。

（续原文）

3. 商店的整体价格形象

（1）商店的整体价格形象及其重要性

商店整体价格形象（overall store price image）是顾客对整个商店价格水平的感知，它基于顾客所感知的个体商品的价格水平（Desai & Talukdar，2003）。顾客在商店里通常购买多种商品，他们很难确切地记住单个商品的价格（Sawyer & Dickson，1986），同时商品的价格在各个时期是不同的，这使得对具体商品价格的记忆更为困难。因此，消费者对商店的选择通常都是基于他们对商店整体价格形象的感知，商店整体价格形象对于研究消费者的惠顾行为有着重要的意义。

评述：

在上述段落中，虽然在文字上比较稚嫩，但是作者还是给出了商店整体价格形象的概念以及为什么要研究这个概念的理由。在本评述后面的这个段落中，作者就要回顾研究影响商店整体价格形象因素的相关文献。因此在这里给出一个过渡会比较自然。比如可以说：消费者既然不是、也不可能基于每个具体的商品价格得出客观的商店整体价格形象，那么他们是基于商品具体价格之外的一些因素来形成对商店的价格印象的，因此要分析到底是些什么因素。

（续原文）

（2）影响商店整体价格形象的因素

① 促销。商店通常会对部分商品进行促销，让消费者感觉到较低的商店整体价格（Simester，1995）。对于一些定位较高的商店，一般来说商品价格较高，但这些商店也会在促销的商品上与低成本的商店靠拢。这样做的原因是，消费者并不能准确地记住每样商品的价格，商店就通过促销的商品来构建自己的整体价格形象，试图让消费者感知的商店整体价格尽量偏低（Simester，1995）。

有些商店还会对消费者做如下承诺，即如果相同商品的价格在其他商店更低则退回差额。这也是一种促销手段，它有助于商店构建一个较低的整体价格形象，尤其是在消费者较为容易发现价差、市场比较规范的时候，这种“差价返还”的价格促销效果会更好（Srivastava & Lurie，2004）。

② 广告。商店会通过广告来影响消费者对商店整体价格水平的感知。其中一种方法就是强调降价，如“降价 30%”或者“节省 2 元”。在这样的广告影响下，消费者会认为商店的整体价格比较低（Cox & Cox，1990）。

同时，商店选择和突出什么样的商品价格来做促销广告也会影响商店的价格形象。Cox 和 Cox（1990）的研究表明，如果广告中的商品是顾客经常购买的，那么更容易使顾客产生较低的商店整体价格水平印象；如果广告中的商品是名牌，那么顾客会认为商店的整体价格较高。另一种广告的方法是在部分商品的价格旁边标注上其他商店的价格，以形成某种对比。研究表明，这种广告会使消费者相信该商店中这些商品的价格是比较便宜的，有利于形成较低的整体价格形象（Barone，Manning & Miniard，2004）。

③ 服务。如果商店提供较多的服务，顾客会认为商店的整体价格比较高（Baker，Parasuraman，Grewal & Voss ，2002；Brown，1969）。

④ 商品的数量。如果商店里的商品种类越多、货架上的商品越多，消费者会认为商店的整体价格比较低（Brown，1969）。

⑤ 商店的购物环境。Baker，Parasuraman，Grewal & Voss（2002）的研究表明，商店的店内设计很好，顾客会认为商店的整体价格比较高，甚至悠扬的音乐也会带来较高的价格印象。

除了上述的这些因素之外，消费者对商店整体价格形象的感知主要是基于他们对其中具体产品价格的感知。因此，这一因素是最重要的，也是下文将主要关注的。

评述：

① 从上面作者对于影响商店价格水平形象的文献回顾来看，缺乏一定的深度，所总结的文献也不够丰富。例如，在上述影响商店整体价格形象的每一个因

素下，相信都应该有一些研究，所得出的结果也会不尽相同。例如在商店的环境对于商店整体价格水平的影响这个问题上，其实有一些其他学者的研究成果和发现，而不仅仅是 Baker 等（2002）的研究。因此作者应该尽可能地使得所收集的文献比较全面，对相关研究中的不同结论和观点进行对比和分析，并指出为什么存在不同的发现、目前研究中存在的问题是什么以及未来我们在这方面还有哪些应该关注的问题和研究的空间等。

特别是对于一篇纯综述性的文章来说，一个基本的要求是所综述的文章应该可能全面。常常看到一些综述性的文章所回顾的文献在几百篇之多。文献的数量过少，不能就相关问题上的不同观点和研究结果进行详尽的回顾，就会失去了这类文章存在的价值。

② 这里同样存在一个细节性的问题。在讨论商店的购物环境时，作者引用了一个文献“Baker，Parasuraman，Grewal & Voss（2002）的研究表明……”。这种格式的引用与引用一个观点和结果后再给出所引用的文献，如“如果商店提供较多的服务，顾客会认为商店的整体价格比较高（Baker，Parasuraman，Grewal & Voss，2002；Brown，1969）……”是不同的。一般来说，在前面的引用方式中应该用“Baker，Parasuraman，Grewal 和 Voss（2002）的研究表明……”，因为在正文中，不能在句子中使用符号“&”。

（续原文）

（3）具体商品的价格水平

由于消费者很难记住每种商品的价格并据此对商品的总体价格水平进行客观的评价，他们对商店整体价格形象的感知在较大程度上会基于所购买的少数商品的价格（Alba，Broniarczyk，Shimp & Urbany，1994；Bell & Lattin，1998）。因此为了构建一个较好的商店整体价格形象，具体商品的价格对于商店是很重要的。然而不同的消费者关注和购买的商品种类是不同的，因此不同的商品对商店整体价格形象的影响也不同。

① 消费者。根据每次购物的花销，消费者可以被分为小额购买者和大额购买者（Bell & Lattin，1998）。小额购买者会经常光顾商店，因此可以充分利用商店里的特价政策，关注的是商品打折的力度。而大额购买者光顾商店的次数较少，希望有更多的特价商品，使得他们一次购买多种商品总的来说比较便宜。换言之，大额购买者看重的是打折的广度。Bell 和 Lattin（1998）选取了城区的三家超市（其中一家超市的打折商品范围大、力度小，另外两家店的打折范围小、力度大）以及郊区的五家商店（两家店的打折范围大、力度小，另外三家店的打折范围小、力度大）作为研究对象，根据对 104 个星期里所有购买活动的调查，他们发现小额购买者更喜欢打折范围小、力度大的商店；而大额购买

者则喜欢打折范围大的商店，虽然在每种商品上的打折力度会相对较小。

同样是将顾客分为小量购买者和大量购买者，Desai 和 Talukdar（2003）的划分标准则是每次购买的商品数量。他们选取了西北大学的 117 名本科生，调查了他们对杂货店价格水平的评价。结果表明：当小量购买者评价商店的价格形象时，他们更关心消费周期短、价格高的商品；而大量购买者则更关心消费周期长、价格高的商品。而且，当购买量逐渐增加时，消费时间长、价格高的商品就会更加重要。但是总体来说，消费时间短、价格高的商品对顾客评价商店的价格水平还是最重要的。

② 商品。不同商品对商店价格形象的影响是不同的。Bell 和 Lattin（1998）在三家超市和五家商店里调查了 12 种消费者经常购买的商品（熏肉、黄油、研磨咖啡、咸饼干、热狗、清洁剂、人造奶油、冰淇淋、纸毛巾、可乐类软饮料、糖和手纸），结果表明熏肉和冰淇淋的价格对于消费者评价商店的整体价格水平更加重要。

评述：

① 在这一段内容中，作者主要论述的是具体商品的价格对于商店整体形象的影响，即具有不同购买行为的消费者因其所购买的商品种类、购买周期和购买量的不同，他们所关注的具体商品种类存在差异，因此商店在不同种类商品上的价格策略会影响他们所感知的商店整体价格形象。作为文献综述来说，作者对相关研究进行总结和归纳，但是一般并不需要涉及过多的细节，而是需要总结对于自己的研究有所帮助的观点和研究结果。因此在上述两个段落中，作者对于 Bell 和 Lattin（1998）、Desai 和 Talukdar（2003）的研究结果进行了回顾后，就没有必要对这两个研究的抽样和样本量等细节进行介绍，原因是所讨论的不是具体的研究方法。

② 结合上面的观点，可以看出作者在对这部分文献的综述过程中有“舍本逐末”之嫌，也就是说，在以购买额和购买量为基础来划分消费者的基础上，作者分别只回顾了一个相关研究，然后对这两个研究的细节做了不必要的叙述。而作者真正应该做的是尽量多回顾相关的其他研究，以及他们的研究结论。目前这种只对少量的研究进行回顾还是不够的。

③ 在②部分，作者对 Bell 和 Lattin（1998）的研究进行了回顾。但是在对研究的细节进行回顾后，读者并没有看见作者进行的总结：这一段文献综述到底说明了什么，与作者所要涉及的主题思想有什么关系、有什么作用？从这个案例可以再次体会到所谓的文献综述，并不只是对相关的研究进行简单的回顾，还需要作者结合自己的研究目的进行一些总结和讨论。

总体评述：

① 在这类综述性文章中常常出现的问题是对文献的回顾局限在描述的层次，即只是对收集的文献进行简单的罗列和陈述，缺乏对于文献的总结和评论，更谈不上指出文献中存在的研究空白并提出对未来研究的建议。

② 在这类文献综述中，作者应该在每一个具体的问题之下（即每一个对子问题的讨论中），在对相关文献的回顾和总结后进行讨论，而不是只在整个文章的最后部分进行一个总体的讨论，虽然这个总体的评论和讨论是必要的。

③ 在综述中常常会就一些变量及其影响因素进行讨论，在这个过程中应该牢牢地界定在所讨论的变量，不能变换变量并讨论影响因素。例如在本文中，作者就影响商店形象的因素结合文献进行了回顾。但是在这个过程中，作者引入了消费者的商店惠顾行为这个概念，并回顾了影响惠顾行为的一些因素如商店地理位置等。结果所讨论的问题从商店形象及其影响因素转移到了消费者的商店惠顾行为及其影响因素。虽然从逻辑关系来说消费者的惠顾行为与商店形象密切相关，因此影响惠顾行为的因素可能会同时影响商店形象。但是如果作者要引用这个研究，那么就必须要说清楚为什么这里引用的是一个对于惠顾行为的研究而不是商店形象，所涉及的影响因素为什么也会影响商店形象，这个在逻辑关系上的推进过程不能缺少，否则会让读者产生疑问。

④ 在对文献进行综述的过程中，往往需要的是回顾相关研究的主要结论和观点，而不是一些研究方法的细节如样本、研究的具体产品、数据收集方法等。这些研究细节只有在对相关研究的方法进行专门的讨论时才需要涉及。

第八节　本 章 总 结

本章讨论的案例是纯综述类文章。这类综述性文章的根本目的不是对一些具体理论进行讨论和拓展，也不是对理论进行实证性的检验。对相关文献进行比较系统的总结，并在此基础上对文献存在的问题进行评述，最后对未来研究的方向和潜在有价值的课题进行讨论才是这类文章的目的。显然，这类文献综述是有价值的，综述中所涵盖的文献量也较大，常常会有上百篇的文章，包括过去一段时间内比较有价值的研究。这些研究一般发表在一些具有影响的学术期刊和论文集上，也包括在学术会议上宣读的论文、工作论文等。

对于学生来说，平时的一些课程作业、协助老师进行的一些研究课题，以及自己的学术论文等，都会涉及文献综述问题。因此，在这类纯文献综述类文章上进行的练习非常有利于熟悉相关文献和对问题的总结、归纳，也能培养自己发现问题、找出有价值的研究课题的能力。

然而，纯综述类文章并不意味着需要讨论的是一些比较宽泛的课题，特别是对于一般的学生来说，一个宽泛的题目往往使得对文献的综述面面俱到，但是在每一个具体的问题上都不够深刻。例如前面对产业集群进行讨论的案例文章，涉及了产业集群形成和演化机理、生命周期、产业集群特征与竞争优势、产业集群与地域经济增长的关系以及产业集群政策与政府作用这些宽泛的内容。其实每一个具体的问题甚至其中的一个方面，如在某一个理论框架下、从某个角度进行的研究等，都可以是一个值得回顾的研究课题。

前面案例的评述部分已经指出，一些学生在选择研究题目时往往贪大求全，忽视了在学术研究中对于“砖块”的建设，这不仅表现在选择什么样的课题进行文献综述上，而且在实证研究中也往往存在同样的问题。

本章所讨论的七个案例为大家展示和归纳了在文献综述中容易出现的问题，下面对这些问题做一个简单的总结：

① 首先应该对文献综述文章的基本架构有个清楚的了解。其实对于学术性文章来说，一般是有着非常规范的格式，基本上包括引言、具体的文献综述部分，以及后面的总结和讨论。这个结构在第一章的内容中已经做了介绍。从所讨论的案例文章来看，作者在引言部分往往忽视了对于文献的引用。例如作者常常需要在引言部分对所研究课题的重要性和意义进行论证，如研究的现实意义，因而会需要引用一些非学术性的文献，如报纸、电视新闻，以及一些统计数据等。此外，为了佐证研究的理论意义，作者也需要文献的支持。但是这点往往被作者所忽视，认为是在引言部分，因此不需要引用相关的文献。

② 以什么线索来安排对文献的综述是一个较为关键的问题。常见的问题是以作者为线索对相关文献进行简单的罗列。文献综述是对相关研究的理论框架、结论、提炼出的观点、研究的角度等进行总结和归纳，并在此基础上发现问题，进行评述。因此对于所讨论的问题，按照一个逻辑的线索进行递进，这应该是文献综述所遵循的路线。相反，纯粹以作者及其研究为单元进行文献的回顾，其背后的原因是文献回顾者往往没有对文献进行“加工”，也即没有对各个研究的核心观点和研究之间的关联进行提炼，最终出现以作者为线索的简单罗列。

③ 在本章的七个案例里，作者也多次出现了“蜻蜓点水”的问题。所谓的文献综述，是通过对相关研究的总结和分析，就文献提出自己的观点，不是简单地指出有这么一个研究。案例中的这类综述没有涉及问题的关键，仿佛只是摆出了一个文献回顾的“姿态”，没有具体的内容，读者也得不到所需要的信息。

④ 还有一个就是综述深度的问题。前面的几个案例中有一些是对例如“旅游节庆活动研究”和“产业集群研究”进行的综述。既然是对相关研究进行的文献回顾，那么不能将对文献的综述局限在对研究结果和观点的总结上，变成一篇对相关课题研究结论的“汇编”。与研究相关的问题同样是在综述中需要包括的内容，例如还有哪些相关的问题没有被重视和研究、目前的研究角度和理论框架

所存在的问题、相关研究结论和观点的矛盾之处是什么以及为什么等。简单地对几个文章中的结论进行罗列，这样就在深度上失去了文献回顾的意义。

⑤ 逻辑上的严谨也是一个值得注意的问题。在文章递进上以及对问题进行分析的每一个环节上，都必须保持逻辑上的完整性。例如在主题公园一文的案例评述中曾经指出：作者提出了目前我国游乐公园的主题正在由惊险刺激向静态休闲的方向发展这么一个观点，并认为背后的原因是只有吸引更多的游客才能使得公园得以生存和发展。但是作者在表述这个观点时，在推理上出现了问题，出现了逻辑上的“断环”：主题公园从惊险刺激转向静态休闲后，是否就可以吸引更多的游客呢？有没有相关研究发现了以静态休闲为主题的公园对游客有着更强的吸引力呢？作者需要在这个问题上，结合相关的研究结果补上逻辑中的一环。

⑥ 在文献综述中，每当作者给出一个概念时应该将这个概念介绍清楚，特别是当相关概念比较关键、容易产生歧义并且是第一次出现时，对于概念的介绍就显得更加必要。当然，除非在学位论文中，一般没有必要专门分出一个章节对主要概念进行特别的介绍，而是将对概念的定义融入整个文章当中。

此外，在一篇文章中必须要注意到概念的统一，对一些概念应该自始至终使用一个固定的表述方法，不能在没有解释的情况下随意变换概念的名称，这样会给读者在理解这些概念时带来不必要的困难。在教学实践中，笔者发现对于初步涉及学术文章写作的同学来说，经常出现类似的问题。例如在旅游节庆的例文中，作者在首次表述这个概念用的是“旅游节庆”，而在后面的内容中又替换成为“节庆旅游”和“旅游节事”，这样是不规范的。如果在文章随后的内容中需要交叉使用同一概念的不同表述方式，那么需要在首次出现这个概念时做一个交代，例如采取“（以下也称……）”的形式。

⑦ 在文献综述中，需要对原始的文献进行总结，也就是说不能完全利用另外一篇文章中的文献综述内容。对于同样的文献，每个人的理解是不一样的，所总结和归纳出的观点也不尽相同。因此，在进行文献综述的过程中，必须阅读所引用的每一个文章，而不能简单地从另外一个文章中借用该作者对于文献的理解和综述结果。在确实需要引用别人对原始文献的讨论和回顾时，则应该著明“引自某某文章”。

总之，在文献综述的写作中常出现的问题是多样的，有些是关键或者比较常见的问题，而更多的是一些琐碎的问题，需要从案例中仔细体会。要避免这些问题，需要多做文献综述的练习，这是解决问题的唯一途径。

就具体如何写作文献综述的问题，每个人习惯的方法是不同的，但是关键是日常对于文献的积累以及经常练习。根据笔者自己的体会，我们在阅读一篇学术文章时，可以尝试对这一篇文章进行综述，例如在阅读的过程中可以做一些笔记，列出文章的关键点。阅读完后，就可以结合已经列出的关键点，将其稍加合并就可以成为对该篇文章的综述。这样，在阅读多篇文章后，就可以根据自己所要研究的课题对这些文章进行分门别类，在每一篇文章综述的基础上分别对每个子问题进行问题类别的综述。再其后，可以将上述的多个综述结果进行有机的整合，形成一个整体的文献综述。换句话说，就是从每篇文章的总结到对某方面问题的总结和综述，最后整合成对整个课题的文献综述。

第三章　文献综述案例评述：实证研究类文章

第二章讨论了纯文献综述类文章，并对七个案例进行了评述。前面也谈到，纯文献综述类文章和实证性文章的目的存在差异。对于实证类文章来说，文献综述的根本目的是为所研究的问题服务，例如需要在文献综述的基础上，提出相关的研究问题或者假设。下面将通过一些在实证类文章中进行的文献综述来具体讨论其中易出现的问题。当然，有些问题在纯文献综述类文章中也会存在，但是为了保证对于案例文章评述的完整性，即使会出现重复，笔者还是在评述中尽可能指出每个问题。

第一节　案例八：快速消费品代言人内在特质对于代言效果的影响

引论

中国广告业得到了迅速的发展，广告的形式也多种多样，其中很多产品尤其是快速消费品都采用代言人的形式，通过在广告中引入代言人使得一种产品或者服务与代言人建立某种联系，进而达到广告的目的。成功的品牌代言人将直接或间接地影响消费者对该品牌的偏好（Friedman & Frideman，1979；Petty，Cacioppo & Schumann，1983；Kamins et al.，1989；McCracken，1989；Mathur & Rangan，1997；Goldsmith，Laffery & Newell，2000；Ogilvy & Mather，2001；Bower & Landreth，2001）。

评述：

① 作者在上面的段落中首先指出了广告在中国获得了快速的发展。严格地说，这里需要有具体的资料来佐证广告业确实在我国得到了快速的发展。这个问题在第一章的案例里已经做了论述，并给出了网民数量和网上购物发展的例子。其次，作者最好指出这种快速的发展发生在什么时间，是近期还是其他的什么时段。

② 上述段落还存在一些细节的问题，例如在文献引用中的“Kamins et al.，1989”，一般在文章中对首次出现的英文文献，在引用时应该给出全部作者的姓，而不应该用“et al.”（等）这种形式。对于三个及以上作者的文献，在首次引用并给出全部的姓后，在余下的引用中才能使用“et al.”的简化格式。此外，在

引用中给出作者姓时，应该按照第一个作者姓的第一个字母顺序排序。例如这里“Bower & Landreth”应该放在第一，其后依次是“Friedman & Frideman，1979；Goldsmith，Laffery & Newell，2000”等。

（续原文）

代言人有多种类型，如动感地带请歌星周杰伦担任代言人；碧浪洗衣粉在每一广告中均通过普通的消费者讲述自己的使用经历来向消费者推荐自己的产品；而美赞臣的安尔乐奶粉则是通过一名医生在实验室中讲述奶粉中含有丰富的ARA和DHA来表明产品的科技含量和可靠品质。还有一些代言方式也是被广泛采用的，如米其林轮胎的卡通人、佳洁士牙膏反复强调全国牙防组推荐使用、各种食物包装上的绿色食品认证等，所有这些形式都具有代言的一些特征。

不同类型的代言人对广告受众具有不同程度的说服力（Freiden，1984；Mathur & Rangan，1997；Petty，Cacioppo & Schumann，1983）。作为最广泛采用的代言人形式，明星代言人、专家代言人和典型消费者代言人都是以自然人为代言载体的，通过自然人的不同身份向消费者传递一些与广告产品或者服务相关的信息。

使用何种类型的代言人取决于很多因素，如产品本身的因素、产品或者服务与对应的代言人之间的匹配性（Kamins，1990）等。同时，代言人自身具有很多特性，不同类型代言人在特质上存在很多差异，如外表吸引力、受信赖程度以及对于所代言产品所具备的专业知识等。那么不同的代言人在特性上的组合对于一则广告的综合效果的影响应该是不同的。

就广告效果来说，它又可以分为广告受众对于广告本身的态度、对于广告品牌的态度和对广告商品本身的购买意愿等。本文的研究目的在于探讨代言人的特性（吸引力、可靠性和专业性）对于广告效果（对于广告的态度、对于品牌的态度和购买意愿）的影响。

评述：

① 在前面的案例中我们已经提到，一篇文章的引言部分需要达到的一个主要目的是论述本研究的重要和必要性，这个论述是否充分将在很大程度上影响读者对于该篇文章价值的判断。很多作者会通过对种种手段来论证这种重要性和必要性，如描述社会对于这个问题的关注、有关学者对于相关问题的重要性的评述等等。

但是从本引论部分，我们得不到为什么要进行这个研究的信息，因此作者最好能结合目前企业的广告实践以及相关的文献，提出进行广告代言人特质和广告代言效果关联性研究的必要性和重要性。

② 如果读者仔细阅读上述的内容，可以发现作者在论述代言人具有的“特

性”这个概念时，运用了不同的表述方法，如“同时，代言人自身具有很多特性，不同类型代言人在特质上存在很多差异，如外表吸引力、受信赖程度以及对于所代言产品所具备的专业知识等。”即将“特性”和“特质”交互使用，这在学术文章中是不合适的，特别是在英文文章中尤其应该避免这类问题。

③ 从引论或者称引言部分的功能来说，除了对研究的意义进行介绍外，这部分内容还应该简单地介绍研究的目的，也就是说要分析研究哪些问题。道理很简单，读者在阅读引言时应该对研究者为什么要进行这个研究以及所研究的基本问题是什么有所了解，然后才会进入文章细节。但是本文在引论部分并没有对将要研究什么问题进行介绍，这样也给读者阅读文献综述部分的内容带来困难，即缺乏一个事先的导读。

（续原文）

文献综述

1. 代言人

(1) 广告代言人的定义

代言人，英文为 endorser 或 spokesperson (spokesman 或 spokeswoman)，又可以译为“发言人”。在《现代汉语词典》中，发言人意为“代表某一政权机关或组织发表意见的人”；代言人是指“代表某些方面（阶级、集团等）发表言论的人”。根据《韦伯英语词典》，Spokesman 的解释为“one who speaks for another or for a group”，即“代表他人或组织发言的人”。

根据美国联邦贸易委员会法案（Federal Trade Commission Act）关于广告中使用代言或者推荐书的指导中的定义，代言（endorsement）是指在广告信息包含的文字陈述、示范说明，以及对名字的描述、签名等中给出可识别的个人特征或者组织名称、印签等。在广告中表达其意见、信念等的个人、群体或者组织被称为代言人（endorser）。定义中产品包括任何的产品、服务、公司或者行业。

首先，品牌代言人是营销领域的概念。其次，品牌代言人其实应为“品牌代言者”，因为除个人之外，动物、虚构生物和团体组织都可以为品牌代言。但为尊重习惯，在此仍沿用“品牌代言人”这个概念。因此，品牌代言人在本文中泛指代表品牌（企业、组织或产品）发言、传播品牌信息的个人、动物、虚构生物或团体组织。

评述：

① 这里作者用了一个专门的小节来阐述“广告代言人”这个概念。这样当

然不存在什么问题，在上一章的案例评述中已经谈到，一般常在学位论文中看到这种格式。在一般的学术论文中，较少专门分出一个小节来对相关概念进行论述，而是将这种对概念的讨论放在引言或者是文献综述部分。

② 上述段落中提到了几个文献，如《现代汉语词典》、《韦伯英语词典》和《美国联邦贸易委员会法案》，严格地说，这样的引用同样需要给出具体的文献细节，如出版年月、作者以及出版社等。对于相关的法律、法规和法案等，需要给出具体的年代以及颁布的组织等细节信息。原因是这些词典以及相关的法律法规等也属于文献的范畴。当然，作者在引号中直接引用了原文献中的定义，因此应该给出页码。

（续原文）

（2）广告代言人的分类

在广告中广泛采用三种基本的广告代言形式，即名人代言（celebrity endorsement）、典型消费者代言（typical consumer endorsement）以及专家代言（expert endorsement）。

① 名人代言是指通过在与代言产品不相关的领域取得成就的人担任产品的代言人，如通过著名的运动员或者演员为数码产品代言。

② 典型消费者是指他们关于产品的全部知识都来自于日常使用，他们并不是由演员扮演，而是真实的消费者。有时他们的名字、职业或者居住地都出现在广告中。这类代言人对产品没有特殊的知识，但通过使用获得了关于产品的丰富经验。广告中反映了单个或者群体消费者就产品或者服务的某些核心特征的体验，而这些体验代表了一般消费者在使用该产品或者服务中，在不同情况下通常获得的使用体验。他们是消费者的代表，具有很强的亲和性和接近性，因而易在消费者心中产生认同。

③ 专家包括个人、群体或者组织，是指在代言产品领域就某些方面进行过体验、学习或者受过特殊的训练，因而具有普通消费者所不具备的专业知识。

在上述三种广泛采用的代言人形式之外，CEO代言和动物及虚拟角色代言也较常见。CEO代言是指由生产广告产品的企业最高领导或者产品发明人来亲自代言，如金嗓子喉宝的外包装上王耀发教授、章光101产品包装上的赵章光先生等，他们本身要么是企业的最高领导人，要么是核心人员。通过将自身形象与产品的紧密结合进而完成代言的目的。

动物和虚拟角色具有一种非人类特征。利用这类代言的广告将产品与这些特征建立起强有力的联系从而推动对一种产品或一种品牌的广泛认知（Callcott & Alvey，1991；Callcott & Lee，1995；Phillips，1996）。在1898年里昂的第一次展览会上，米其林兄弟发现墙角的一堆直径大小不同的轮胎很像人的形状。不久后画家欧家洛就根据那堆轮胎的样子创造出一个由许多轮胎组成的特别人物造型，于是米其林轮胎人“必比登”诞生了，从此他成为米其林公司个性鲜明的象征。一个多世纪以来，必比登以他迷人的微笑，可爱的形象，把欢乐和幸福几乎带到了世界的每个角落，已经成为家喻户晓的亲善大使，米其林也因此而扬名天下。

在上述的这几种代言类型之外，第三方组织代言也被广泛采用。它指公益性组织、媒介组织、专业团体等组织或团体作为独立的第三方，代表品牌传播相关信息。第三方组织代言广告之中包含了第三方组织的名称以及来自于该组织的对于广告产品的积极评价，一般来说这种评价包括根据一种或多种标准与竞争对手排序、颁发某种奖项或者就产品的某种特性给出的非比较性的主观评价等形式。

无论是何种代言形式，其核心目的都是传播品牌某些方面的信息。就某一种特定的产品而言，不同的代言人发挥的作用是有差异的，从而影响广告受众对广告本身以及品牌的感知，即不同代言人的说服力是不同的。

评述：

① 作者在这里花费了相当的篇幅对广告代言人的分类这个问题进行了讨论。但是本文所要研究的主要问题是自然人代言人的一些特性对于所代言广告效果的影响，并不涉及动物和虚拟角色代言人及第三方组织代言等。因此，不应该花费较大的篇幅介绍这些与本研究并不相关的代言形式，特别是对虚拟角色米其林轮胎人“必比登”的介绍尤其显得没有必要，使得这部分文献综述没有紧紧服务于所要研究的问题。

从这个例子我们可以看出，文献综述的目的从根本上来说还是为所要研究的问题服务，而非为了综述而综述文献，因此不要花费不必要的篇幅在不相关的概念、理论和研究结论上。如果在某些情况下，作者认为确实需要对相关的概念进行介绍，也应该做到简洁。

② 此外，作者在给出这几个代言人概念的定义时，并没有引用相关的文献。很明显，作者在提出这些概念时使用的是文献中的定义，因此有必要给出所引用的文献。

（续原文）

（3）影响代言人说服力的因素

代言人的说服力即其在广告中的影响力，说服力的大小取决于消费者所感知到的代言人的可信程度。消费者对代言人个人特性的认同在较大程度上会影响这种可信程度。从这个角度看，除了广告本身的策划、设计和表达手段以及所宣传产品的相关因素之外，消费者所认知的广告的可信程度还取决于其对信息来源即广告代言人的特性的感知，广告代言人是消费者用以决定广告信息是否值得采信的线索（Ohanian，1990）。根据社会心理学者的研究，信息来源的说服力主要受到两个与信息源特性相关的因素的影响：信息源的吸引力（attractiveness）和可信度（source credibility ）（Baker & Churchill，1977）。

评述：

① 虽然读起来比较晦涩，但是在上面的段落中作者进行了一个逻辑的推理，即代言人的说服力受代言人的可信度影响，可信度又受到代言人特性的影响，而代言人的吸引力和可信度就是重要的特性。当作者提出“说服力的大小取决于消费者所感知到的代言人的可信程度”这个论断时，是需要有相关的文献来支持的。同样，当作者提出“消费者所认知的广告的可信程度还取决于其对信息来源即广告代言人的特性的感知”论断时，同样需要有文献的支持。

② 这里再一次强调，作为文献综述，作者自己并没有就一些问题进行理论或者实证的研究，因此作者本身对于这些问题也就不能给出有结论性的观点（除非在综述文献的基础上提出自己的某些观点，例如从综述中发现相关的研究还存在哪些空白、从对文献的研究中可以发现有什么因素是受到大家一致关注、文献中相关研究的结论存在一些矛盾、未来的研究方向等等），因而需要引用相关文献，借用文献中的观点来进行论述。

(续原文)

在吸引力方面，学者将喜爱（likeability）由可信度中独立出来，与熟悉(familiarity)、相似（similarity）组成吸引力（McGuire，1985）。一方对于另外一方的喜爱程度越高、与对方越熟悉、和对方存在越多的相似之处，则对方的吸引力越高（Freiden，1984）。

关于信息来源的可信度，Hovland 和 Weiss（1951）在传播学的态度说服理论中，提出可信度包括专业权威度（expertise）和信赖度（trustworthiness）两个维度。专业权威度也称作能力、经验、权威或资格（Berlo，Lemert & Mertz，1970；Hovland & Weiss，1951；Salwen，1987；Whitehead，1968）。另一个维度是值得信赖维度，也称作品质、可靠或者诚实（Berlo，Lemert & Mertz，1970；Hovland & Weiss，1951；Salwen，1987；Schweiger，2000）。

Ohanian（1991）在总结前人研究的基础上将影响广告代言人说服力的因素归结为三种，即吸引力、可靠性和专业性。

① 吸引力：指广告代言人吸引广告受众和消费者的注意力的能力（Kahle & Homer，1985；Kamins，1990；Ohanian，1991）。有广告和沟通方面的研究指出，肢体和容貌的吸引力是初期判断一个人的重要因素，有吸引力的沟通者易

使信息接受者对其所推荐介绍的产品产生正面的印象。吸引力不仅仅包括外表吸引力也包括那些与容貌无关的方面，例如办事能力、诚实等（Friedman，1979）。

② 可靠性：可靠性则是指信息接受者认为某一来源所具的客观、公正和诚信的程度。对于广告代言来说，就是消费者认为广告代言人所具备诚实、正直等特性的程度（McGinnies & Ward，1980；Ohanian，1991）。

③专业性：被定义为沟通者（即广告代言人）具有其论证产品之专业知识的程度（Homer & Kahle，1990；McGuire，1985；Ohanian，1991；Till & Bussler，2000）。虽然专业性是由专业的知识、训练和经验而来，但有学者强调专业性是与欲传达主题相关联的，而不是单纯的年龄、智力或社会地位就可以决定的（Maddux，1980）。

评述：

① 作者首先在回顾相关文献的基础上，指出这些文献发现影响代言人说服力的因素包括吸引力和可信度这两个因素。其后，作者给出了较后出现的文献，该文献认为影响代言人说服力的因素包括吸引力、可靠性和专业性。从其后的内容中可以看出作者在后续提出的研究框架中采用了影响广告说服力的代言人的三个特性。那么这里存在的问题是：为什么不采用前面的两个因素，而采用了后面提到的三个因素呢？相关研究在这个问题上有了什么发展、三个因素比两个因素有什么合理性、多出的所谓专业性因素是在什么情况下提出的，为什么？等等。这些问题是作者需要通过对相关文献进行分析而回答的。

换个角度说，在结合文献回顾对所研究的问题进行讨论的过程中，在许多情况下读者会接受文献中的一个观点，而放弃另外的一个观点。例如作者在这里最终选择了广告代言人的三个特性，没有采用前期的两个特性的结论。那么作者需要对这个选择进行佐证，而不能简单地进行选择，不给出理由。请与下面的例子进行对比：

例文 1：

承诺在渠道合作关系中的重要作用已是共识，但是在如何定义这个概念、它的具体内涵是什么等问题上，相关研究经历了一个认识的过程。（这里省略部分内容）。

首先，文献中的一部分研究将承诺定义为维持一个有价值的长期合作关系的意愿（Moorman，Zaltman & Deshpande，1992；Morgan & Hunt，1994）或者是对于目前合作状况的感受以及对持续合作状态的预期（Gilliland & Bello，2002）。从这个角度上说，这个定义仍然停留在承诺的感知和预期层次上。

有研究将承诺从一个单纯的意愿和感知上的变量做了扩展，指出承诺还包括行为。例如 Anderson 和 Weitz（1992）以及 Gundlach 等（1995）认为承诺是稳定（stability）和付出（sacrifice），即不局限于从短期收益来评价合作方。它是维持一个长期关系的愿望、对于稳定关系的信心、愿意牺牲短期利益以维持长期关系，更为重要的是将这种对于长期关系的愿望付之于行动。这种行动也体现在不确定的合作和环境因素下去承担一些风险（Swan，Trawick & Silva，1985）。

具体提出承诺中态度和行为内涵的是 Anderson 和 Weitz 等，他们指出承诺是一种由态度和行为组成的复杂结合体，反映了双方的一种近似一体的紧密关系。如在态度上的表现为对合作方的忠诚、期望或者预期双方的关系可以继续、相信自己对于合作方的退让或妥协在长期会得到回报、一种长期联盟的感觉等。在行为上的表现如在批评面前为对方辩护、不去经营竞争产品或者品牌、针对合作关系的专项投入（idiosyncratic investment）（如专门培训或者安排人员去从事与对方产品相关的工作、为这个特定的合作关系投入固定资产、采取与对方一致的订货信息体系）以及在客户心目中将对方和自己相关联等（Ross，Anderson & Weitz，1997）。

引自：张黎．2007．经销商对合作关系的承诺及其影响因素．营销科学学报，3(3)：13-30

在这个例子中可以看到，作者结合相关文献对如何定义承诺以及承诺的具体内涵是什么进行了论述，讨论了文献中相关研究在这个问题上的发展过程。这样当作者在文章的后面内容中（略）提出从感知和行为两个方面而不是从感知或者行为单方面地来研究承诺这个变量时，读者可以很容易地理解其中的原因。

② 作者其后提出的三个因素中，有两个（吸引力和可信度）在稍前已经提及并做了介绍。这么看来，作者在后面结合 Ohanian 的研究（1991）对这两个因素又进行了详细的定义，显得与之前对这两个因素的介绍重复。如果后续的定义与之前文献中的完全一致，那么作者应该在之前就充分介绍完毕，后面没有必要重复提及；如果 Ohanian 的定义与之前的文献有什么区别和改进，则作者应该对具体的区别和改进进行很好的回顾。

（续原文）

Ohanian（1991）在总结这三个影响代言人说服力因素的基础上，发现具有外表吸引力的代言人通常会被喜爱，并且会正面影响消费者对产品的评价，进而对消费者的购买意愿产生积极的影响。此外，有实证研究也发现吸引力（Kahle & Homer，1985；Kamins，1990；Ohanian，1991）、可靠性（McGinnies & Ward，1980；Ohanian，1991）和专业性（Homer & Kahle，1990；McGuire，1985；Ohanian，1991；Till & Bussler，2000）对于购买意愿在不同程度上都有一定的影响。

评述：

① 这个部分内容的标题是“影响代言人说服力的因素”，因此作者应该结合文献对吸引力、可靠性和专业性与代言人说服力之间的关系进行讨论。然而，作者在这里所讨论的是吸引力对产品评价和购买意愿的影响，以及可靠性和专业性对购买意愿的影响。而这些是在后面的内容中（即“代言人内在特性与广告效果之间的关系”一节中）将要进行论述的。虽然代言人的说服力与消费者对于产品的评价和购买意愿存在关联，因此代言人的三个特性最终会影响产品评价和购买意愿，但是作者还是应该明确在本节中所讨论的是代言人的说服力，因此应该回顾的是说服力和三个特性之间关系的文献，在这里作者没有准确地界定因变量并对因变量相关文献进行回顾。

② 通过这个例子，希望指出的是在实证研究的文献综述中，综述所遵循的一个主要线索就是所研究的变量，包括自变量和因变量。对于相当数量的研究来说，无非就是发现变量之间的关系。那么按照变量这个线索对相关文献进行综述是一个较为常见的方法。但是对于整个文献综述的内容安排来说，要搞清楚所要研究的变量都是什么，他们之间的关系是什么包括直接关系和间接关系等，讨论这些关系的层次和顺序是什么。在每一个部分的综述中，必须清楚正在讨论的变量是什么，所讨论的内容就应该严格界定在正在讨论的变量以及变量之间的关系上，而不应该如作者这样，将还没有讨论的变量纳入本部分的内容之中。

（续原文）

2. 代言效果

代言效果是指在广告中使用代言人作为厂商与消费者之间沟通的手段而达成的对消费者的综合影响。因此本研究中代言效果并不局限于上述所讨论的对于购买意愿方面的影响（Ohanian，1991），同时还包括消费者对于广告本身以及所推广产品或者品牌的态度。

Fishbein 模型（Ajzen & Fishbein，1980）认为购买意愿主要受到两个方面的因素影响：一是消费者对于购买该产品的态度；二是消费者为了迎合自己所属社会或者群体而去购买某种产品，即从众心理。广告层级效果模型也指出，态度会直接影响购买意愿，并通过其他人的意见与外在环境两个因素影响消费者购买行为（Lavidge & Steiner，1961）。

本研究将立足消费者对于广告的态度、对于广告所推广的产品或者品牌的态度以及购买意愿来研究广告代言人的特性对于广告效果的影响。

评述：

① 广告效果所包含的三个因素：消费者对于广告本身的态度、对于所宣传

产品或者品牌的态度以及购买意愿是本文所讨论的因变量。因此作者应该用相当的篇幅对这些重要的因变量进行很好的论述，例如其具体的含义、消费者一般会呈现出什么不同的态度和购买意愿，以及这些因变量之间是否存在某些关联即它们之间的相互关系如何，等等。

一般说来，在一篇实证的研究中，在文献综述部分对自变量和因变量的讨论是相当关键的，结合文献对这些变量进行回顾构成了文献综述的主要部分。因此作者应该对这些变量进行充分的讨论。

② 作者在本部分内容中的第一个自然段内指出，代言效果是“对消费者的综合影响”。因此除了购买意愿外，所谓的综合影响还包括消费者对于广告本身以及所宣传产品或者品牌的态度。但是读者并没有看到作者给出所引用文献来说明文献是如何定义这个综合影响的。就提出的组成综合影响的三个因素，购买意愿、对广告本身的态度和对产品或者品牌的态度，作者只是略微讨论了购买意愿和对于产品或者品牌的态度，而完全没有涉及对广告本身的态度。因此读者无法了解选择这三个因素来研究代言人特性对广告代言效果的影响是否合适。也就是说这三个因素是不是能充分地衡量所谓的广告代言效果。

③ 作者给出了两个与态度和购买意愿相关的理论模型。显然，这两个模型是作者对为什么要研究态度和购买意愿进行的佐证，因而是需要比较详细进行介绍的。然而，作者在给出这两个模型时没有给予足够的叙述，包括这两个模型主要是研究什么的等。

(续原文)

3. 代言人内在特性与广告效果之间的关系

相对于无代言情况，通过代言人进行的广告，能够使消费者产生更积极的广告态度、品牌态度和购买意愿（Friedman，1976；Kamins，1989；Petty，1983）。不同类型的广告代言人各有其特色，他们说服消费者的方式自然也不相同。代言人通过自身的吸引力、可靠性和专业性特质影响消费者的态度（广告态度、品牌态度）和购买意愿。那么广告代言人内在特质是如何影响消费者的态度甚至购买意愿呢?

评述：

在上述部分，作者提到：“不同类型的广告代言人各有其特色，他们说服消费者的方式自然也不相同。”显然，不同类型的代言人在说服消费者方式上的差异并不是本文所要讨论的问题。文献综述的根本目的是服务于所研究的问题，对于不相关的问题，即使作者手边有很好的文献，也不需要涉及。

（续原文）

社会影响模型（Social Influence Model）认为，不同情景或来源的信息会引发受体不同的动机，进而对信息产生不同的态度，就其机理而言，影响消费者态度，使其发生变化的因素大致包括顺从（compliance）、认同（identification）和内化（internalization）（Kelman，1961）。Friedman（1979）的研究表明，名人代言人通过认同过程（identification process）来说服消费者，消费者因为该名人与自我定义或者归属群体的形象一致而接受某种态度。专家代言人通过内化来说服消费者（Maddux & Rogers，1980；Mill & Harvey，1972）。至于典型消费者对广告受众的影响过程，则介于认同和内化之间，信息接受者即广告的受众也许基于与推荐人“相似”而有认同；也可能因为推荐人与自己有类似的产品使用经验，从而判断推荐人所言不虚，进而接受推荐人所欲传达的信息。

上述影响消费者态度的因素会影响广告受众对于代言人内在的特质的感知和接受程度。根据不同代言人的定义（前文），可以提出如下假设：

H1a：吸引力对广告态度的影响为正；

H1b：吸引力对品牌态度的影响为正；

H2a：可靠性对广告态度的影响为正；

H2b：可靠性对品牌态度的影响为正；

H3a：专业性对广告态度的影响为正；

H3b：专业性对品牌态度的影响为正。

评述：

① 作者在上文花费了一个段落用来说明名人代言人、专家代言人和典型消费者代言人是如何影响广告受众的，即不同的代言人影响广告受众的机理很可能不一样，有的是通过顺从这个过程，而有的是通过认同或者内化。但是如果注意到作者提出的这几组假设，就会发现这些假设和前面所讨论的机理没有明显的关系，和不同形式的代言人（名人、典型消费者和专家代言人）之间也不存在关系。那么作者对影响消费者态度的机理，以及不同代言人在机理上的差异进行讨论有什么必要呢？

② 作者在前面的内容中基本上没有给出多少代言人的特性对广告态度和品牌态度影响的文献。到这里读者也不太清楚在研究代言人的吸引力、可靠性和专业性这三个特性会如何影响消费者的广告态度和品牌态度的相关文献中，到底有哪些发现和结论。本节的标题为“代言人内在特性与广告效果之间的关系”，但是读者在这个小节中基本上没有发现作者对相关文献进行了综述：在以往的研究中，到底发现了代言人的特性和广告效果之间存在什么样的关系呢？具体说来，吸引力对于广告效果中的广告态度有什么影响、对于品牌态度有什么影响、对于

后面假设中提出的购买意愿有什么影响？同样，可靠性对于上述广告效果有什么影响，而专业性对于效果有什么影响？上述的影响在不同代言人类型下有什么区别吗？作者对于这些关键的问题都没有涉及。相反，作者去回顾了与本文的研究问题没有直接关系的文献。

③ 需要指出的是，作者在这里没有给出为什么要提出这三组假设的理由。有些作者在提出假设前会对相关的实证研究进行综述，然后据此提出自己的研究假设。这里面往往忽视了一个很重要的问题，那就是一般不能在简单地给出几个相关的实证研究结果之后，就提出自己的假设。这样就在很大程度上使自己的研究变成了简单的对先前研究的重复，降低了研究的价值和意义。一个简单的问题是：既然实证研究都有了，为什么还要研究？一般来说，在提出假设之前，作者需要在回顾文献的基础上，发现以往研究所存在的问题和不足。例如通过文献综述，作者发现了以往研究中存在的矛盾之处、空白等。作者也可以通过文献综述发现以往的研究结论在不同的条件下可能出现不同，例如这些条件可以是文化背景、产品类型等。此外，作者还可以基于一些理论，对已经存在的实证研究结果提出质疑，或者在以往研究的基础上改变或增加某些自变量等。为了将这个问题阐述清楚，在后面特别增加了一个小节，就如何提出假设进行了专门的论述，请读者作为参考。总之，作者需要在综述文献的基础上，提出为什么要进行某个问题的研究，佐证提出假设的理由，而不是简单地进行重复性的研究。这个问题也存在于下面所提出的假设中，就不再一一赘述。

（续原文）

同时，基于 Ohanian（1991）的模型，代言人内在特质的三个方面都会对购买意愿带来直接的影响，在本研究中验证如下假设：

H4a：吸引力对购买意愿的影响为正；

H4b：可靠性对购买意愿的影响为正；

H4c：专业性对购买意愿的影响为正。

最后，本文将根据广告层级效果模型（Lavidge & Steiner，1961）验证态度和购买意愿的关系。Lafferty 和 Goldsmith（1999）的实证研究发现广告态度和品牌态度与购买意愿正相关。随后 Lafferty、Goldsmith 和 Stephen（2002）提出了“双重可信度模型”（Dual Credibility Model），即代言人的可信度会影响到广告受众对于广告的态度，进而影响对于品牌的态度，最后影响购买意愿。或者是直接由广告态度影响购买意愿。因此我们也将验证如下假设：

H5a：消费者对于广告的态度对于购买意愿具有积极的影响；

H5b：消费者对于品牌的态度对于购买意愿具有积极的影响。

综上所述，本研究的框架思路如下：

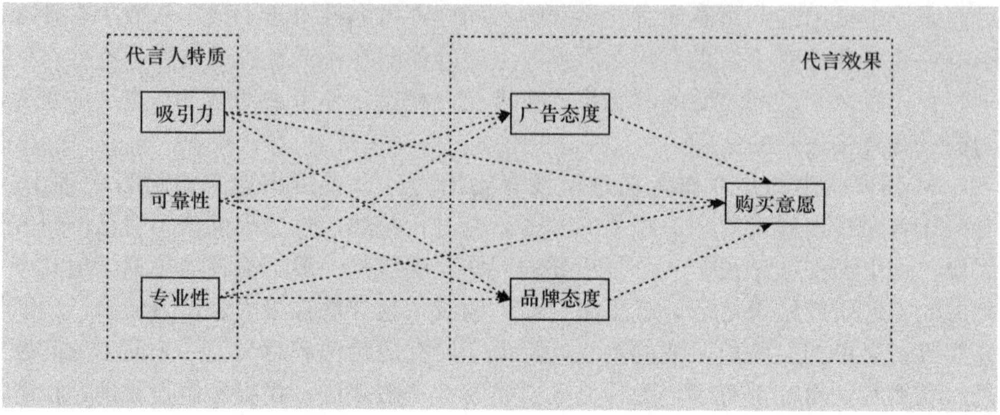

评述：

① 在本书给出的一些案例中，读者会不止一次地看到这样的模型。这样的模型其实是一个研究的框架，尤其在作者进行过文献综述之后，利用这样一个图示的研究框架，将会帮助读者对所要研究的问题和假设，例如所包括的研究变量以及所要验证的变量之间的关系，有个更加全面和深刻的理解。

② 其次，读者在国外的理论和实证研究中也经常会看到这类的模型框架。通过提出这样的模型并和以往文献中的相关模型进行比较，使读者可以比较直观地了解到目前的研究框架都发生了哪些变化，比如说新增或者是删除了哪些变量、增添或者去除了哪些变量之间的关系等。由此读者可以对相关研究的脉络有个清晰的认识。就像在绪言中指出的一样，可以对哪位作者在这方面的研究中添加了哪些"砖"有所了解。另一方面，未来的研究人员也可以顺着已有的框架或者说思路，并在此基础上进一步完善相关研究。

总体评述：

① 对于一些学术研究特别是实证性研究来说，文献综述的重要线索之一就是变量，包括自变量和因变量以及变量之间的关系。因此如何逻辑性地按照这个线索组织相关文献并进行综述是一个很关键的问题。在这个过程中，作者需要明确每一个环节集中讨论的是哪些变量及其关系，并据此提出相应的研究假设。

② 在提出研究假设的过程中，作者需要对为什么提出相关假设进行详尽的论述，所谓的详尽论述不是仅仅对先前的研究结果进行罗列，而是要找出提出假设的理由，例如现有研究结果中的矛盾之处、还有哪些重要的变量没有被纳入研究之中、所研究的问题在不同的条件下可能会出现什么不同的结果以及为什么、有哪些变量会对已经发现的变量之间的关系产生调节或者是干扰作用，等等。

③ 一些重要的概念和理论模型，例如本文提及的 Fishbein 模型和广告层级效果模型，作者需要对模型的来龙去脉进行介绍，以使读者对于这些模型有个根本的了解。

④ 一些文章在文献综述之后，结合所要研究的变量和变量之间的关系给出一个研究的框架或者称研究模型，这是一个较为常见和有效的方法，使得读者对于前面提及的方方面面的变量和关系有个整体的了解，也使得读者对于相关研究的脉络有个清晰的认识，为未来的研究打下一个理论基础。

第二节　案例九：改革中的国有企业高级管理层统计特征与企业绩效的关系

一、引言

中央关于制定“十五”计划的《建议》中指出，结构调整和经济发展归根结底要靠改革，而其中的国有企业改革是整个经济体制改革的中心环节，深化国有企业改革对于促进国民经济的结构调整和快速发展有着极为重要的意义。

近年来，国有企业的整体状况不容乐观。突出的问题是近年来整体的盈利水平下降，许多甚至出现亏损。值得注意的是，在上海、广东等效益好的沿海地区，国有企业的盈利水平也在下降，亏损企业数量和亏损额均大幅度增加。目前，国有企业改革转入了重点推进阶段，表现为有计划、有步骤地以多项试点为先导，其中尤以建立现代企业制度的百户试点引人注目。

评述：

① 前面谈到，作者不仅仅需要在一篇文章的相关文献回顾部分需要涉及文献，有时在引言部分同样需要利用文献。在引言部分作者需要向读者介绍这么几个内容：本研究的主要目的、进行这个研究的理论和现实意义以及大概介绍一下本文的内容安排，以达到导读的效果。为了在引言部分对本研究的理论和现实意义进行论证，就需要引用部分文献，而不是没有根据地泛泛而谈。例如，要论证本研究的理论意义，作者就需要对文献中相关理论和研究存在的问题、没有涉及的问题等进行论述；要论证研究的现实意义，作者就需要找出相关的证据来论证。例如在本文开始的部分，作者需要用事实来说明目前我国国有企业在近年来出现了效益下滑的问题，而且这个问题具有相当的普遍性。为了找出其中的原因，作者需要从企业的现代企业制度方面来分析企业。

② 作者在这里希望通过对目前国有企业所面临严峻问题的描述，引出本研究的现实意义。但是出现了几个问题。首先，从逻辑上看，这个段落中的逻辑递进关系存在问题，即作者先给出了国有企业在近些年来总体的盈利水平下降，特别是在一些传统上企业效益较好的地区如上海等沿海地区，企业的盈利水平也呈现出下降趋势。其后，作者提出了国有企业改革转入了重点推进阶段，主要内容

是建立现代化的企业制度。那么在这中间就有一个问题：国有企业在盈利水平上出现问题的主要原因是不是因为没有建立现代的企业制度？在这个逻辑推理的过程中，作者需要给出足够的证据：有没有相关的研究或者是观点认为没有建立现代企业制度是目前国有企业盈利水平下降的原因。因此，从这个例子我们可以看到，在进行一些推断的时候，有时候需要利用文献来帮助完成这个逻辑推断的过程。

③ 作者在这里列举了几个很重要的现象，也可以说是事实。例如作者首先指出了“目前国有企业的整体状况相当严峻……”，接下来是“突出的问题是今年来整体的盈利水平下降，许多甚至出现亏损”，特别是“……在上海、广东等效益好的沿海地区，国有企业的盈利水平也在下降，亏损企业数量和亏损额均大幅度增加”。那么当读者读到这些文字时，首先出现在脑海中的问题是：作者的论据是什么？例如说国有企业盈利水平下降，那么客观根据是什么？这个时候作者需要给出相关的数字或者告诉读者自己是从什么渠道得到这些信息的，是否可靠，也就是说需要引用相关文献。

④ 严格地说，作者在提出：“目前，国有企业改革转入了重点推进阶段，表现为有计划有步骤地以多项试点为先导，其中尤以建立现代企业制度的百户试点引人注目”这么一个观点时，同样需要引用相关的文献。原因是这句话有个判断，即有计划有步骤地以多项试点为先导，包括百户试点，表明了国有企业改革转入了重点推进阶段。那么读者需要了解作者为什么会有这么一个判断，其依据是什么。

（续原文）

现代企业建构中重要的一环是企业的管理人员。对于企业管理人员特征与组织行为特征之间关系的研究始于 Hambrick 和 Mason（1984）。尽管也有学者把研究对象放大到整个公司管理人员（如 Daily & Schwenk，forthcoming；Goodstein，Gautam & Boeker，1994），更多的研究还是专注于公司的首席执行官（Chief Executive Officer，CEO）和高级管理层（Top Management Team，TMT）的一些统计学特征，包括这些人员的教育程度（Wiersema，1992）、组织任期（Hambrick & D'Aveni，1992；Keck，1991；Michel & Hambrick，1992）以及高级管理层的异质性（Bantel & Jackson，1989；Carpenter & Fredrickson，2001；Murray，1989；Proem，1989；Smith，Olian，Sims，O'Bannon & Sculty，1994）。

本文将主要探讨公司的高级管理层统计学特征与改革中的国有企业绩效之间的关系，旨在为国有企业高级管理层人员的选择提供一定的参考。

评述：

① 作者在这个段落里提出了本文所涉及的两个关键因素，即企业的高级管理人员和组织行为特征（严格地说是企业的绩效，这和组织行为概念还是不同

的)。同时作者指出对于公司管理人员的特征和组织行为特征之间关系的研究是从 Hambrick 和 Mason（1984）开始的。既然作者在这里提及了最初的这类研究，那么最好能很简要地介绍一些这个研究的核心观点和发现是什么，否则在这里给出这个信息的意义不大。

② 高级管理层“异质性”的具体含义到底是什么，作者在这里应该简要地加以介绍。在一篇学术论文中，一个概念的出现就如同我们在生活中遇见一位陌生人一样，需要进行介绍才能认识和了解。有些作者可能认为这是一个简单的专业词汇，因此不需要介绍。但是应该知道，文章的读者并不一定都是本领域内的学者和专家，他们对于相关的研究和文献也并非一定都有所了解，因此对于一些概念的介绍是必要的。

③ 总体来说，这一段文献综述还是比较成熟和简洁的。特别是让读者对于相关文献的发展、有哪些研究分别从什么角度分析了高级管理层的统计学特征和企业组织行为之间的关系问题等有了比较好的了解。此外，这段文献综述的安排也是按照作者自己的逻辑进行的，而不是将相关文献进行简单的罗列。

（续原文）

二、文献回顾

在 Hambrick 和 Mason（1984）的文章里，他们提出了管理者的感知基础（cognitive base）会对其在参与企业决策时的思维过程、视角以及对不同信息的重视程度产生影响。根据他们的定义，“感知基础”是指管理者对事件的理解，包括对未来的预期、对于所存在的不同选择以及可能产生的后果的判断等等。

高层管理人员的统计学特征，可以反映出一个人的生活经验和背景（Hambrick & Mason，1984）。而正是在此基础之上，个人才构建出其独有的感知基础（Cyert & March，1963）。

在对高级管理层统计学特征进行研究时，要区别对待两类不同的特征。其一是特性特征，包括年龄和组织任期等，该类特征会影响到该管理者的感知。其二是参差特征，即高级管理层人员的异质性，该类特征会影响高级管理层的决策过程（Wiersema，1992）。本文将主要研究企业高级管理层的特性特征对企业绩效的影响，对于参差特征的影响有兴趣的读者可以在本文基础上继续探讨。

评述：

① 上述段落里面存在着在文献综述习作里常出现的问题，即作者在这里没有必要特别指出在什么样的一篇文章里由相关研究人员提出了一个什么样的观点，需要突出的是对相关问题推理的过程和逻辑，否则会使得文章语句的安排发散、不紧凑，影响文章对核心观点的表达和读者对这部分内容的理解。也就是

说，文献综述的核心目的不是告诉读者到底有什么作者写的什么文章，而是为提出相关的研究问题进行推理服务。请比较上述段落和下面改写后的内容：

企业管理者的感知基础会影响他们参与企业决策时的思维过程、模式以及对于不同信息的利用，所谓的感知基础是管理者对于事物的整体理解，包括对于未来的预期、对所存在的不同选择的认知以及对于不同选择可能产生后果的判断等（Hambrick & Mason，1984）。在如何形成个人独特的感知基础问题上，有研究认为个人的生活背景和经验是关键的影响因素（Cyert & March，1963），而这种生活经验和背景可以通过个人的统计学特征反映出来。

② 作者在这里对研究的自变量进行讨论，最终提出使用企业高级管理层的特性特征作为研究的自变量。考虑到后面作者结合文献讨论了具体的自变量以及对因变量企业绩效的影响（请参见后面的内容），因此在内容的安排上还是将这段放在后面较好。

但是就这段内容本身来说，也还存在一些问题。首先，在为什么要研究特性特征而不是参差特征这个问题上就没有给出很好的论证。也就是说，与参差特征密切联系的决策过程应该也会影响企业的绩效，那么为什么本文着重研究特性特征而不是参差特征，作者需要给出理由。其次，对于几个概念如异质性和决策过程应该给一个简单的介绍，具体说来异质性到底指的是什么，而决策过程指的是这个过程的科学性、及时性还是什么其他方面。

（续原文）

① 国有企业改革的进程在很大程度上是由改革的战略指导思想即改革思路决定的。20多年来我国国有企业改革经历了曲折的过程，反映了改革战略指导思想的演变。从1978年党的十一届三中全会至1984年党的十二届三中全会以前，改革的战略指导思想是扩大企业自主权。从党的十二届三中全会到1993年党的十四届三中全会以前，改革的战略指导思想是实行两权（即所有权和经营权）分离。从党的十四届三中全会到现在，改革的战略指导思想是建立现代企业制度和从战略上调整国有经济布局。

目前，国有企业改革进入到一个更加艰难但又更加接近终局的攻坚阶段。随着微观层次上国有企业的进退变化和国有资产的消长变化，必然要求国有企业进行战略性调整，调整的结果很大程度上决定了国有企业的改革绩效（肖远飞，2006）。

评述：

① 这部分的内容放在文献综述部分就显得不太合适。放在引言部分，和现有的引言部分的内容加以融合会更好。

② 在上述部分的内容中，也可以看到作者在内容安排方面有些混乱：作者

首先对管理层的感知基础以及影响感知基础的高层管理人员统计学背景进行了讨论，提出本文要分析的是高级管理层的特性特征而不是异质性，其后又加上了对本文研究意义的论述；最后转到了对因变量即企业绩效指标的讨论上（本评述之后的一段）。

③ 一般说来，在文献综述部分要讨论的内容主要包括因变量、自变量、因自变量之间的关系，有的还在这部分提出相应的研究假设。有文献认为应该首先讨论自变量，而后是因变量。但是笔者的观点相反，认为从逻辑的角度，一般是先讨论因变量，原因是因变量是文章所关注的主要因素，而自变量之所以重要是因为它们会对因变量产生影响。因此在逻辑上我们应该先给出一个所关注的因素，然后才能谈到影响它的因素，而不是相反。

那么从本部分的文献综述内容来看，读者不如首先将因变量论述清楚，包括对因变量的定义和测量方法等，并引用相关的文献。然后再讨论为什么要选择将高级管理层的特性特征这个影响企业绩效的因素作为研究的重点而不是参差特征，以及最后会选定哪几个自变量来衡量高级管理层的特性特征。在给出这几个自变量的过程中，结合文献分别对每个自变量和因变量的关系进行论述，并提出相关的研究假设。

（续原文）

② 在现有的研究改革以来国有企业经济绩效的文献中，对如何评价国有企业的绩效存在着明显的分歧。现行国有和国有控股企业的绩效评价指标体系主要是财政部等四个部委在联合颁布的“国有资本金绩效评价规则”和“国有资本金绩效评价操作细则”的基础上所形成。但学术界对其有效性存在质疑，认为存在指标过于单一、评价目标不明确等缺陷（汤胜，2004）

有部分学者提出应该以全要素生产率（TFP）为标准来考察国有企业绩效（Jefferson & Rawski，1994）。对此，另一类观点提出了质疑，他们认为以TFP或要素投入作为增长来源的合理与否是和企业的发展阶段密切相关的。在20世纪80年代以来的我国国有企业绩效改进中，相对于宏观经济波动和市场取向等制度性调整因素来说，技术改进的贡献程度是有限的（王珺，1996）。另一方面，对产品同质程度不高的企业或行业进行生产效率的比较其可靠性是不够的（张军、王祺，2004）。

张军和王祺（2004）认为将利润率指标作为国有企业绩效的评估标准也有局限性。因为利润率是衡量企业效益的横截面指标，而不是一个时序指标，因而指标的有效性被削弱。其次，在市场定价机制不起主要作用的情况下，资产收益率（ROA）等价值指标并不能真实地反映企业经营状况。特别是当企业有办法操纵成本时，利润本身更不能成为衡量企业经营效益的有效指标。因此，他们认为应该选用托宾 Q（Tobinps Q）作为衡量企业绩效的基本指标。

因此本文对于改革中的国有企业的绩效衡量标准也基于托宾 Q 值（$Q=M/R$，其中 M 表示公司股权和短期债权的市值之和，R 表示公司固定资产净值和存货净额的重购价值）。同时，为了保证企业的可比较性，特别注意选择同一行业的公司作为研究样本。

评述：

作者首先对几个绩效评估方法的合理性提出了质疑，并在此基础上提出应该采用托宾 Q 作为衡量企业绩效的基本指标。作者在对前面两个指标的局限性以及为什么没有采用这两个指标的论述是比较充分的。对于托宾 Q 值这个指标，虽然作者给出了该指标的计算方法，但是没有论证为什么应该采用这个指标、相比前面几个指标来说它的优点到底是什么。此外，除了如何计算托宾 Q 值外，作者在这里至少应该给出这个指标的定义。

（续原文）

③ 为了研究国有企业的管理层人员的统计学特征与国有企业绩效的联系，选择了以下主要的统计量作为实证研究的自变量。

年龄：在管理者年龄和企业绩效之间关系的研究基于一个基本的前提，即年长的管理者相比于年轻的管理者，更不容易接受新观念（Chown，1960），在决策过程中整合各方面信息所耗费的时间更长（Taylor，1975）、更规避风险（Carlsson & Karlsson，1970）。在面对较多变化的外部环境，或者当企业需要进行较多的战略改变时，管理层的平均年龄与企业绩效成反比。（Hambrick，1984）。据此，我们提出：

假设 1 国有企业高级管理层的平均年龄与改革中的国有企业的绩效负相关。

评述：

① 作者选择了企业高级管理层的平均年龄、平均组织任期、高级管理层任期、教育背景和专业这几个统计量作为实证研究的自变量来进行考察，那么在这里应该对为什么在众多的国有企业管理层的统计学变量中选择这几个变量进行阐述，例如文献中对所研究变量的重要性有什么观点和结论、这几个变量对于研究我国国有企业的绩效等方面有什么特殊的意义和价值、是不是在相关文献中对这几个变量重视不够而产生了研究空白等等。也就是说，作者应该通过对于文献的总结和分析来论述选择这几个变量的原因。

② 在上述段落，作者对其中的一个自变量即高层管理人员的年龄，进行了讨论并据此给出了研究假设。但是在这里又出现了在文献综述中常见的一个问题，即其中缺乏逻辑推理中的一环。作者的逻辑是这样的：年龄的大小和管理层

在决策中整合信息的速度、规避风险的倾向有关，因此会影响企业的绩效。那么其中的问题是：整合信息的速度和规避风险的倾向一定和企业的经营绩效相关吗？也许花费较长的时间在决策中整合各方面信息，以及更强的规避风险倾向反而有利于企业做出正确的决策乃至提高企业的绩效水平。因此如果没有文献发现并证明整合信息的速度和规避风险的倾向和企业的经营绩效相关，则不能得出年龄和绩效的关联性，也就不能提出相关的假设。因此，作者在这里需要给出相关研究的文献，论述整合信息的速度以及对于风险规避的倾向是如何影响企业的经营绩效的。也就是说应该弥补上逻辑推理中的这一个重要的环节。同样，请读者参考“如何提出假设”一节，其中就如何在逻辑推理的基础上提出研究假设进行了讨论。

（续原文）

组织任期（organizational tenure）：组织任期被定义为个人成为企业一员的时间，是在所有高级管理层统计特征中最具理论意义的一个变量（Peffer，1983）。较长的组织任期下的企业 CEO 更不愿意对企业的战略做出改变，即使从当时的外界环境来看这种改变是适宜的（Miller，1991）。这一方面因为管理者的组织任期与对企业现状的认同程度相关联（Alutto & Hrebiniak，1975；Staw & Ross，1980；Stevens，1978），另一方面也因为在组织任期较长的团队倾向于产生内部社会结合的力量（social cohesion），这种力量会导致管理者不愿改变企业的现状（Michel & Hambrick，1992）。因此，总的来说任期较长的管理层领导下的企业，战略决策较为中庸，不易改变（Wiersema，1992）。据此，我们提出：

假设 2　国有企业高级管理层的平均组织任期与他们对改革的配合程度负相关，与改革中的国有企业的绩效负相关。

评述：

① 在提出这个假设的过程中，也存在和上述同样的问题，即这个假设基于一个前提：管理层的决策如果比较中庸、不易改变，那么就一定会有损于企业的绩效。作者必须引用相关的文献来辅助这个推理过程。这个问题在后面几个假设的推出过程中都存在，就不一一赘述。

② 作者在定义组织任期的同时指出，这个变量是在所有高级管理层统计特征中最具理论意义的一个。首先，这个变量是不是最具理论意义的一个其实和作者想提出的假设没有密切的关系，因此并没有必要结合文献给出这个观点。其次，如果作者还是想强调这个观点，那么就需要解释所谓的理论意义到底是什么、为什么说它在所有高级管理层统计特征中是最具理论意义的一个，否则作者给出一个结论性的观点而不去论述和解释，读者会感到没有完全理解。

（续原文）

高级管理层任期：高级管理层任期是指管理者进入企业高级管理层的时间。

Katz（1982）发现，相处时间较长的团队在沟通时有一套特定的模式，成员在思维观点上也会更加相似。此外，相处时间较长的决策团队更倾向于忽视外部的信息来源（Pelz & Andrews，1966），因为成员会越来越不愿意接受可能影响到他们已固定下的决策模式的信息（Staw，1977）。因此，平均任期较长的高级管理层更不情愿进行变革（Wiersema，1992）。据此，我们提出：

假设 3　国有企业高级管理层在本企业的平均任期与他们对改革的配合程度负相关，与改革中的国有企业的绩效负相关。

评述：

在作者提出的这个假设中，出现了一个有关假设内容的问题。作者的假设 3 其实包含了两个假设，一个是国有企业高级管理层在本企业的平均任期与他们对改革的配合程度负相关，另外一个是国有企业高级管理层在本企业的平均任期与改革中的国有企业的绩效负相关。作者实际想表达的意思可能是：国有企业高级管理层在本企业的平均任期与他们对改革的配合程度负相关，而对改革的配合程度是和企业绩效密切相关的，因此国有企业高级管理层在本企业的平均任期与改革中的国有企业的绩效负相关。但是这个推理的过程应该出现在提出假设的前期推理过程中，而不是假设之中。提出这样的假设，读者就看到了两个因变量以及对应的两个假设，而不是单纯的一个假设 3，那么如果研究拒绝或接受了该假设，读者就无法明确了解到底拒绝或接受了其中的哪个关系。

（续原文）

教育背景：更高的教育水平通常意味着能更好处理信息（Schroder，Driver & Streufert，1967）、对改革的接受能力更强（Becker，1970；Hambrick，1984；Kimberly & Evanisko，1981；Rogers & Shoemaker，1971）。同时，更高的教育水平能保证管理者及时发现企业需要的战略变化以应对外部环境的变化，并且更好地处理战略变革的问题（Wiersema，1992）。据此，我们提出：

假设 4A　国有企业高级管理层的平均教育水平与改革中的国有企业的绩效正相关。

专业：对于专业的选择反映出了一个人对外部世界的认知模式以及性格特征。同时，专业的学习进一步影响人的认知态度（Holland，1973）。Hitt 和 Tyler（1991）的研究发现，管理者的专业对于他们的决策有影响，例如科学工程领域毕业的管理者更关注变化和改革。拥有此类学科学位的管理者与艺术、法律以及商科的毕业者相比，对企业改革的态度更为积极（Wiersema，1992）。据此，我们提出：

假设 4B　国有企业高级管理层中拥有科学工程领域教育背景的人员比例与改革中的国有企业的绩效正相关。

除了以上变量外，企业所在行业的结构（Hoskisson & Hitt，1990；Reed & Luffman，1986）、高级管理层规模（Shaw，1976）、企业规模（Quinn & Cameron，1983；Tushman & Romanelli，1985）、管理者的职能背景、出生背景、金融地位（Hambrick & Mason，1984）等等也是企业对待变革的态度以及变革的有效程度的重要影响变量。

评述：

① 显然，企业所在行业的结构不是本文所涉及的变量，因此不需要提及。这个问题在学生文献综述习作中常有出现。文献综述的基本目的是为了提出自己所研究的问题服务，因此不需要涉及并不进行研究的问题和变量。

② 这里作者又提及了其他的几个统计学背景变量，包括管理者的职能背景、出生背景、金融地位。作者还引用了相关文献来论证这几个变量是“企业对待变革的态度以及变革的有效程度的重要影响变量”。如此一来，读者就会产生这么一个疑问：既然这几个变量也是重要的，而且有相关研究证实了他们对于企业变革的影响，那么为什么作者在这里不去研究它们对于企业经营绩效的影响、不提出相应的假设呢？因此作者在这里应该对这个问题有所交代。

（续原文）

尽管本研究尽量选择同一个行业中的国有企业进行研究，但因为其数量有限，必须将行业特征纳入考虑。在此，根据 Wiersema（1992）的建议，本文从行业成长性、行业平均利润和行业集中度三个方面来定义行业特征。对于其他重要的影响因素，都将之直接作为控制变量处理。

总体评述：

① 逻辑上的严谨是对文献综述的关键要求之一，这就需要作者在进行文献综述的过程中注意在逻辑推理上的严密性。而从一些学生们的习作来看，容易出现的问题是往往忽略了逻辑推理上的某个环节。例如在本文的引言部分，作者在指出目前国有企业总体盈利水平下降的基础上，提出了在国有企业中建立现代企业制度的必要性，从这个必要性进一步推出了国有企业高级管理层统计特征这个要素。那么在这个逻辑推理的过程中，就需要论证国有企业在盈利水平上出现问题的主要原因是不是因为没有建立现代的企业制度，并需要结合相关的文献给出足够的证据：有没有相关的研究或者是观点认为没有建立现代企业制度是目前国有企业盈利水平下降的原因。其次，作者需要结合文献论证高级管理层的统计特征是不是企业建立现代化制度的关键影响因素之一。这其中缺少任何一环，都将影响作者对所要研究问题的重要性和必要性的论证。

其次，作者在提出第一个假设的过程中，认为高级管理层年龄的大小和管理层在决策中整合信息的速度、规避风险的倾向有关，因此会影响企业的绩效。其实这其中同样缺乏逻辑的一个环节：如果说年龄的大小和管理层在决策中整合信息的速度以及规避风险的倾向相关，年龄越大，整合的速度越慢、规避风险的倾向越强，那么整合速度慢和较强的风险规避倾向就一定会影响其决策的正确性以及效益的提高性？有什么文献对这个关联性进行了研究并得出了一个显著关联的结论？如果没有，那么作者如何能够从高级管理层的年龄推导到企业绩效的下降呢？

因此，从这些例子可以看到，在进行一些推断的时候需要借助文献，同时注意推理的严密性，不能在推理的环节上出现类似“缺环”的现象。

② 按照一个清晰的线索进行文献综述是非常重要的。本文作者在文献综述的内容中就出现了线索不清、反反复复的毛病。所谓的线索就是作者应该按照一个什么样的顺序来安排综述的内容。一般来说，实证性的研究所分析的无非是变量及其之间的关系，那么以变量及其关系作为文献综述的线索是一个较常用的好方法。许多作者在实证研究中常以因变量开始进行文献的回顾，原因是因变量是研究所关注的重要参数。随后是对自变量的回顾，并在对每个自变量回顾的过程中讨论其和因变量之间的关系并提出相应的假设。当然，对于一些研究来说，还会涉及影响自变量和因变量之间关系的调节变量，或者是处于自变量和因变量关系之间的中间变量，对于这些变量的回顾一般是在对因变量、自变量及其关系的回顾之后进行。同样，有关这些调节作用和中间作用的假设也在对这些变量的回顾之后提出。

例如，在研究降价表述方式对消费者感知的降价幅度和购买意愿的影响的研究中，因变量是消费者感知的降价幅度和消费者购买降价产品的意愿，自变量是产品的原价格、降价的幅度以及降价的表述方式。在对因变量进行文献回顾的基础上，对自变量进行了讨论并分别就自变量对因变量的影响提出了研究假设。其后，提出了一个调节或者称干涉变量，这个变量的存在会影响所讨论的因变量、自变量之间的关系。因此对这个变量进行了文献回顾，讨论了它为什么对于因变量和自变量之间的关系有影响。请看下面的例文（节选）：

例文：

涉入度对上述关系的影响

除上述的分析外，作者还试图从涉入度这个角度进一步探索在不同产品价格、降价幅度和降价表述方式下消费者对降价幅度的感知和购买意愿。文献表明，涉入度会影响消费者对产品信息的处理方式（Bloch & Richins，1983；Cacioppo & Petty，1979），例如在信息处理上所付出的努力。当涉入度较高时，消费者会采用系统（systematic）的信息处理方法，即全面、审慎地处理产品信息；当涉入度较低时，他们则会采用简单直觉（heuristic）的信息处理方法，即依据简单的线索进行判断（Meyers-Levy & Maheswaran，2004；Meyers-Levy & Peracchio，1996）。如 Wang 和 Lee（2006）的研究表明，消费者在高涉入的情境下会系统地处理所有产品属性的信息，并在产品各类属性上花费大致相当的信息处理时间；而当消费者处于低涉入的情境时，他们往往缺乏处理信息的动力，通常只是选择性地处理某些产品属性信息，并根据这些属性评价产品。

预期涉入度可以调节降价表述方式对消费者感知降价幅度的作用。当涉入度较低时，消费者倾向于花费较少的时间来处理产品信息。这时，由于表面信息只耗费消费者较少的认知资源，因此消费者对绝对数值和相对数值两种降价表述方式的感知可能不同。而当涉入度较高时，消费者倾向于花费较多的时间系统性地处理信息，更倾向于考虑折扣的实际价值而非外在的表述方式，对两种降价表述方式的感知可能没有显著差异。

引自：张黎，范亭亭，王文博 .2007. 不同降价表述方式下消费者对降价幅度的感知和购买意愿 . 南开管理评论，10（3）：19-28.（作者作了细微的改动）

第三节　案例十：跨国公司知识传递机制及影响因素——本土营销服务公司视角

一、跨国公司和知识传递

跨国企业通常由总部和位于不同国家的子公司等分支机构组成，一般具有网络状的公司结构。跨国公司在全球经济活动中发挥着日益重要的作用（Hocking et al.，2004），不仅给当地带来经济效益，同时还通过技术转移等手段促进了知识流。所谓知识流，是指知识传递过程中从知识源到知识接受者之间发生的转移。跨国企业内部以及企业与外部环境之间的知识交换形成了不同层次、不同类型的知识流。按照不同的标准，跨国企业内部的知识流可以被分为不同的类型（Mudambi，2002），其中跨国企业的溢出流是指知识源为跨国企业各子公司，从子公司扩散到当地外部环境的知识流。知识的溢出可能是有意的，如通过合作、成果推广、许可证转让等方式与当地伙伴、顾客和供应者之间形成的知识流；也可能是无意的，如由于员工流动、其他竞争者的模仿等原因形成的知识流。

评述：

① 作者比较精练地介绍了源于跨国公司的知识流以及大概的几种类型。但

是在这个段落中还是存在几个问题。首先，作者通过引用相关研究论述了“跨国公司在全球经济活动中发挥着日益重要的作用（Hocking et al.，2004），不仅给当地带来经济效益，同时还通过技术转移等手段促进了知识流。”在这个引用中存在一个细节性的问题，即作者将引用“Hocking et al.，2004”放在了“跨国公司在全球经济活动中发挥着日益重要的作用”后面，并在这个引用后进一步指出了“不仅给当地带来经济效益，同时还通过技术转移等手段促进了知识流”这两个具体的作用。很明显，作者在提出这两个具体作用的时候，引用了相关的文献。读者们可以肯定的是 Hocking 等（2004）指出了跨国公司在全球经济活动中发挥重要作用。对于此后作者给出的两个具体引用（给当地带来经济效益和促进了知识流），读者却不能明确地知道是 Hocking 等（2004）的观点，还是另有研究提出或者进行了证实。如果是前者，则最好将引用放在后面，如“跨国公司在全球经济活动中发挥着日益重要的作用，不仅给当地带来经济效益，同时还通过技术转移等手段促进了知识流（Hocking et al.，2004）。”否则，作者就需要具体说明，是谁的研究指出了跨国公司带来的后面两个具体作用。这样的话，如果读者需要进一步查阅相关文献，就有个明确的线索。从这个例子读者应该体会到文献综述中应该注意许多细节性的东西。

② 一般来说，如果所引用研究的作者是三个或者以上，则我们常常使用 et al.（等）这样的简单表述形式，即给出第一个作者的姓加上“et al.”，这样比较简单。但是如果在一篇文章中第一次引用一个研究时，即使作者的数量是三个或者三个以上，也必须给出全部作者的姓。当然有些期刊有自己特别的要求，如三个以上的作者，即使是第一次出现也必须用“等”这样的形式。因此作者需要注意相关期刊所要求的格式。

③ 在这一段中，作者给出了“知识流”这个文章中最为关键的概念，那么当然应该给出相关的引用文献。

④ 作者指出，相关文献按照不同的标准将跨国企业内部的知识流划分为不同的类型，其中一个是跨国企业的溢出流。在这个划分的过程中出现了一些混乱：首先，作者明确指出这里进行的划分所针对的是跨国企业内部的知识流，然后给出了其中的一类即溢出流，但是再从其后对于这个溢出流的解释当中读者可以感觉到这并不是限于企业内部的知识流，大家可以仔细体会。从作者在这部分的逻辑来看，还是比较混乱。那么较好的逻辑思路应该是简要地介绍一下划分的依据、大概有几种知识流以及本文拟要研究的知识流是哪一种。

（续原文）

跨国公司能够更加有效的传递、创造、整合以及吸收某种类型的知识（Kogut & Zander，1993），其中一个原因是跨国公司中人员的派遣带动了知识的传递（Reiche，2004）。过去，西方跨国公司主要采用人员派驻的方法来保证对于分支机构的有效控制和协调、弥补当地管理技能的不足（Bonache & Brewster，2001；Edström & Galbraith，1977；Harzing，2001）。因此，人员派驻被视为跨国公司内部促进知识扩散的一条重要途径（Bonache & Brewster，2001；Hocking et al.，2004；Kamoche，1997）。人们广泛认为跨国公司内部传递的绝大多数知识都是内在隐性而不是外在显性的。因为隐性知识无法被编码却只能通过直接应用而被观察到（Bonache et al.，2001；Gupta & Govindarajan，2000；Polanyi，1966）。Minbaeva 和他的同事们（2003）的研究表明组织内系统性的人员流动是促进企业间知识扩散和传递并将其转化为竞争优势的重要手段。

研究者们日益重视学习（Nevis，DiBella & Gould，1995）、知识（Nonaka，1994）和企业绩效之间的紧密联系。Miller 和 Shamsie（1996）在美国进行的研究表明，难以购买或复制的、以知识为基础的资源对绩效有显著的贡献，企业的知识会强化企业的竞争地位。

在如何衡量知识传递所带来的绩效方面，有些学者（如 Crossan & Inkpen，1994；Hamel，1991；Pucik，1988）主张应该将知识上的获益与战略和财务上的获益区分开，如 Ohmae（1989）认为在多数情况下财务指标并未真正体现知识传递的收益。同样，Crossan 和 Inkpen 认为“管理者用绩效作为衡量学习效果的指标……在美国总公司的管理者们总是以比较差的财务绩效来指责学习并未发生或者无法发生”（1995，p77）。因此当研究绩效的时候，在概念上应该把收益分为有形和无形的两部分（tangible and intangible）。有形的收益体现在战略和财务方面，如产生额外的利润、市场份额的提升、竞争优势的延续等。无形的收益是以学习和知识为基础的，例如学到了特定的技能和竞争力（Kogut，1988；Parkhe，1991）、企业间的互相合作（Lyles，1988）以及如何互相合作（Lane & Beamish，1990）。

评述：

① 读者如果仔细阅读上面这段的内容，可能会发现其中的一个问题。本来作者在这一段中想要论述的是跨国公司内部人员流动是知识流的一个主要途径，那么作者应该围绕这个中心思想，结合相关文献进行叙述。但是作者在叙述的过程中，很突兀地提到了在跨国公司内部传递的知识主要都是隐性的而非显性。其后又回到了组织内部系统的人员流动在促进企业间知识扩散和传递中扮演的重要角色这个话题上。

这类问题在学生们的习作中经常出现，因此需要注意的是在一个段落中，一般应该对一个观点、一个论题进行集中地论述，而不能没有逻辑地涉及其他方面。就像阅读英文文章一样，它讲究在一个段落中开始的一句话比较明确地给出本段落的主题思想，然后一个段落的内容都围绕这个主题思想进行论述。如果涉及另外的一个话题，则需要另起一个段落。

② 其次，综述在用词上也应该十分的严谨。例如，通过这一段读者已经明白了作者想要研究的是跨国企业内知识的流动，如公司和外派机构之间，分公司之间等。请注意上面的段落中作者在最后一句话中提到了“研究表明组织内系统性的人员流动是促进企业间知识扩散和传递转化为竞争优势的重要手段”，其中“企业间”到底是什么含义？是不同企业之间，还是同一个企业的不同分公司之间？从逻辑上看，应该是后者，那么作者就应该说清楚。

③ 但是在最后两个段落中，作者并没有明确地论述企业内部知识传递对于企业绩效的贡献，而只是笼统地引用了学习、知识对企业绩效的贡献这方面的文献。相反，本部分内容的主题是企业内部知识传递，因此读者需要明确地了解企业内部知识传递对于企业绩效的影响这方面的文献。所以对于上述内容较好的安排应该是：首先在一个子标题（如 1. 企业内部知识传递对于企业绩效的作用）下就这个方面的文献进行很好的回顾；其次，在随后的一个自然段中使用另外一个标题（如：2. 对于企业绩效的衡量）并就这个问题进行论述。

（续原文）

一些学者研究了通过与其他企业的战略合作来学习和发展新资源的战略，指出这种战略结盟的好处是多元的（cf. Dussauge & Garrette，1995；Hill & Hillriegel，1994）。与拥有知识的企业结盟则能够享受到知识传递的好处，如企业联盟间的知识传递虽然小于一个企业内部的知识传递，但是明显高于非联盟企业间的知识传递（Gomes-Casseres，2004）。因此获取知识是企业结盟的重要目的，企业也具有寻求与拥有知识的企业进行合作结盟的倾向（Shenkar & Li，1999）。

评述：

① 很明显，作者在上述的段落中论述了企业联盟中知识传递，这和前面所讨论的知识传递和企业绩效的关系属于不同的问题。因此作者应该给出一个标题来将这部分的内容和之前的内容进行区分。例如作者可以给出这样的一个标题：“二、企业结盟中的知识传递及其对于企业绩效的影响”，这样就可以给读者以比较清晰的导读。因此，在进行文献综述的过程中，综述者应该站在读者的角度，给读者一个很清晰的综述线索。应用一些小标题常常可以在层次上将所讨论的不同内容加以区别，让综述的线索更加清晰。

② 本文研究的主题是跨国公司知识传递对于企业经营绩效的影响，从此前的内容可以看到，作者其实讨论了不同种类的知识传递，包括企业内部如分公司

之间以及企业间如联盟的企业之间的知识传递。这样的话，作者应该分别对不同种类的知识传递进行讨论，在此之前也应该从这个角度对知识传递的类别进行划分。但是作者在本文的第一个自然段中虽然对知识传递进行了种类的划分，但是并不是从企业内部和企业间这个角度。那么就出现了一个问题：先前的划分和后面的讨论脱节。就是说后面是按照企业内部分公司和企业联盟之间的知识传递来分别讨论的，但是前面却是按照溢出和流入以及有无意识的知识传递来划分的。先前的划分就显得没有意义，而后面分类的标准在之前却没有明确。

③ 基于前面的讨论，作者到这一步的文献综述线索应该是：首先，给出知识传递的定义和分类（如企业内部分公司间和企业联盟之间）；其后是为什么要研究知识传递这个问题，包括总体的理论和现实意义；紧接着是按照分类分别对不同类型知识传递的具体价值进行论述，并讨论对于企业绩效的影响。在讨论对于企业绩效影响的过程中，提出如何衡量企业的绩效问题。

（续原文）

根据新古典经济学，企业投入资本和劳动来生产最终产品（Boudreaux & Holcombe，1989），尽管专业服务公司也将资本和劳动转化为最终的服务产品，但是专业服务公司中主要的资本投入是人力资本，而不是物质资本（Gilson & Mnookin，1985；Maister，1982；Sander & Williams，1992）。这些人力资本投入包括工作相关的知识、技能、综合能力、资格、声誉以及与客户的关系等（Becker，1975；Galanter & Palay，1991）。因此对于专业服务公司而言，从合作伙伴处学习更多的知识就更加重要。

评述：

在这一段中，作者提出了从专业的服务公司角度来研究知识传递问题，将前面的讨论具体到了一个特别类型的企业。从这个逻辑关系来说，作者无疑应该给出一个标题，如“专业服务公司视角的知识传递”。

（续原文）

尽管跨国公司的知识本位角度广为接受，然而知识本位角度的跨国公司研究仍然是微观基础不足，而且对其中的因果机制、影响因素等都研究不足。同时，学术上至今还没有从这个角度来研究过知识传递，本文将重点讨论跨国公司的知识向本国企业的传递过程，也可以定义为跨国公司知识的“二传”，向组织外的溢出效应，具体而言包括营销知识溢出的内容、机制以及影响因素；同时指出知识溢出流对于本土营销专业服务公司运作的一些启示。

评述：

① 什么是知识本位以及知识本位角度？这个概念需要给出定义和解释。

② 作者在这里提出了进行跨国公司向本国企业知识传递研究的重要意义，

其中关键的原因是目前在这方面的研究不够。在提出这么重要的论断时，作者应该给出一些文献来佐证自己的观点：例如有哪些学者同样持有这个观点，为什么说“对其中的因果机制、影响因素等都研究不足”以及作者如何得出了“同时，学术上至今还没有从这个角度来研究过知识传递”这个结论。

③ 在这个段落里，作者同时明确地指出本文具体的研究重点是“讨论跨国公司的知识向本国企业的传递过程”。那么读者需要了解作者为什么要界定这个具体的问题作为本研究的问题，它的重要意义在什么地方；其次，为什么“具体而言包括营销知识溢出的内容、机制以及影响因素”，也就是说为什么将跨国公司内部的知识限定为营销知识这个狭小的范畴。这些都是作者在这部分文献综述中需要解释的问题。

④ 和上述这个问题有些相关的是，作者在这里也没有解释清楚为什么要从“本土营销服务公司视角”来实证性地研究“跨国公司的知识传递的机制以及影响因素”问题：从这个视角研究有什么现实意义？是本土营销服务公司在这方面存在很大的问题、跨国公司的知识传递问题在国内外营销公司这个平台上更具典型性，还是以往有相关研究就是立足于本土营销服务公司的等等。作者需要对这个问题进行论述，同时也就佐证了从这个视角进行研究的必要性和重要意义。这样一来，也就和上面问题，即为什么要将跨国公司内部的知识限定为营销知识，有了呼应。

（续原文）

二、影响知识传递的因素

Bjorkman 等从代理理论（agency theory）以及社会化理论（socialization theory）角度进行的研究表明公司的社会化机制、分支机构的目标、福利系统、外派员工以及分支机构的实际决策权是影响知识传递的重要因素。

Bernard Simonin 在研究跨国战略结盟的过程中从组织学习（organization learning）的角度指出学习愿望（learning intent）、学习能力（learning capacity）也是影响知识传递的重要因素。

Dhanaraj 从经济社会学（economic sociology）的角度指出关系嵌入度（ralational embeddedness）会影响跨国合资企业间的知识传递，其中联系紧密度（tie strength）、信任（trust）、价值观（shared values and systems）是关系嵌入度的决定因素。而且关系嵌入度对隐性知识的传递作用高于显性知识。

Aydin 和 Terpstra（1981）通过田野研究方法（field study）对土耳其的跨国公司分支机构进行的研究表明，跨国公司向分支机构传递营销知识目的在于改善分支机构的绩效，他们分别从国家变量、行业变量和企业变量来研究相关问题。基于 Nonaka 和 Takeuchi（1995）的知识创造理论，以及 Kasper 和 Muhlbacher（2002）的知识管理过程理论，我们提出了跨国公司中知识分享的理论模型，认为知识分享存在不同的层次，组织中影响知识交换的变量有如下几个方面：

评述：

① 首先，这部分内容中的前面几个引用都应该给出文献的时间。同时对几个理论也应该有个简单的介绍，如代理理论、社会学理论、组织学习和关系嵌入度等。

② 在上述的四个段落中，作者依据文献作者的线索对相关研究进行了回顾。一般来说，这种文献综述的形式在初学者中比较常见，也不是较好的文献综述方式。特别是考虑到文章在这个部分后提出了自己所要研究的几个影响知识传递的因素并给出了相对应的假设，那么在这个部分作者就应该依据影响因素这些变量而非作者这个线索对相关因素进行回顾。这样的问题在学生的文献综述习作中经常出现，因此应该特别注意如何选择文献综述的线索，并为自己的文章内容服务。

③ 根据所列举的几个主要学者，作者在每个学者的相关研究下都回顾了他们所提出的影响因素。而在随后的内容中，作者仅仅从前面讨论的众多因素中挑选了六个影响因素进行研究并提出对应的假设。那么问题是：为什么作者只遴选出这六个因素而不考虑其他相关因素，作者依据什么线索、什么原因来进行筛选的？是其中的一些因素不适合将要进行的研究，还是不适合我国的企业管理实践？是因为文献对于一些影响因素的作用已经达成了共识因而不再需要讨论，而对于其他相关因素的研究还没有达成一致的认识，因而需要在本研究中加以关注？作者需要说明这些问题。

④ 在后面一个自然段，作者对在土耳其跨国公司进行的研究进行了如下的回顾："Aydin 和 Terpstra（1981）通过田野研究方法（field study）对土耳其的跨国公司分支机构进行的研究表明，跨国公司向分支机构传递营销知识目的在于改善分支机构的绩效，他们分别从国家变量、行业变量和企业变量来研究相关问题。"阅读了对这个研究的回顾之后，读者仍然无法了解到研究人员到底具体分析了哪些影响因素对于知识传递的作用、其具体的影响都是什么。显然读者关心的不仅仅是研究人员从国家、行业和企业这三个不同的角度对影响因素进行了讨论，读者更加关心的是都有哪些因素，具体的影响是什么等等。对于其他研究的回顾中也存在此类的问题，虽然作者列举了相关研究都分析了影响因素，但是并没有给读者更加具体的信息，即是如何影响的。

⑤ 此外，作者在这部分的内容中也出现了一个常见的问题，即作者在最后一句话中使用了"知识交换"这个概念，其实作者想表述的概念还是"知识传

递”，但是认为这两个概念是同样的，可以进行互换。本书中多次指出，在一篇文章中，对于一个概念的表述需要自始至终保持一致，中间没有特别的情况不应该进行概念名称的更换，这在学术文章里是一个比较忌讳的问题。在某些情况下，如果在文章里确实需要用两个或者多个概念来表述，并且会交换使用，那么作者需要在给出第一个概念时就明确指出这个概念在文章后面的不同叫法。例如：

例文 1：

文献回顾表明，对企业赞助效果的相关研究主要经历了两个阶段：前期研究的关注点主要是赞助企业或者赞助品牌（为简化起见，后统称赞助品牌）市场知晓度等的提升，后期的关注点转变为赞助品牌形象的建立、加强或者改变（Crowley，1991；Marshall，1992；Meenaghan，1991；Meerabeau，1991）。

引自：张黎，林松，范亭亭．2007．影响被赞助活动和赞助品牌间形象转移的因素——基于蒙牛酸酸乳赞助超级女声的实证研究．管理世界，166：84-93.

例文 2：

根据先前的研究，选取笔记本电脑作为高价产品，牙膏作为低价产品。为了确保主实验中控制的产品价格和降价幅度让实验的参与者（以下也称为被试）感到真实可信，在主实验前首先进行了一个预测试。

引自：张黎，范亭亭，王文博．2007．不同降价表述方式下消费者对降价幅度的感知和购买意愿．南开管理评论，10（3）：19-28.

⑥ 同样需要指出的是，在上面内容中的第三自然段，作者论述到：“Dhanaraj 从经济社会学（economic sociology）的角度指出关系嵌入度（ralational embeddedness）会影响跨国合资企业间的知识传递，其中联系紧密度（tie strength）、信任（trust）、价值观（shared values and systems）是关系嵌入度的决定因素。而且关系嵌入度对隐性知识的传递的作用高于显性知识。”这里面同样存在一个较为常见的问题：作者在这里给出了一个比较重要的概念即关系的嵌入度，随后结合文献对于影响关系嵌入度的因素进行了论述。但是作者并没有给出对关系嵌入度这个概念的定义。一般来说，对于文章中涉及的较为关键的概念，作者需要给出概念，在这个基础上才能进一步讨论其影响因素。

⑦ 总之，上述内容是整个文章中比较关键的文献综述部分，而纵观作者在上面这部分的综述，还存在诸多问题。其中最为关键的问题是，作者没有对相关研究进行有价值的加工，没有对这些研究所讨论的各个因素进行自己的评述。例如相关研究涉及的影响因素都是在什么条件下得出的；得出的结论有什么局限性，每个研究都具有什么缺陷以至于读者能否基于他们的研究成果就得出一个结论；所回顾的文献在研究内容上还有哪些可以进一步探讨的空间；从相关文献所提及的因素中，认为有哪些因素具有进一步研究的价值，而哪些因素不适合做进一步的探讨，为什么等等。从这个案例希望能使大家再次体会到，文献回顾不只

是对以往的研究进行一个罗列，而是要从文献中找出问题，进行有价值的讨论，并在此基础上提出所要研究的问题。

（续原文）

1. 评价（value）

不同公司之间知识交换的先决条件就是在对方公司存在外生的知识而且存在学习的机会。然而，一个组织是否尽力去获取这种知识则取决于他对对方拥有的知识的评价。而这种评价则依赖于这种知识是否对组织而言具有解决某些方面问题的实用性。此外，拥有这种知识的收益要超过预期的获取成本。

假设 1　营销服务公司更加看重跨国公司的知识价值。

评述：

① 作者在对知识价值的评价进行讨论后，提出了第一个假设。这个假设的提出显得有些莫名其妙。首先，看起来这个假设所提出的问题并不是作者所要研究的，原因是作者所研究的是影响知识传递的因素。文献综述的目的是提出一些将要研究的因素，在进行回顾后分别给出假设，然后利用数据对这些假设进行验证。从某种意义上说，营销服务公司是否更加看重跨国公司的知识价值应该是本文提出相关假设的一个前提。也就是说，本土的营销服务公司看重跨国公司的知识价值是进行本研究的一个基础，而不是最终需要研究的问题：如果本土的营销服务公司不看重这个价值，那么本研究的价值就不大了。从上述分析来看，没有必要就这么一个前提性的问题提出假设，而是应该通过文献综述对这样一个前提条件进行论证。

如果作者认为价值是影响知识传递的一个因素，并想就此提出研究假设，那么上述的假设在表述上就存在问题。

② 即使说可以提出这个假设，那么作者提出假设的依据也是不足的。其实作者在上述段落中只对一个组织为什么希望获取对方的知识，以及在什么条件下才会尽力去获取对方的知识进行了大概的论述。但是作者并没有交代几个关键的问题，首先跨国公司的知识是不是对于本土的营销服务公司就是重要的并且是外生的和可以学习的、有什么证据；其次所谓的“更加看重”存在着一个比较的含义，那么和谁比较是个需要交代的问题：是和本土的营销服务公司进行比较吗？因此所谓的“更加看重”有什么具体的含义？相比其他的公司而言，跨国公司的这种知识是否对组织而言更具有解决某些方面问题的实用性，同时拥有这种知识的成本和收益比较是否更低？在这些问题上，有以往的研究讨论过吗？都有什么结论，是不是存在分歧？否则为什么要提出这个假设并进行实证研究？如果没有相关研究，那么如何进行推理并基于这个逻辑的推理才提出这个假设的？作者必

须首先回答这些问题，才能提出自己的假设，然后利用收集的数据和信息对这个假设进行检验。

（续原文）

2. 可获得性（accessibility）

Inkpen（1998）认为有两种因素会限制知识的可获得性：伙伴保护（partner protectiveness）和知识的隐蔽性（knowledge tacitness）。伙伴的保护程度取决于知识提供方对知识是否以及怎样在其他组织中使用、激励方式（incentive schemes）（分支机构可能没有动力与当地单位分享知识）、是否互惠（reciprocity）以及知识传递的透明度（transparency of knowledge transfer）。另外一个限制因素知识可获得性指的是知识的隐蔽度。隐性知识（tacit knowledge）包括那些嵌入到人员信仰、经验和价值观中的无形知识，很难被形式化，因此很难与其他人交流和分享。然而"知识越是隐性，可能就越有价值"。因此对于组织而言尽可能与那些具有隐性知识的组织沟通是非常重要的，也就是通过人员沟通，例如团队工作、讨论会、外派以及论坛等。本文从知识隐蔽度、通用性两个维度来将知识分类。

假设 2 传递的知识包括两个方面：具体的行业知识和通用的工作技能、价值等。

假设 3 隐性知识更加具有知识价值。

评述：

① 作者在上述段落中的论述是比较混乱的，所提出的假设也都存在诸多问题，脱离了本文的研究主题，没有道理。首先，作者在这部分的小标题是"知识的可获得性"，因此读者期望作者将会讨论可获得性对于知识传递的影响。例如作者会首先对所谓的可获得性进行定义，然后给出几个影响可获得性的因素，接着结合相关文献来讨论这几个因素对于知识传递的影响并提出相关假设。

② 但是读者并没有看到作者对可获得性进行定义，这类问题在上面的内容中已经进行了讨论。作者提出了影响可获得性的两个因素，伙伴保护和知识的隐秘性（这两个概念同样需要给出定义）。对于伙伴保护，作者提到了影响伙伴保护程度的因素。这样按照合理的逻辑，作者就应该就这几个影响伙伴保护的因素，提出相关假设，并在后面验证这几个因素对于知识传递的影响。同样，对于知识的隐蔽性，作者同样应该提出衡量或者影响隐蔽性的因素，然后结合相关文献就这些因素如何影响知识传递进行讨论，并给出相关假设。

③ 作者在上部分的内容中突然给出了一个"通用性"的概念，让人摸不着头脑。作者在这里提出通用性的概念是什么、它和知识的可获得性之间存在什么

逻辑联系等，这些都不得而知。所提出的“假设 2”到底和本文所研究的主要问题之间有什么关联？更不用说作者在以后能够通过什么样的研究手段来证明这个假设了。

④ 作者所提出的“假设 3”也同样具有上述问题，何况作者在文中已经结合文献给出了“知识越是隐性，可能就越有价值”的论断。即使需要研究这样的一个问题并提出这个假设，也没有做好相关的“准备工作”。例如如何从知识的隐蔽性推导出这样的知识价值就比较高？知识的价值是如何衡量的，这个价值是对于谁而言具有较高的价值？隐蔽性的知识由于其具有的什么特点才使得它相比非隐蔽性的知识具有更高的价值？相关文献是如何进行这个问题的研究的，结论都是什么？作者为什么还要进行研究？这些都是需要回答的问题。

⑤ 这里面还存在一个细节性的问题。作者引用了一个论断：“知识越是隐性，可能就越有价值”。一般来说，引号里面的内容是直接从文献中引用过来的，因此必须给出相关的研究的信息包括作者和时间。此外，因为是引号内的直接引用，所以还需要给出具体的页码。

⑥ 读者大概也注意到了作者的这么一句话：“…… 因此对于组织而言尽可能与那些具有隐性知识的组织沟通是非常重要的，也就是通过人员沟通，例如团队工作、讨论会、外派以及论坛等。”作者加入这么一句话，和要研究的主题没有任何的关系，所讨论的完全是另外的一个问题。类似的问题也多次提到，即所回顾的文献一定要为所研究的问题服务，否则没有必要进行讨论。

（续原文）

3. 嫁接能力（Connection Capability）

成功的知识传递其另外的一个前提条件是在学习过程中对知识的嫁接能力，接受方必须使得知识适应自己企业中上下的要求，因此嫁接能力最终的反映是应用新知识的能力。尤其是组织程序和管理实践方面的知识从一种文化转到另一种文化时，如果在管理理念上不能与现存的组织管理及文化相符，那么知识传递多半会失败。

假设 4　嫁接能力强，则传递更多。

评述：

① 作者在提出“假设 4”的过程中，将对于知识的嫁接能力和知识的传递相联系，假设如果嫁接能力强则有利于知识的传递。但是读者在这个部分没有看到任何相关的文献，文献中相关的研究结论是什么？难道没有这方面的研究存在吗，这个可能性应该不大。从这个例子可以体会到，对于任何问题的研究，一般都是建立在前人的研究成果之上的，完全创新的研究比较少见。即便是完全创新

的研究，提出相关研究命题的时候一般也是从其他相关的理论和研究得到一些启示。因此在提出研究假设的时候应该对相关的文献进行回顾，在此基础上提出自己的研究假设。

② 其实作者在推出这个研究假设时进行了一些推理和判断，例如知识的接受方应该使得知识适合自己企业，如果所传递的知识在管理理念上不能与自己组织的管理和文化相契合，那么知识传递一般不会成功。作者在给出这些观点和结论时，应该引用文献。

（续原文）

4. 吸收能力（Absorptive Capacity）

对于一个组织的学习而言，仅仅具备知识的可获得性是不够的，新知识必须被整合在组织的知识基础上。而能否进行整合则取决于组织的吸收能力。Inkpen（1998）提出了影响知识吸收能力的三个因素即合作方之间知识的联系（knowledge connections between the partner firms）、合作方之间知识的相关度（relatedness of partner knowledge）以及管理层之间的文化结盟（the cultural alignment between parent executives and alliance managers）。吸收能力是获取知识的一个重要条件，Borensztein，Gregorio 和 Lee（1998）的研究结果表明，外国直接投资是技术转移的一个重要途径，相对于国内投资而言对于经济增长的贡献更大。但是只有在本国已经具有足够的吸收先进技术的能力的情况下，技术转移对于经济增长的贡献才有可能变为现实。

假设 5 吸收能力越强，则知识传播的效果越好。

评述：

① 总体上说，作者在提出这个假设的过程中对相关文献的回顾基本没有大的问题。但是并不是很完美。首先，作者根据文献指出影响知识吸收能力的三个因素，那么如果要研究知识吸收能力和知识传播的关系，比较好的办法是应该结合这三个因素逐条进行研究并相应提出三个假设。如果这样分开提出假设，那么作者就应该充分回顾研究了各个因素和知识传递关系的相关文献。一般来说，既然吸收能力受几个因素的影响，那么就难以直接研究吸收能力这个宽泛的概念对于知识传递的影响，而应该“解剖”这个宽泛的概念，在这个基础上深入、细致和准确地研究吸收能力对于知识传递的影响。请见下面案例：

例文 3：

信任对于一个良好的商业合作关系来说至关重要（Berry，1995；Garbarrino & Johnson，1999）。信任是相信合作对方所说和许诺的可靠，相信对方会履行其在合作关系中的义务（Dwyer et al.，1987）。信任立足于未来，它使成员相信在未来的合作中会得到公平对待（Ganesan，1994）。也就是说具有承诺的合作关系是建立在相互信任的基础之上（Anderson & Weitz，1992；Powell & Owen，2006）。

Kumar 等（1995）基于家庭和社会关系等文献认为信任包括两个维度：对合作方的诚实性即遵守诺言、履行和约和义务的信任，以及相信对方真正关心、在乎自己的利益，不会采取自己无法预见的、伤害自己的行动。这实际上赋予信任这个概念两个内涵：可靠性（credibility）和关注自己利益的良好意愿（benevolence）。

关于信任对于承诺的影响，Ganesan（1994）发现信任中的可靠性因素会影响承诺，而不是关注自己利益的良好意愿，原因是渠道成员们更倾向于从可信度这个客观的角度来看待问题，而不是从所谓的关注自己利益的良好意愿来看待问题。为了全面检验信任对于承诺的影响，提出假设：

H2a：经销商对供应商的信任中的“可靠性因素”显著影响经销商对合作关系的承诺；

H2b：经销商对供应商的信任中的“关注自己利益的意愿”因素显著影响经销商对合作关系的承诺。

引自：张黎．2007．从经销商对合作关系的承诺看如何构建长期稳定的渠道关系．工作论文．北京大学中国经济研究中心．

② 一般来说，对一个问题进行研究必须首先就这个研究的意义和价值进行讨论。但是在这部分内容中，作者并没有就为什么要研究这个问题并提出相关假设进行论述。前面已经谈到，可以在对相关文献全面掌握的基础上，找出现有文献中的研究结论是否存在矛盾，是不是所研究的因果关系在不同的背景下（如文化）等会有所不同，等等。为了帮助大家对这个问题有个更加深刻的理解，在此给出下面的案例，首先是没有修改前的内容，包括相关的文献回顾和假设的提出，而后面是修改后的内容。大家比较一下，看看哪种方式在提出研究假设方面的文献回顾更加充分，逻辑性更好。首先请参看修改前的内容：

例文 4（修改前）：

Chen、Monroe 和 Lou 的研究表明，对于高价产品（如 20 000 美元的汽车），绝对数值（如降价 1 000 美元）比相对数值（如降价 5%）的降价表述在消费者心目中的降幅更大、更能提高消费者的购买意愿。但是，如果同时考虑到产品的降价幅度，消费者对降价幅度的感知可能与上述研究的结果不同。Heath、Chatterjee 和 France（1995）认为当降价幅度较大时，绝对数值的降价信息会比相对数值更让消费者感到划算；而在适度的折扣幅度下，降价表述方式不能影响消费者对降价幅度的感知。Hardesty 和 Bearden 的实验（2003）采用低价产品作为刺激物，支持了这一观点。但是对于高价产品，还没有实证性的研究来检验。因此提出如下两组假设：

H1a：对于高价产品，当降价幅度较大时，消费者对绝对数值降价信息的感知强于他们对相对数值降价信息的感知；

H1b：对于高价产品，当降价幅度较大时，消费者面对绝对数值降价信息的购买意愿高于面对相对数值降价信息的购买意愿；

H2a：对于高价产品，当降价幅度较小时，消费者对绝对数值降价信息和相对数值降价信息的感知没有差别；

H2b：对于高价产品，当降价幅度较小时，对于绝对数值降价信息和相对数值降价信息，消费者的购买意愿没有差别。

对上述内容进行了修改，请比较修改后的内容：

例文 4（修改后）：

有理论认为，消费者对于产品价格促销信息的处理遵循“倒 U 形”规律，即在不同的产品促销幅度下，消费者审视促销信息的仔细程度是不同的。在较高的促销幅度下（即“倒 U 形”的一端），消费者一般不会仔细审视促销信息，因为它带来的实惠是显而易见的；但是，在中等促销幅度下（即“倒 U 形”的中间部分），消费者会比较审慎地处理价格促销信息，因为促销带来的实惠并不容易判断（Grewal，Marmorstein & Sharma，1996）。在实证研究上，Heath 等发现当降价幅度较大时，相对数值所表述的降价信息会比绝对数值更让消费者感到划算；而在适度的降价幅度下，降价表述方式不能影响消费者对降价幅度的感知（Heath，Chatterjee & France，1995）

但是，这种“倒 U 形”规律对于不同价格水平的产品是否成立还缺乏实证研究的检验，比如对于高价产品、在高低两种不同的降价幅度下，降价表述方式将如何影响消费者降价幅度的感知还不清楚。虽然 Hardesty 和 Bearden（2003）的实验结果支持了 Heath 等的观点，但是他们采用的是低价而非高价产品作为实验刺激物。而在 Chen 等的研究中，他们采用高价产品如电脑作为刺激物，结果表明在 10%的降价幅度下，绝对数值比相对数值的降价表述在消费者心目中的降幅更大（Chen，Monroe & Lou，1998）。根据上述讨论，提出下列假设：

H1a：对于高价产品，当降价幅度较大时，消费者对绝对数值降价信息的感知强于他们对相对数值降价信息的感知。

在降价幅度较小时，降价表述方式可能并不能影响消费者对降价幅度的感知。虽然“倒 U 形”理论认为在降价幅度较小时（即“倒 U 形”的另一端），消费者会遵循简化原则处理促销信息，信息的表述方式会影响对降价幅度的感知。但是由于消费者倾向于认可那些能够给他们带来明显实惠的促销手段，当促销带来的价值不易辨认或者促销幅度较小时，消费者可能很难感知促销带来的实惠（Diamond & Campbell，1989；Diamond & Johnson，1990）。在这种情况下，会对促销信息产生“误读”（miscomprehension）或者怀疑（Hardesty & Bearden，

2003)，甚至完全忽略促销信息。因此对于高价产品在较小的降价幅度下，不同的降价表述方式也许不能显著影响消费者所感知的降价幅度。据此，我们提出以下假设：

H1b：对于高价产品，当降价幅度较小时，消费者对绝对数值降价信息和相对数值降价信息的感知没有差别。

除了对降价幅度的感知，消费者的购买意愿也是相关文献关注的因素。只有当消费者感知到较大的降价幅度时，他们才会对这个产品产生较强的购买意愿。Chen 等（1998）认为，对于高价产品，在同等的降价幅度下，绝对数值的降价信息比相对数值的心理降幅更大。因此，提出以下假设：

H2a：对于高价产品，当降价幅度较大时，消费者面对绝对数值降价信息的购买意愿高于面对相对数值降价信息的购买意愿。

如果降价幅度过小，这个降价相比于产品的价格来说“微不足道”，不能抵消消费者的付出感，消费者就不会产生购买意愿（Grewal，Monroe & Krishman，1998）。因此，当降价幅度较小时，无论怎样表述降价信息，消费者对于该产品的购买意愿没有显著的差异。因此，提出如下假设：

H2b：对于高价产品，当降价幅度较小时，对于绝对数值降价信息和相对数值降价信息，消费者的购买意愿没有差别。

修改后的内容引自：张黎，范亭亭，王文博．2007．不同降价表述方式下消费者对降价幅度的感知和购买意愿．南开管理评论，10（3）：19-28．（作者做了细微的改动）

（续原文）

5．关系嵌入度

除了上述影响知识传递的因素外，关系的嵌入度即组织间的互相信任对知识的可获得性非常重要。只有建立了彼此间的信任，一个组织才能毫无保留的与合作伙伴分享知识。关系嵌入度可以通过双方合约期限的长短反映出来。在本研究中我们定义合约的期限是本土服务公司与跨国公司签订的服务合同的时间长短。

假设 6　关系嵌入度越深，即合约越长，则知识传递越充分。

评述：

在上述讨论的基础上，作者在提出假设 6 的相关文献回顾中存在什么问题，比如对概念的定义是否给出了引用的文献，在进行一些判断时是否缺乏文献的支持等，请读者自己进行讨论。

总体评述：

① 引用必须准确。如在第一个评述中所指出的，在文献综述的过程中，综

述者应该就每一个观点、每一个结果给出文献，以便让读者对相关文献有个清晰的了解，也方便以后的查找。

② 本文的副标题是"本土营销服务公司视角"。但是从整个文章包括文献综述部分来看没有结合营销服务这个领域，所提出的假设也没有和营销服务这个特殊的行业有任何关联。作者应该抓住营销和服务这两个基本的概念，具体论述知识传递在这两个领域有什么特殊的性质，结合文献进行讨论。在进行一个研究时，往往是将一个普遍的研究结论放在一个具体的背景和条件下进一步研究。例如常常涉及的跨文化研究，即将一些国外研究的理论和实证研究结果拿到中国这个特殊的文化和商业背景下作进一步的检验。那么就需要对中外的文化和商业环境的差异结合相关文献进行讨论，在这个讨论的基础上分析源于国外的理论或者实证研究结论可能会有哪些不同，并依次提出自己的研究问题和假设。这和本文要紧紧结合营销和服务这两个特殊的背景道理是一样的。

③在一个学术研究中，常常需要检验一个因素对于另外一个因素的影响。但常见的情况是这些因素只是一个比较宽泛的概念，对这些宽泛的概念的衡量是通过一些具体的变量体现出来的。如在本文评述中给出的一个案例（信任如何影响对于合作关系的承诺）所体现的，信任是一个宽泛的概念，它具体包括可靠性和对合作方善意的感知。那么所提出的研究假设就必须立足于可靠性对于承诺的影响，以及感知的善意对于承诺的影响这两个方面。因而在文献综述中就首先要将构成信任的要素回顾清楚，即所说的"解剖影响因素"，然后才能提出具体的、可以检验的假设。对于因变量的处理也是同样。

第四节　如何提出假设

上一节结合案例简单地就如何提出假设进行了讨论。下面将通过几个具体的例子来说明如何在逻辑推导的基础上提出假设，而不是对相关实证研究进行简单的总结后就提出自己的假设。

一、例文 1：超级女声和蒙牛酸酸乳的研究

在这个研究中，研究人员立足于蒙牛酸酸乳对于湖南电视台打造的"超级女声"活动的赞助，分析有什么与活动相关的因素（如活动的质量、公众知晓度、活动和赞助品牌的拟合度等）会影响消费者对于这个超级女声活动的态度，其中又有哪些因素会影响赞助活动形象（即超女活动的形象）向赞助品牌（即蒙牛的酸酸乳产品）转移的程度。初稿中，作者在提出关于赞助活动态度和赞助活动形象向赞助品牌转移的程度之间关系的假设时，是这样论述的：

对赞助活动的态度：Speed 和 Thompson（2000）认为消费者对赞助活动的

态度会影响其对赞助品牌的态度，这里的态度包括对赞助活动的喜好度（感知的活动吸引力）以及对赞助活动地位或影响力的感知。一些实证研究也发现消费者对赞助活动兴趣的高低会影响其对赞助品牌形象的感知（Crimmins and Horn，1996；d'Astous and Bitz，1995）。然而在品牌形象转移框架下进行的赞助活动研究中，品牌形象的转移这个变量并没有得到重视，因此本研究试图引入该变量，于是提出下列假设：

假设 H1：消费者对赞助活动的态度显著影响赞助活动形象向赞助品牌转移的程度。

在上述论述中，作者提出：以往的文献认为消费者对赞助活动的态度会影响其对赞助品牌的态度和对赞助品牌形象的感知，但是相关文献并没有就态度如何影响赞助活动形象向赞助品牌转移的程度。因此就提出有关品牌形象转移的假设。显然，作者唯一的理由是先前的研究没有涉及品牌转移问题，因此需要关注这个问题并提出相关的研究假设。但是这样提出假设的理由是不充分的，原因是虽然作者提出要进行这个方面的研究，然而还是没有就为什么假设态度会显著影响转移程度进行充分的论述。也就是说，在提出一个研究假设时，只总结出这个问题没有被研究到是不够的，还应该有一个更具说服力的逻辑推理过程并在此基础上提出我们的研究假设。请参看修改后的内容：

对赞助活动的态度：消费者对赞助活动的态度会影响其对赞助品牌的态度，这里的态度包括对赞助活动的喜好度（感知的活动吸引力）以及对赞助活动地位或影响力的感知（Speed and Thompson，2000）。一些实证研究也发现消费者对赞助活动兴趣的高低会影响其对赞助品牌形象的感知（Crimmins and Horn，1996；d'Astous and Bitz，1995）。然而在品牌形象转移框架下进行的赞助活动研究中，对赞助活动的态度会如何影响品牌形象的转移这个问题尚没有相关研究涉及。

Speed 和 Thompson（2000）的研究分析了赞助活动对于消费者的品牌兴趣、品牌喜好度和品牌使用意愿的影响，也就是说赞助活动对于品牌的市场吸引力这个最终效果的影响，但是没有涉及品牌形象。Crimmins 和 Horn（1996），以及 d'Astous 和 Bitz（1995）的研究将品牌形象纳入了分析框架，即将赞助活动对赞助品牌的影响从市场吸引力转移到了品牌形象的改善这个概念上。但赞助活动的目的不只是品牌形象的改善，改善品牌形象的目的也并非一定要通过赞助活动达到。因此赞助活动更具价值的目的是在改善品牌形象之外，将活动所打造的独具个性的形象很好地转移到赞助品牌上。

从实践上看，许多企业在经营中所关注的往往是企业短期的效益，对于企业长期的经营目标重视不够，没有意识到品牌建设等对企业长期发展的意义。反映到赞助和品牌问题上，大部分参与赞助活动的企业通常过于追求短期的轰动效应和销售回报，而却忽略了赞助活动对品牌长期发展的作用（黄升民，2004）。随着业界对于品牌建设的认识日益加强，如何通过各种营销活动来提升品牌形象、树立品牌的独特卖点等成为一个亟待研究的问题，从这个角度看，仅仅将消费者对赞助活动的态度与对品牌的态度进行结合是不够的。因此本研究将消费者对于赞助活动的态度与品牌形象的转移进行联系，提出下列假设：

假设 H1：消费者对赞助活动的态度显著影响赞助活动形象向赞助品牌转移的程度。

引自：张黎，林松，范亭亭. 2007. 影响被赞助活动和赞助品牌间形象转移的因素——基于蒙牛酸酸乳赞助超级女声的实证研究. 管理世界，166：84-93.

同样是本文提出的另外一个假设，在修改前提出假设的论述是：

赞助的交互因素

有研究表明，赞助品牌与赞助活动之间较高的拟合度对赞助的效果有积极的影响（Crimmins and Horn，1996；Meenaghan and Shipley，1999；Speed and Thompson，2000）。Meenaghan（1983）以及 Otker 和 Hayes（1987）的研究发现赞助品牌与所赞助活动的拟合度越高，赞助对企业形象的影响就越积极。Grohs 等（2004）的研究表明，赞助品牌与赞助活动的拟合度对赞助品牌的知晓度有积极的影响，从而影响赞助后的品牌形象。而 d'Astous 和 Bitz（1995）的研究则发现赞助品牌与赞助活动的拟合度跟赞助品牌形象感知存在非线性关系：当拟合度达到很高的程度时，对感知的赞助品牌形象反而会有消极的影响。Gwinner 和 Eaton（1999）发现赞助品牌与赞助活动的拟合度会影响形象转移。综合以往的文献，提出下列假设：

假设 H5：消费者感知的赞助活动与赞助品牌之间的拟合度显著影响赞助活动形象向赞助品牌转移的程度。

上述提出假设的部分有一些问题，正如一位匿名评审提出的审稿意见："关于假设的提出，文章更多地基于国外已有的文献提出的，这其中有个问题需要思考：国外文献已经研究得出的结论，在不做深入解释的情况下，还需要在本文中继续作为假设提出吗?"。修改后提出假设的论述是：

赞助的交互因素：拟合度

有研究表明，赞助品牌与赞助活动之间较高的拟合度对赞助的效果有积极的影响（Crimmins and Horn，1996；Meenaghan and Shipley，1999；Speed and Thompson，2000）。Meenaghan（1983）以及 Otker 和 Hayes（1987）的研究发现赞助品牌与所赞助活动的拟合度越高，赞助对企业形象的影响就越积极。Grohs 等（2004）的研究表明，赞助品牌与赞助活动的拟合度对赞助品牌的知晓度有积极的影响，从而影响赞助后的品牌形象。而 d' Astous 和 Bitz（1995）的研究则发现赞助品牌与赞助活动的拟合度跟赞助品牌形象感知存在非线性关系：当拟合度达到很高的程度时，对感知的赞助品牌形象反而会有消极的影响。

就形象转移来说，Gwinner 和 Eaton（1999）发现赞助品牌与赞助活动的拟合度会影响赞助活动形象向赞助品牌的转移。在这个研究中，Gwinner 和 Eaton 提出了相似性的概念。认为应该从功能上的相似性（functional-based similarity）和形象上的相似性（image-based similarity）两个方面来衡量赞助活动和赞助品牌之间的拟合程度。功能上的相似性指的是消费者在赞助活动中是否会使用赞助产品、是否观察到其他消费者在所赞助的活动中使用该产品，以及所赞助品牌产品是否适合在赞助活动中使用；形象上的相似性指的是赞助活动和赞助品牌在形象上是否具有相似特点，以及消费者对品牌的联想是否相似。

从功能上来衡量赞助活动和赞助品牌之间的拟合度并不一定适合，原因是许多赞助活动的目的并非是要在功能上引起消费者的共鸣。从形象上衡量赞助活动和赞助品牌的相似性，即衡量赞助活动和赞助品牌之间在形象上的相似以及是否有同一品牌联想应该更加能够反映出赞助的目的。但是就形象上的相似性来说，Gwinner 和 Eaton（1999）的测量方法在某种程度上混淆了品牌形象转移和拟合度（相似性）这两个概念。也就是说，他们所测量的形象上的相似性很可能与因变量"品牌形象转移"相混淆。此外，Speed 和 Thompson（2000）认为从功能和形象等多个维度上来衡量赞助品牌和赞助活动之间拟合度的方法比较繁琐，也容易产生偏差。因而较好的做法是在总体上进行衡量。

本研究认为拟合度应该衡量的是消费者对于一个品牌赞助一项活动是不是合理、是不是符合逻辑，以二者在形象上是不是匹配这个在总体上的综合感知，而从不同的维度来测量相似度的做法可能并不合理。因此，我们采用 Speed 和 Thompson（2000）测量拟合度的方法，用一个总体的量表来测量拟合度，并提出如下假设：

假设 H5：消费者感知的赞助活动与赞助品牌之间的拟合度显著影响赞助活动形象向赞助品牌转移的程度。

引自：张黎，林松，范亭亭．2007. 影响被赞助活动和赞助品牌间形象转移的因素——基于蒙牛酸酸乳赞助超级女声的实证研究．管理世界，166：84-93.

二、例文 2：降价的表述方式和消费者对降价幅度的感知以及购买意愿的关系研究

在另外一篇文章中，作者研究的是对于高价和低价商品，商品的降价幅度、降价的表述方式会如何影响消费者对于降价幅度的感知及购买意愿。在初稿中，作者提出了下面一组假设：

高价产品

Chen、Monroe 和 Lou 的研究表明，对于高价产品（如 20 000 美元的汽车），绝对数值（如降价 1 000 美元）比相对数值（如降价 5%）的降价表述在消费者心目中的降幅更大、更能提高消费者的购买意愿。但是，如果同时考虑到产品的

降价幅度，消费者对降价幅度的感知可能与上述研究的结果不同。Heath、Chatterjee 和 France 认为当降价幅度较大时，绝对数值的降价信息会比相对数值更让消费者感到划算；而在适度的折扣幅度下，降价表述方式不能影响消费者对降价幅度的感知。Hardesty 和 Bearden 采用低价产品作为刺激物，支持了这一观点。但是对于高价产品，还没有实证性的研究来检验。因此我们提出如下两组假设：

H1a：对于高价产品，当降价幅度较大时，消费者对绝对数值降价信息的感知强于他们对相对数值降价信息的感知；

H1b：对于高价产品，当降价幅度较大时，消费者面对绝对数值降价信息的购买意愿高于面对相对数值降价信息的购买意愿；

H2a：对于高价产品，当降价幅度较小时，消费者对绝对数值降价信息和相对数值降价信息的感知没有差别；

H2b：对于高价产品，当降价幅度较小时，对于绝对数值降价信息和相对数值降价信息，消费者的购买意愿没有差别。

和上面的案例一样，评审的意见是："立论依据不是很充分，需进一步补充。每一个假设的提出似乎都是根据别人的研究结果。假设的提出缺乏充足的理论依据。"据此，作者对上述部分内容进行了修改，请和上面的内容加以对比：

高价产品

有理论认为，消费者对于产品价格促销信息的处理遵循"倒 U 形"规律，即在不同的产品促销幅度下，消费者审视促销信息的仔细程度是不同的。在较高的促销幅度下（即"倒 U 形"的一端），消费者一般不会仔细审视促销信息，因为它带来的实惠是显而易见的；但是，在中等促销幅度下（即"倒 U 形"的中间部分），消费者会比较审慎地处理价格促销信息，因为促销带来的实惠并不容易判断。在实证研究上，Heath 等发现当降价幅度较大时，相对数值所表述的降价信息会比绝对数值更让消费者感到划算；而在适度的降价幅度下，降价表述方式不能影响消费者对降价幅度的感知。

但是，这种"倒 U 形"规律对于不同价格水平的产品是否成立还缺乏实证研究的检验，比如对于高价产品、在高低两种不同的降价幅度下，降价表述方式将如何影响消费者降价幅度的感知还不清楚。虽然 Hardesty 和 Bearden 的实验结果支持了 Heath 等的观点，但是他们采用的是低价而非高价产品作为实验刺激物。而在 Chen 的研究中，他们采用高价产品如电脑作为刺激物，结果表明在10%的降价幅度下，绝对数值比相对数值的降价表述在消费者心目中的降幅更大。根据上述讨论，提出下列假设：

H1a：对于高价产品，当降价幅度较大时，消费者对绝对数值降价信息的感知强于他们对相对数值降价信息的感知。

在降价幅度较小时，降价表述方式可能并不能影响消费者对降价幅度的感知。虽然“倒U形”理论认为在降价幅度较小时（即“倒U形”的另一端），消费者会遵循简化原则处理促销信息，信息的表述方式会影响对降价幅度的感知。但是由于消费者倾向于认可那些能够给他们带来明显实惠的促销手段，当促销带来的价值不易辨认或者促销幅度较小时，消费者可能很难感知促销带来的实惠；在这种情况下，会对促销信息产生“误读”（miscomprehension）或者怀疑，甚至完全忽略促销信息。因此对于高价产品在较小的降价幅度下，不同的降价表述方式也许不能显著影响消费者所感知的降价幅度。据此，提出以下假设：

H1b：对于高价产品，当降价幅度较小时，消费者对绝对数值降价信息和相对数值降价信息的感知没有差别。

除了对降价幅度的感知，消费者的购买意愿也是相关文献关注的因素。只有当消费者感知到较大的降价幅度时，他们才会对这个产品产生较强的购买意愿。Chen 等认为，对于高价产品，在同等的降价幅度下，绝对数值的降价信息比相对数值的心理降幅更大。因此，提出以下假设：

H2a：对于高价产品，当降价幅度较大时，消费者面对绝对数值降价信息的购买意愿高于面对相对数值降价信息的购买意愿。

如果降价幅度过小，这个降价相比于产品的价格来说“微不足道”，不能抵消消费者的付出感，消费者就不会产生购买意愿。因此，当降价幅度较小时，无论怎样表述降价信息，消费者对于该产品的购买意愿没有显著的差异。因此，提出如下假设：

H2b：对于高价产品，当降价幅度较小时，对于绝对数值降价信息和相对数值降价信息，消费者的购买意愿没有差别。

引自：张黎，范亭亭，王文博 . 2007. 不同降价表述方式下消费者对降价幅度的感知和购买意愿 . 南开管理评论，10（3）：19-28.

第五节　案例十一：消费者国外品牌手机购买：Fishbein 模型的适用性检验和扩展

引言

Fishbein 模型（Ajzen & Fishbein，1980）是一个在消费者行为研究中被广泛采用的分析框架。该模型认为消费者对某种产品的购买意愿（BI）受两个因素的影响：一是消费者对于购买此种产品的态度（AT），即自我认知；二是消费者认为其他人对自己购买此种产品可能持有的态度，即从众心理（SN）。

评述：

① 在文章中，不管是文献综述的主体部分，还是前面的引言，对于首次出现的中英文概念要用全称。这些概念包括一些专有的名词，还有一些专有机构和组织的名称等。例如在这里 BI 应为 buying intention，AT 应该写作 attitude，而 SN 应该写为 subjective norm。对于学位论文，因其篇幅较长并且分为不同的章节，因此有些格式甚至会要求在不同的章节中对于首次出现的相关概念也要给出全称，不管在整个文章中是否是首次出现。

② 在首次给出全称以后，可以在括弧里给出简称，如（本文中后作 BI）。这样在文章后面的内容中就可以使用简称了。

（续原文）

该模型的研究源发于美国（Bonfield，1974；Harrell & Bennett，1975；Lutz，1973；Weddle & Bettman，1974；Wilson，Mathews & Monoky，1972），现已被广泛用于解释产品的购买行为，例如牙膏购买行为（Wilson，Mathews & Harvey，1975）、服装购买行为（Casselman & Damhorst，1991；Chang，Burns & Noel，1996）、欺骗，行窃和说谎（Beck & Ajzen，1991）、饮酒和吸烟（Morrison，Simpson，Gillmore & Wells，1996）以及避孕套的使用（Albarracin，Fishbein & Middlestadt，1998）等。

评述：

① 这里，作者就 Fishbein 模型的来源和目前的应用进行了回顾。一般当讨论一个文章中关键的理论和研究模型，并介绍目前的应用情况时，最好能够给出相关理论和模型的最初应用领域、解决的问题等，这样读者可以比较容易地找到最初的文献，了解最初理论和模型的应用情况。

② 在讨论目前模型的应用情况时，作者引用了 Beck 和 Ajzen（1991）的研究。可以看出这个研究所关注的问题是欺骗、行窃和说谎，不是产品的消费购买行为。多次提到文献综述的目的是为本研究服务，不相关的文献不需要综述，因此作者不用提及这个研究。

③ 结合前面的讨论，作者将本段进行了修改，修改后的内容如下：

例文 1：

Fishbein 模型（Ajzen & Fishbein，1980）是一个在消费行为研究中被广泛采用的分析框架，该模型认为消费者对某种产品的购买意愿（buying intention，BI）受两个因素的影响：一是消费者对于购买该产品的态度即自我认知（attitude toward buying，AT，以下也简称态度），二是消费者为了迎合整个社会或者自己所属群体的规范而去接受和购买该产品（subjective norm，SN，主观规范），也称从众心理。从众心理进一步由两个因素决定，其一是标准信念的强度

（normative belief，NB，即其他人认为一个行动应不应该做的强度），其二是对该信念遵从的动机（motivation to comply，MC，即该消费者在多大程度上会去遵从别人的看法和意见）。

该模型的应用源于美国一些学者对具有普遍意义的认知、感受与行为关系的研究（Bonfield，1974；Harrell & Bennett，1975；Lutz，1973；Weddle & Bettman，1974），随后被广泛用于消费行为研究中来解释消费者的产品和品牌购买意愿，如牙膏、汽车、服装和避孕套等（Albarracin，Fishbein & Middelstadt，1998；Chang，Burns & Noel，1996；DeLong，Minshall & Larntz，1987；Etter，1975；Shen et al.，2003；Wilson，Mathews & Harvey，1975）。

引自：张黎，马京晶．2006．消费经验、文化意含与 Fishbein 模型．营销科学学报，2（3）：30-43．

（续原文）

然而，该模型跨文化研究却很有限，特别是在同美国有着迥然不同的文化背景的亚洲研究较少，目前的少量研究包括韩国服装购买行为（Lee & Green，1991）、香港金饰购买行为（Chan & Lau，1998）以及中国消费者的国外品牌服装购买行为（Shen，Dichson，Lennon，Montalto & Zhang，2003）。这些在亚洲国家的研究集中在传统产品上，这里定义传统产品为具有很长消费历史的产品（朱宇、王文娟，2000）。对于新近几十年兴起并飞速发展的高科技产品（国务院发展研究中心产业经济研究部，2002）的研究未有涉及，这里定义高科技产品为新近几十年取得飞速发展的科学技术含量较高的产品（彭南林，1999）。本文的一个目的就是试图弥补这一空白，研究 Fishbein 模型在中国手机市场上消费行为中的适用性。

评述：

① 作者在这部分内容中首先提出 Fishbein 模型在跨文化研究中的有限性，以此来支持本文的研究意义即在中国的文化背景下进行该模型应用研究的必要性。但是从作者前面部分的综述内容中没有得到这样的一个信息：即以前的研究是不是主要在美国等西方国家进行的，因而需要在我国进行相关的研究。从这个问题上可以看出，一篇学术论文需要很好的逻辑和层次，包括在文献综述部分。如果作者能够在前面一段所列举的大量研究中指出这些研究都是在什么文化下进行的，埋下一个伏笔，那么在这里提出跨文化研究的必要性就会让人信服，同时也自然的多。

② 同样，作者提出了另外一个问题：以前进行的相关研究所关注的是一些传统的产品，因此本研究的另外一个目的是探讨模型在高科技产品如手机上的适用性。如果作者能够在前面以及本段对相关研究的回顾中，进行一个简短的总

结，告诉读者以前基本上都是针对传统产品如服装、首饰和日用品等进行的研究，那么再提出这个问题就会成熟的多。从这个问题上读者可以再一次体会到：文献综述不只是对相关研究和理论等的回顾，在必要时还需要进行一些总结，依据文献给出一些观点和问题的归纳并为佐证自己研究的意义和目的服务。经过修改的此部分内容如下，读者可以体会其中的差别。

例文 2：

然而，从前面列举的大量研究可以看出，目前多数研究关注的是西方国家主要是美国消费者的购买行为，在模型的跨文化适用性方面的研究还不多，特别是针对与美国有着不同文化背景的亚洲消费者的研究较少。从目前掌握的文献看，这些为数不多的研究包括韩国消费者服装购买行为、香港消费者金饰购买行为、台湾地区消费者网上购物行为以及中国内地消费者的服装购买行为等（Chan & Lau，1998；Lee & Green，1991；Shen et al.，2003；Shwu-Ing，2003）。这些针对亚洲消费者的研究主要集中在服装和首饰等具有较长消费历史的传统产品（朱宇、王文娟，2000），而对于近来飞速发展的高科技产品少有涉及。其中的原因可能是利用 Fishbein 模型进行的实证研究主要集中在 20 世纪 70～80 年代，而那个时候高科技产品面市时间较短，尚未引起研究者的足够关注。这里定义高科技产品为新近几十年取得较快发展的、有相当高科技含量的产品（彭南林，1999），例如手机和电脑。本文的一个目的就是试图通过研究 Fishbein 模型在国外品牌手机消费行为上的适用性来弥补上述不足。

引自：张黎，马京晶. 2006. 消费经验、文化意含与 Fishbein 模型. 营销科学学报，2（3）：30-43.

（续原文）

消费者群体的文化背景是影响消费者行为的重要因素。理解文化已成为消费者行为研究领域的一个重要课题（Shen et al.，2003）。著名的消费者行为学学者所罗门（Soloman）将文化定义为“一个社会成员所产生或重视的价值观、道德、仪式、传统以及其所生产和消费的产品与服务的总和”；此外，将消费行为定义为“个体或者群体在为满足需要和欲望而挑选、购买、使用或处理产品、服务、创意或经验时所涉及的过程”（所罗门，2003，p582-583）。

在针对 Fishbein 模型的研究中，已有一些把文化的因素作为除 AT 和 SN 之外，影响 BI 的第三个因素引入模型中（Ryan & Bonfield，1975；Zuckerman & Reis，1978；Beck & Ajzen，1991；Lee & Green，1991），发现引入文化因素变量后，BI 得到了更好的解释。然而，文化因素对 BI 的影响程度对于不同的产品是否存在不同，却没有研究涉及。本文的另外一个目的就是试图比较文化的因素对于高科技产品手机的消费行为和传统产品服装的消费行为的影响程度，研究在不同产品的情况下，文化对 BI 影响程度的差别。

评述：

上述部分存在的一个细节性问题是格式。一般论文要求在文中给出所引用的作者和文献时间。在这种情况下，文献的排列应该按照第一个作者姓的第一个字母，如果第一个字母相同，则看第二个字母，以此顺序。因此上述内容中的（Ryan & Bonfield，1975；Zuckerman & Reis，1978；Beck & Ajzen，1991；Lee & Green，1991）引用，按照格式应该为（Beck & Ajzen，1991；Lee & Green，1991；Ryan & Bonfield，1975；Zuckerman & Reis，1978）。

（续原文）

文献综述

一、AT 和 SN 对 BI 的作用，即 Fishbein 模型

目前对 Fishbein 模型的研究按照对自变量重要性的不同认识可以分为三类：

第一类是强调 AT 对 BI 的重要影响的研究。例如，William L. Etter 在态度理论和决策理论的研究中指出 AT 对 BI 的显著影响（William L. Etter，1975）；Shwu-Ing Wu 关于网上购物的研究认为 AT 直接影响购买决策（Shwu-Ing Wu，2003）；最近一项关于中国几个大城市的消费者对国外品牌服装的购买意愿的研究发现，AT 对 BI 的影响显著大于 SN（Shen et al.，2003）。

第二类则强调 SN 对 BI 的影响更重要，大于 AT 对 BI 的影响。例如，在对美国消费者牙膏购买行为的研究中，Wilson、Mathews 和 Harvey（1975）发现 SN 能够更好地解释 BI；在对服装和饰物的研究中，DeLong、Minshall 和 Larntz（1987），Casselman 和 Damhorst（1991），Chang、Burns 和 Noel（1996）都发现 SN 比 AT 更好地解释了 SN。在对亚洲消费者的研究中，一些学者也发现 SN 比 AT 能更好地解释 SN（Chan & Lau，1998；Lee & Green，1991）。

第三类是认为 AT 和 SN 对 BI 都具有显著影响。例如 Richard J. Lutz 的认识、感知与行为意图因果关系的实证研究（Richard J. Lutz，1977）；Jae-Eun Chung 和 Dawn Thorndike Pysarchik 对韩国消费者进口产品购买行为的研究（Jae-Eun Chung & Dawn Thorndike Pysarchik，2000）。

评述：

① Etter 是姓，除期刊有特殊的要求，一般在文中引用时只用姓（Etter）即可，而不需要给出名（William）和中间名的首写字母（L）。本段落中对于其他一些作者的姓名也应该按照这个方式处理。

② 作者提到了“态度理论”和“决策理论”这两个概念，让人难以理解这

两个理论的具体内容到底是什么。所以在文献综述中，如果给出某个概念或者理论，作者需要加以阐述，对于关键的概念和理论需要详细阐述，一般的概念和理论也最好给出简单的介绍。

③ 在上述段落中的“第三类是认为 AT 和 SN 对 BI 都具有显著影响。例如，Richard J. Lutz 的认识、感知与行为意图因果关系的实证研究（Richard J. Lutz，1977）；Jae-Eun Chung 和 Dawn Thorndike Pysarchik 对韩国消费者进口产品购买行为的研究（Jae-Eun Chung & Dawn Thorndike Pysarchik，2000）。”这句话中可以看到这么两个问题：首先“认识、感知与行为意图因果关系的实证研究”中的认识、感知和行为分别指的是什么？作者给出包含这些概念的研究名称除了引起疑惑外，没有任何作用。原因是这里读者们想了解的是这个研究得出的是什么结论，是态度还是从众心理有显著影响，而不是研究的名称。而作者给出了这个名称后有没有解释，只会让读者难以理解。其次，读者也希望知道这个研究讨论的是什么产品，而作者并没有给出这个有用的信息，相反却给出了研究题目这个并不十分相关的信息。

④ 在上述有关态度和从众心理对于购买意愿的影响这部分讨论中，作者进行了一个比较好的总结，即分别将认为态度显著影响意愿、从众心理显著影响意愿或者二者都具有显著影响的不同观点和相关文献进行了归纳，让读者对这些不同观点一目了然。如果读者将这种综述的方法与本书其他部分给出的个别案例进行比较，就可以发现这样综述文献是基于作者对相关文献的理解进行的总结归纳，而不是简单地将文献进行罗列。

⑤ 大家可以比较下面修改过的本段落内容：

例文 3：

从影响购买意愿因素的重要性来看，在 Fishbein 模型下进行的研究得出了不同的结论：一是强调态度对购买意愿的影响，例如在对美国消费者购买汽车的研究中，Etter（1975）发现态度对购买意愿影响显著；Shwu-Ing（2003）关于台湾消费者网上购物的研究认为态度直接影响购买决策，此类研究一般未检验从众心理对购买意愿的影响；最近一项关于中国内地消费者国外品牌服装购买意愿的研究发现，态度对购买意愿的影响显著大于从众心理（Shen et al.，2003）。另一类则强调从众心理对购买意愿的影响，认为从众心理对于购买意愿的影响较态度更为显著，例如在对美国消费者牙膏购买行为的研究中，Wilson 等（1975）发现从众心理比态度能更好地解释购买意愿；在对美国消费者服装和饰物购买的研究中，Casselman 和 Damhorst（1991），Chang、Burns 和 Noel（1996）以及 DeLong、Minshall 和 Larntz（1987）都发现从众心理比态度能更好地解释购买意愿；在对亚洲消费者的研究中，一些学者也发现从众心理比态度能更好地解释购买意愿，例如 Lee 和 Green（1991）对韩国消费者购买运动鞋的研究，Chan

和 Lau（1998）关于香港首饰消费的研究等。第三类认为态度和从众心理对购买意愿都有显著影响，例如 Lutz（1973）关于美国消费者购买洗衣粉行为的研究，Jae-Eun 和 Dawn（2000）对韩国消费者进口产品购买行为的研究等。

引自：张黎，马京晶．2006. 消费经验、文化意含与 Fishbein 模型．营销科学学报，2（3）：30-43.

（续原文）

虽然在上述应用 Fishbein 模型的研究中，对 AT 与 SN 重要性的强调有所不同，但有学者认为 AT 和 SN 对 BI 的影响可能是因文化环境、购买产品和消费者的个性等因素的不同而变化（如 Ajzen，Fishbein，1980）。因此本文就我国文化环境、高科技产品手机，以及年轻的大学生消费者群体（黄正文，2003；徐婷婷，2003）来进行 Fishbein 模型适用性的实证检验，具体分析大学生消费群体在手机消费中 AT 和 SN 对 BI 的影响。

评述：

① 作者在上述段落中给出了这么一个论述的线路：首先，在 Fishbein 模型中态度和从众心理对于购买意愿的影响是不一样的；其次，这种不同是因为消费所处的文化环境、购买产品和消费者群体的不同；最后，作者在上述基础上提出要检验模型在我国这个文化和消费环境中，就手机这种不同于传统的产品以及针对具有特性的大学生消费群体上的适用性。

② 上述内容的推理递进关系是比较清晰的，但是存在的一个问题是：上面论述的一个前提条件是作者必须论证手机与传统产品的不同，以及大学生消费群体在消费行为上确实存在和其他消费群体的不同，还有就是对新科技产品、对大学生消费群体进行模型适用性检验的意义。由此可见，在提出一个需要研究的问题时，应该充分论证这个研究的必要性和意义，不能在没有任何讨论的条件下，提出为什么要对一个问题进行研究。在教学实践中，笔者发现学生往往出现这么两个问题：一是如上所讨论，在没有论证的情况下就提出自己的研究问题；二是常常根据自己的感性认识，即在没有相关文献支持的情况下简单、主观地提出自己为什么要研究一个问题。例如在这里直接提出手机和传统产品不同、大学生消费群体和其他消费群体也不同，因此要对模型在新产品和年轻学生群体上的适用性进行检验，而没有相关的文献来支持为什么手机这个新科技产品和传统产品是不同的，以及大学生消费群体和其他群体有什么不同，因而研究这个群体会有什么意义。

③ 请读者参见下面经过修改的本段内容，需要指出的是修改后的文章（即这里所引用的文章）在其后相关的段落中详细分析了东西方文化的差异，因此在这个段落里不再就为什么要在一个不同的文化环境下进行模型的检验进行论述，

而只是针对产品和消费群体进行研究必要性的阐述。修改后的本段落内容如下：

例文 4：

上述研究中有些把态度和从众心理在影响购买意愿作用上的不同（或者称权重）在相当程度上归结为产品的差异。因此，本文就以往研究尚未涉及的科技含量较高的产品手机，进行 Fishbein 模型适用性的实证检验，具体分析大中学生消费者在国外品牌手机的消费中，态度和从众心理对购买意愿的影响。之所以选择国外品牌手机这类产品和大中学生这个特定的消费群体首先是因为手机作为近些年新出现的高科技产品，目前在国内已处于一个相当普及的消费阶段（国务院发展研究中心产业经济研究部，2002），然而对于它的消费可能会有着与低科技含量的传统产品如服装等不同的行为（孙清平，2002；朱宇，王文娟，2000），如这两种产品在科技含量、符号性消费（symbolic consumption）以及购买决策等行为方面可能会存在差别。其次，之所以选择大学生、高中学生作为研究对象是因为大学生、中学生是未来具有很强示范效应的消费群体，由于其在年轻消费群体中具有高知识性和文化的代表性，对于他们进行有关文化适应和消费行为方面的研究对把握我国年青一代消费者的行为特点具有很强的代表性（黄正文，2003；徐婷婷，2003）。

引自：张黎，马京晶．2006．消费经验、文化意含与 Fishbein 模型．营销科学学报，2（3）：30-43．（在此作了细微的改动）

（续原文）

H1a：消费者本人对购买国外手机的态度（AT）和从众心理（SN）均对消费者国外品牌手机购买行为（BI）影响显著；

H1b：消费者本人对购买国外手机的态度（AT）和从众心理（SN）并不都对消费者国外品牌手机购买行为（BI）影响显著；

H2a：消费者本人对购买国外手机的态度（AT）对消费者国外品牌手机购买行为（BI）的影响大于从众心理（SN）对消费者国外品牌手机购买行为（BI）的影响；

H2b：从众心理（SN）对消费者国外品牌手机购买行为（BI）的影响大于消费者本人对购买国外手机的态度（AT）对消费者国外品牌手机购买行为（BI）的影响。

评述：

① 在提出具体的研究假设之前，应该对为什么提出这些假设进行叙述。而作者只是在给出研究的目的后就直接提出了假设，显得比较突兀。

② 请看下面经过修改后的内容：

例文 5：

基于上述文献综述，我们认为消费者在购买科技含量较高的手机产品时，应该更加理性、更多地关注其性能等方面，因此态度应该对购买意愿产生影响；而相比服装类产品来说，虽然手机产品符号消费的成分会弱化，但是拥有和使用某个品牌的手机在某种程度上来说还是带有符号消费的色彩（如在公共场合使用和显露某个牌子或者款式的手机），因此从众心理可能会对购买意愿产生影响，但是这个影响是否显著需要进一步分析。因此这里提出下面两组假设。

H1a：消费者对购买国外品牌手机的态度和从众心理均显著影响其购买意愿；

H1b：消费者对购买国外品牌手机的态度和从众心理并不都显著影响其购买意愿；

H2a：消费者在购买国外品牌手机上的态度对其购买意愿的影响大于从众心理对购买意愿的影响；

H2b：从众心理对消费者国外品牌手机购买意愿的影响大于态度对购买意愿的影响。

引自：张黎，马京晶．2006．消费经验、文化意含与 Fishbein 模型．营销科学学报，2（3）：30-43.

（续原文）

二、文化因素对 BI 的作用——Fishbein 模型的进一步扩展

一些研究把文化适应这一因素加入到 Fishbein 模型中，发现加入了文化适应这一变量的 Fishbein 模型对 BI 的解释能力显著增强（Beck & Ajzen，1991；Lee & Green，1991；Ryan & Bonfield，1975；Zuckerman & Reis，1978）。文化适应是指一个种族、国家或者地区的人群逐步淡化其母文化的传统，转向一个不同的但常常是强势的异文化（Moschis，1987）。文化适应现象会对文化输入国的社会和经济产生较大影响，包括当地消费者对于产品和品牌的消费。这种影响是通过改变消费者的价值观、自我身份认知、对外界事物的态度和行为而产生（Berry，1990）。有研究（Shen et al.，2003）通过度量人们的价值观和态度（如对于婚姻、家庭、交友、娱乐等问题的看法是否有西化的倾向），以及人们的实际行为（对西方食品的购买，影视的观赏，服装的穿着等）这两个方面来度量文化适应性的程度，从而把文化适应这一变量引入到 Fishbein 模型中。

评述：

作者在这里主要讨论的是文化适应这个因素对购买意愿的影响，指出加入这个变量后可以增强 Fishbein 模型对于购买意愿的解释力。在如何测量文化适应这个问题上，作者给出了一个研究（Shen et al.，2003），指出相关研究是从两个方面来衡量文化适应这个因素的。这种用法其实并不十分理想，原因是读者首先需要了解这个变量如何影响所关注的因素，对一个变量的测量只是手段，而对于它的理解才是基础。请读者参看下面修改后的内容，并进行比较：

例文 6：

一些研究发现在 Fishbein 模型中引入了文化适应这一变量后，模型对购买意愿的解释能力显著增强（Beck & Ajzen，1991；Lee & Green，1991；Ryan & Bonfield，1975；Shen et al.，2003；Zuckerman & Reis，1978）。文化适应是指一个种族、国家或者地区的人群逐步淡化其母文化的传统，转向一个不同的但常常是强势的异文化（Moschis，1987）。文化适应现象会对文化输入国的社会和经济产生重大影响，进而会影响到当地消费者对于产品和品牌的消费。这种影响是通过改变消费者的价值观和自我身份认知等而产生的（Berry，1990）。消费者的文化适应状况不仅表现在其所认同的价值观上，同时也表现在对能够代表其认同文化的产品的消费上（Berry，1990；Moschis，1987）。例如，一个消费者在价值观上西化，那么他很可能倾向于使用能够代表西方文化的一些产品，包括电影和音乐等文化产品、服装和首饰等符号含义较强的产品以及日用消费品等（Berry，1990；Matthews，1979）。因此有学者如 Shen 等（2003），通过度量人们的价值观（如对于婚姻、家庭和交友等问题的看法是否有西化的倾向），以及实际行为（如对来自西方的产品的购买等）这两个方面来衡量文化适应性的程度，并把文化适应变量引入到 Fishbein 模型中。

引自：张黎，马京晶. 2006. 消费经验、文化意含与 Fishbein 模型. 营销科学学报，2（3）：30-43.

（续原文）

Shen 等的研究（2003）在 Fishbein 模型中引入文化适应因素，并用模型解释在中国的服装消费行为（Shen et al.，2003），结果发现文化适应因素显著增强了 Fishbein 模型对 BI 的解释能力，文化适应因素对中国消费者的国外品牌服装购买行为有显著影响。文化适应现象越严重，对国外品牌服装的购买意愿越强烈。然而如前所述，AT 和 SN 对 BI 的影响程度因购物环境、购买产品和消费者的个性等因素的不同而不同（Ajzen & Fishbein，1980），文化适应因素对 BI 的作用也可能会因购物环境、购买产品和消费者的个性等因素的不同而不同。本文试图研究与传统消费产品服装区别较大的高科技产品手机。通过比较在服装和手机这两个产品实证研究中所得的两个回归方程，来研究不同产品情况下，文化适应性对 BI 影响程度的变化。

总体评述：

① 在文献综述中，除了要注意逻辑递进、综述的线索等问题外，还应该注

意到一些细节方面的问题，这些细节对于一篇严谨的学术论文来说是必须注意的，体现出了写作的严谨性。从这个例子中可以看到这么几个细节，例如对于文章中第一次出现的概念和专有名词等，不应该使用缩写，而是应该给出完整的名称。严格地说，在文章的每个章节中，如果再次使用这些概念或者是其他专有名词，也应该给出全称，在随后的内容中才应该使用缩写。再例如在一个引用中，如果有不同的研究，那么作者应该按照第一作者的姓的第一个字母的顺序给出所引用的文献。

② 对于文章中的一些关键理论和研究模型等，应该对这些理论和模型进行比较详细的介绍，如来源、发展和目前的应用等。原因是这些概念和模型是研究的理论框架，因此读者应该对它们有个详细的了解。

③ 一篇学术论文的核心目的是对某个问题进行分析研究。作者在介绍一个需要研究的问题时，不应该在没有论证的情况下就提出研究的必要性。在论证研究必要性的过程中，也不能简单地根据自己的感性认识，而是应该结合相关文献，在文献的支持下论证自己为什么要研究一个问题。例如本文提出要对手机产品进行 Fishbein 模型的验证，那么作者就应该论证到底手机产品和传统的消费产品有什么不同。在文章提出要针对大学生这个消费群体进行研究时，作者也需要充分论证大学生消费群体和其他消费群体有什么不同，对大学生这个消费群体进行研究到底存在什么意义等。在这个论证的过程中，当然要结合文献中的观点和研究结果，例如文献是如何论述手机这个产品和传统消费产品的差别的，文献中是如何论述大学生这个消费群体对于企业的重要性等。

第六节　案例十二：影响经销商与供应商长期合作意愿的因素

一、绪论

分销渠道是促使产品与服务顺利地被消费使用的一整套相互依存的组织。营销渠道决策是企业的营销管理中最重要的决策之一，有时甚至于会影响到其他的营销策略[1]。分销渠道是企业一项重要资源，而一个分销渠道的建立通常需要很长的时间，而且不是可以轻易改变的。维持长期渠道关系（long-term relationship）可以为渠道成员带来持续的竞争优势，可以提高渠道绩效、增加渠道成员获得的利润[2,3]。

评述：

① 既然本文的主要因素是渠道成员间的长期合作意愿，那么在绪论中就应该给出研究这个问题在理论和实践上的必要性和重要性。一般来说，在绪论部分

作者需要对本研究的重要性和意义进行比较充分地论述，即所研究的问题有什么现实意义，研究的结果有助于解决什么问题等。在本书的其他部分也提到，在绪论部分也有文献综述，即结合相关的观点、报道和数字等来佐证研究的重要性。只是相比文章的“相关文献回顾”部分，所引用的文献可以包括一些非纯学术性的文献，如报纸、杂志、广播电视媒体以及互联网上的文献等。甚至有些政府和咨询公司的报告也常常被用来佐证所进行研究的现实意义。请看下面绪论的例子：

例文 1：

中国年青一代的消费者有着与传统消费群体明显不同的消费行为（黄正文，2003）。其特点之一是年轻消费者对于名牌特别是国外品牌产品的爱好和较强的购买欲望（徐婷婷，2003）。从服装、食品饮料、电影到手机、MP3 以及一些 IT 产品，国外品牌无不在消费中占据越来越大的比重。2005 年年初由北京新生代市场监测机构发布的《2004 年中国最具竞争力品牌调查报告》显示，中国各行业中位居前三的产品品牌基本上被国外品牌占据，本土品牌正面临着极大的竞争压力（赵正，2005）。

研究消费者对于国外品牌产品的消费行为有较强的现实意义。目前国内管理学学者对于消费者国外和国内品牌购买偏好现象有较好的观察，但是对于该现象的研究还没有形成完整的理论系统，也缺少量化的实证研究。只有少量具有代表性的研究，如王海忠、于春玲和赵平（2005）从消费者民族中心主义（consumer ethnocentrism）的角度来分析其对国外和国产品牌购买行为的影响。这个研究采用 CETSCALE（消费者民族中心主义倾向量表，consumer ethnocentric tendency scale）来测量消费者的民族中心主义倾向，进而分析其对消费者品牌倾向的影响；此外，朱凌、王盛和陆文雄（2003）从产品类型、消费者年龄、文化程度和地域的角度来分析不同消费者对国内外品牌的偏好。其余国内在此方面的研究大都是一般的阐述，提出了“消费文化”这个概念，认为我国年青一代消费者，受西方文化和消费意识的影响，因而在消费行为上呈现出“西化”的消费特点，表现出对西方产品的偏好。总之，缺乏基于具体产品层面的消费者国外品牌消费行为的定量和实证性研究是一个缺憾。

引自：张黎. 2007. 从国外品牌手机的购买意愿看 Fishbein 模型的适用性以及文化适应的影响. 管理科学，20（1）：30-37.（作者作了细微的改动）

上段内容中的参考文献：

黄正文．2003. 谁在影响青少年消费．中国经济周刊，15：54-56.

王海忠，于春玲，赵平．2005. 消费民族中心主义的两面性及其市场战略意义. 管理世界，(2)：96-107.

徐婷婷．2003. 我爱名牌．中国经济周刊，15：57-58.

赵正．2005. 消费结构升级，本土品牌留级．中国经营报，2005-02-28（B1).

朱凌，王盛，陆雄文．2003．中国城市消费者的中外品牌偏好研究．管理世界，(9)：122-128.

可以看出，作者在本文的绪论部分用了一些非学术性文献来佐证该研究的现实意义。

② 对于同样一个渠道的概念，作者使用了"分销渠道"和"营销渠道"两个名称，在前面的案例中谈到过，对于一个概念，应该在全文中统一使用一个名称。

（续原文）

构建长期合作的渠道关系过程中，信任（trust）和承诺（commitment）被认为是需要考虑的核心因素[4,5]，渠道成员之间的交流以及对合作方的满意度也会在一定的程度上促进长期渠道关系的建立和维持。此外，这些因素相互之间也有一定的联系[4,6~10]。

有的学者从权力理论（power theory）的视角研究我国的营销渠道关系，即从渠道成员所拥有的报酬权力、信息权力、法律权力、专家权力、相关权力和强制权力等方面来研究权力和渠道成员之间的关系[11]。例如有学者从供应商的权力使用视角来探讨零售商的对于合作关系的承诺问题[12]。然而近年来，由于经济、社会、技术等方面环境的不断改变，从权力角度进行渠道合作关系的研究已经不能适应理论和实践的要求。

鉴于以上的考虑，本文立足于备受关注的渠道关系[13]，探讨渠道中的信任、承诺、满意度、交流等因素对于分销商的长期合作意愿的影响。根据现有的文献，对长期合作意愿、信任、承诺、满意度、交流等因素的内涵进行回顾，提出研究假设，建立研究的框架模型。

评述：

本文献综述的作者在上述内容中提出了要从一个新的角度，如从信任和承诺等因素来研究渠道关系问题，而非从过去的权利角度来研究。但是总的来看，作者并没有论证清楚为什么从权力理论角度来研究渠道关系已经不能适应新的需要这个问题。此外作者安排上述几个段落的逻辑性和层次性也不强。请对比在另外一篇文章中对于这个问题的文献回顾：

例文 2：

对于建立和维系长期的渠道合作关系来说，渠道成员间的良好合作必不可少。就如何构建良好的合作关系，Morgan 和 Hunt 提出了承诺-信任理论（commitment-trust theory）。这个理论的核心是对于合作的承诺以及对合作方的信任，认为承诺和信任是影响渠道成员间长期合作关系的关键因素。

但是过去的文献大都从权力（power）的角度来研究合作关系问题，所谓的权力就是建立在一个渠道成员所拥有的重要资源的基础上对合作对方所产生的影响和控制力。然而承诺-信任理论而不是权力理论（power theory）可以使研究者可以更好地研究合作关系，原因是权力强调控制和对抗，在控制基础上的合作是被动和消极的，因而不能保证从根本上建立长期合作关系。相反，承诺和信任这两个因素是长期合作关系得以建立和维系的基础，它们可以使企业和合作伙伴良好相处，不以短期的利益为导向。下面将首先回顾文献中对于承诺以及影响承诺的因素的讨论。

引自：张黎. 2007. 经销商对合作关系的承诺及其影响因素. 营销科学学报. 3（3）：13-30.（作者作了细微的改动）

（续原文）

二、文献回顾和研究假设

本部分首先对渠道成员长期合作意愿的概念进行回顾，然后探讨直接和间接影响长期合作意愿的因素。

2.1 长期合作意愿（long-term orientation）

长期合作意愿是指渠道成员认为从长远来看合作方能为己方带来利益，因而产生的一种相互依赖的感知[4]。与长期合作意愿对应的概念就是短期合作意愿，两者间区别的表现形式之一是，前者关注的不仅仅是眼下的利益而且还关注在可预见的将来的利益以及渠道目标，而后者仅仅关注眼下的利益[2,14~16]。

渠道成员如果存在长期合作意愿，渠道关系就会表现为一种长久、持续的状态，即长期合作意愿表现为对于渠道关系持续性的一种预期[2]，这样的话，这种持续的关系就和合同关系、分散（discrete）关系区别开来了[15]。

维持长期的渠道关系可以提高渠道绩效，为渠道成员带来持续的竞争优势[1,3]。因而，在渠道关系中培育渠道成员的长期合作意愿对于双方都是有利的。而影响长期合作意愿的因素主要有信任、承诺、交流以及渠道满意度等[4~10]。本文接下来对这些影响因素的内涵以及它们与长期合作意愿之间的关系作一个简要的回顾。

评述：

在上述部分，作者首先对本研究的因变量，即长期合作意愿进行了文献回顾。而在本评述后面的内容中对影响长期合作意愿的自变量进行了回顾，这样的文献综述线索比较清晰，也是在实证研究中常常采用的文献综述线索之一。

（续原文）

2.2 信任（trust）

2.2.1 信任的内涵及其维度

信任是当渠道成员对于合作方充满信心、觉得对方值得依赖时，产生的一种对合作方的正面感知[17~19]。由于信任的存在，渠道成员对于彼此的合作关系和未来渠道发展就会有信心[20]，在面临不确定的外部环境的时候往往会表现出一种对风险的耐受性[21,22]，而且在合作过程中可能做出一些短期牺牲。否则，渠道成员就会感知到环境等因素的不确定性增加。

信任是一个多维度的概念，Ganesan 把信任分为两个不同的维度：第一，可靠性（reliability），即渠道成员感知到的合作方用其所具备技能来完成工作的有效性以及可靠的程度；第二，善意（benevolence），即渠道成员认为合作方给自己带来利益的意愿和动机[4]。根据 Ganesan 的划分可以看出，第一个维度可靠性主要强调对方的具体行为；而信任的第二个维度善意强调的是对方的意愿，两者具有显著区别[23,24]。

2.2.2　信任和长期合作意愿

信任中的可靠性强调的是渠道成员在行为上的一致性和稳定性[4]。因而在存在信任的情况下，渠道成员认为对方实施的渠道政策、反映的市场信息等是可以信任的，这就为己方的下一步决策提供了反馈信息，减少不确定性因素的干扰。基于此，研究者认为渠道成员行为的可靠性会正面影响合作方长期合作的意愿。

企业在市场上总面临着许多不确定性因素，而且企业与企业之间总是存在着一定程度的资源互补，表现出一种相互依赖。根据资源依赖理论（resource dependence theory），不确定性与相互依赖就会促使企业间关系的建立[25]。在营销渠道中，一个渠道成员总是与合作方有着千丝万缕的联系，但其中也存在着投机行为（opportunism behavior）。有的学者从权力理论的角度分析了不同权力的使用与投机行为之间的关系[26]。但是如果渠道成员之间存在信任，彼此会认为对方行为具有可靠性以及对方拥有为己方带来利益的意愿，渠道成员便就会减少投机行为，对于风险表现出一定的耐受性，而期待着更为长远的利益[21,22]。基于此，研究者认为渠道成员的善意同样会正面影响合作方的长期合作意愿。

评述：

① 作者在这里就信任对于长期合作意愿的影响进行了讨论。在信任的定义和内涵方面，对相关文献的回顾基本上还合理。但是可以看到，在关键的信任对长期合作意愿的影响部分，作者对于文献的综述并不充分。具体的问题是没有看见作者对过去文献中就信任和长期合作意愿的研究进行回顾，作者的论述只是局限在基本的逻辑推理。当然，结合文献对变量之间的关系进行逻辑推理是重要的，但是不能忽视对一些实证研究中这些变量之间关系的回顾。例如可以着重讨论这么几个问题：首先，以往的文献是如何研究信任和长期合作意愿的，是将信

任作为一个综合的维度，还是根据信任的两个维度，分别研究了可靠性和善意对于长期合作意愿的影响；相关研究的结论是什么；不同的研究之间是否存在矛盾以及原因。在回答这些问题的基础上，作者需要论述为什么要从信任的两个维度来研究和长期合作意愿的关系。

② 作者在最后一个自然段对从权力角度进行的研究进行了回顾："有的学者从权力理论的角度分析了不同权力的使用与投机行为之间的关系。"但是很明显，这个研究与作者在本部分所讨论的主题没有直接的关系。如上面指出的，作者真正需要回顾的实证研究是信任或者其两个维度和长期合作意愿的关系。通过这个例子再次强调，文献综述是为了自己的研究服务，因此应该紧紧围绕自己的研究问题和建立提出假设的基础，而不是文献的罗列。

（续原文）

2.3 承诺（commitment）

2.3.1 承诺的内涵及其维度

承诺是市场学讨论的重点概念之一[3,5,15,17,27]，学者们给出了不同的定义。如果合作双方认为持续的合作关系很重要，能为己方带来价值，因而需要努力去维持[15,18,27]，甚至可以为了维持关系而暂时牺牲眼下的利益[3]，那么可以说在这种合作关系中存在着承诺。

Dwyer、Schurr 和 Oh 用投入（input）、持续性（durability）和一致性（consistency）来衡量承诺，即一方为了维持合作关系而做出的资源投入、合作关系在未来是否持续有效、资源投入是否具备持续的一致性[15]。专项投资（idiosyncratic investment）与合同等作为一种保证（pledge）都可以看成是承诺的表现形式[3,20]。Gundlach 等提出承诺具有两个维度：可靠性（credibility）即资源投入的数量（magnitude），及对等性（mutualness）或者比例（proportionality），即合作双方的承诺是否对称[5]。

承诺可以分为两种：忠诚承诺（normative commitment）与机械承诺（instrumental commitment）。忠诚承诺主要基于内部的认同（identification and internalization）而产生的，更多是出于非经济的目的；而机械承诺主要出于经济的目的，如避免被惩罚和通过合作获得对方的物质帮助等[28,29]。

2.3.2 承诺与长期合作意愿

承诺的实质是一种保证，如在合作关系上的专项投资、给予对方某些特有的利益等[3]。这是一种为维持关系而做出的投入，而且这种投入往往不具备转移性，在做出投入之后，再终止合作关系会付出较大的代价[29]。从这点上看，承诺减少投机行为的倾向[5]，承诺方会期望合作关系能够长久地持续下去，具有长期合作意愿。

此外，渠道成员在感知到合作方的承诺的情况下，会增加自己对于合作关系的投入[3]，因而承诺就是一个滚雪球的过程（snowballing process），也即 t 时期的承诺会导致 $t+1$ 时期的承诺和行为意愿[5,31]。承诺的这种循环过程会造成投入的一方退出合作关系的壁垒越来越高，因而会增加长期合作的意愿。因此忠诚承诺和机械承诺都会正面影响长期合作意愿。

评述：

① 首先请大家注意作者在第一个自然段中的第一句话："承诺的概念是市场学讨论的重点概念之一[3,5,15,17,27]，学者们给出了不同的定义。"这里面涉及两个问题。第一是作者将引用的文献放在了一个不合适的地方。作者所引用的［3］、［5］、［15］、［17］和［27］参考文献实际是想说明在这些文献中，学者们针对承诺给出了不同的概念，因此应该放在"学者们给出了不同的定义"这半句话的后面。如果按照目前的方式，读者们可能会产生这么一个误解，即在所引用的参考文献中，学者们就研究承诺的意义和重要性而非定义进行了讨论。因此，在一篇规范的学术论文中，需要在各个方面相当的严谨，包括引用文献的准确性，对这些细节性的问题也要仔细推敲。

其次，作者在这里同样犯了一个在贯穿本书的内容中频繁提到的"蜻蜓点水"的问题，即作者提到了对于承诺有不同的定义，但是并没有告诉读者到底有哪些具体的定义等。如果不对这些问题加以完整地论述，那么作者告诉读者有不同的定义是没有意义的，只要给出一个被普遍接受的定义就可以了。

② 在上述内容中的第二个自然段，作者回顾了 Dwyer、Schurr 和 Oh 以及 Gundlach 等的研究，前者提出从三个方面来衡量承诺，而后者从投入资源的数量以及双方在投入上是否对等这两个方面来衡量承诺。就如何衡量承诺而言，这些都应该是很好的研究，但是如果从下面的内容（即承诺和长期合作意愿的关系部分）来看，对于这两个文献的回顾似乎并不能帮助读者加深对于承诺和长期合作关系之间因果关系的理解，因而和本文的这部分内容无关，是没有必要的。如果作者在研究方法部分，需要具体给出如何测量承诺，那么作者在相关部分可以再给出这两个文献。关于如何在研究方法部分进行文献综述，在本书相关的内容中会涉及。

③ 作者在后面两段的内容从承诺的两个维度，即忠诚性承诺和机械性承诺两个方面来讨论了承诺和长期合作意愿的关系，并提出了相关的假设。因此作者在这部分内容中应该就承诺的这两个维度，结合文献进行更加详细的论述。但是，作者在这个方面的论述显然是不够的。请读者们比较下面对于承诺的讨论，看看是不是有了明显的改善：

例文 3：

承诺是研究渠道关系的重要概念之一（Morgan & Hunt，1994）。渠道成员如果认为持续的合作关系很重要且能够为自己带来价值，为了维持这种有价值的合作关系而付出努力就是对于合作关系的承诺（Dwyer，Schurr & Oh，1987）。

相关研究发现承诺有两个维度，即忠诚承诺（normative commitment）与机械承诺（instrumental commitment）。忠诚承诺主要是基于对合作方内部的文化、价值观的认可以及在行为规范上的同化等而产生的承诺，它是内在的，往往是出于非经济的目的；而机械承诺主要出于经济的目的，基于追求自身利益且避免受惩罚所做出的承诺，它是外在的。因此两个维度具有显著区别，忠诚承诺往往比机械承诺更为持久（Brown，Lusch & Nicholson，1995）。

承诺是一种保证，如表现在合作上的专项投资等。因此承诺从实质上说是为了维持合作关系而做出一种专门的投入，而且这种投入往往是无法转移的。一方在投入之后，再终止合作关系便会形成沉没成本（Brown，Lusch & Nicholson，1995；Dwyer，Schurr & Oh，1987），因而承诺会减少投机行为，使得渠道成员期待持续长久的合作关系。

此外，渠道合作双方对于合作关系或多或少都会有承诺。渠道成员对于对方在合作关系上的承诺的感知会促使自己对于合作关系的投入（Anderson & Weitz，1992），因而承诺就是一个滚雪球的过程，也即渠道成员对于合作关系的承诺会导致对方对于合作关系的承诺，而对方的承诺会反过来增加渠道成员进一步投入和承诺（Garbarino & Johnson，1999；Gundlach，et al.，1995）。承诺的这种发展过程使得渠道成员退出合作关系的壁垒越来越高，因而具有更加强烈的长期合作意愿。虽然承诺根据目的可以分为忠诚承诺和机械承诺，但是无论出于什么目的承诺，都可能会导致一个承诺的发展。因此我们认为忠诚承诺和机械承诺都会正面影响长期合作意愿。

（续原文）

2.4　交流（communication）

交流指在渠道中合作双方通过信息、观点的正式与非正式的分享，使得双方能够在行动上协调起来[32,33]。交流包括几个重要的方面，如交流的频率、方向性、正式性和内容。即交流双方接触数量的多少、沟通是双向性还是单向地传递信息、交流是否事前组织计划过、交流的内容是否涉及强制的影响力[34]。渠道成员之间协作交流（collaborative communication）会对满意度和合作产生正面影响[35]。

通过交流的几个维度可以看出，信息的共享可以减少渠道双方的信息不对称的干扰，促使双方在充分了解的基础上进行决策，这就为长期的合作起到了积极的铺垫作用[17,20,36]。基于此，研究者认为交流能够正面影响长期合作意愿。

评述：

① 在这个部分进行的文献回顾中，作者在给出了交流这个概念之后，提到了交流的几个方面包括交流的频率、方向性、正式性和内容。但是在其后的论述中，读者没有看到交流的这几个方面是如何具体影响长期合作意愿的。相反，作者只是泛泛提及交流会正面影响合作双方的满意度、减轻信息的不对称性，因此会正面影响长期合作意愿。那么这其中就出现了一个问题：作者为什么要特别提到交流的几个方面，但是在后面的推理论述中却没有对这几个方面进行回应呢？如果是这样，那么作者就没有必要提到交流的几个方面。从这个例子读者可以体会到，对于文献任何一个方面进行回顾，例如这里对一个概念所包括的几个方面的介绍，在其后都应该能服务于所要研究的问题，也就是说要有一个回应，否则前面对相关文献的回顾就会显得很“突兀”和没有道理，也让人费解。

② 请比较下面修改后的内容：

例文 4：

交流指在渠道中合作双方通过对信息、观点、计划和策略等的正式与非正式分享，使得双方能够在行动上协调起来（Anderson & Narus，1984）。一般可以从四个方面来看交流，即交流的频率、方向性、正式性和内容，具体就是交流双方接触次数的多少、沟通是双向性还是单向、交流是否经过事前组织计划、交流的内容直接涉及行为还是涉及行为背后的信念和态度（Mohr & Nevin，1990）。

渠道中合作双方频繁地进行双向的沟通交流，不仅仅分享彼此的信息还包括行为背后的信念和态度，而且在形式上也不拘泥于固定的程式，可以减少渠道双方受信息不对称的干扰，促使双方在充分相互了解的基础上进行决策。这就会加强合作双方彼此的理解，对长期的合作起到积极的引导和推动作用（Guiltinan，Rejab & Rodgers，1980）。此外，交流也会通过信任、满意度等因素间接影响长期合作意愿，原因是交流是一个润滑剂，会增加相互间的信任、提高合作的成效并最终提高满意度（Anderson & Narus，1990；Morgan & Hunt，1994）。基于此，研究者认为交流能够正面影响长期合作意愿。

（续原文）

2.5　对合作关系的满意程度

满意度是对于合作关系在总体上的一个正面评价，这种正面的情感状态是基于以前的经历积累而形成的[27,31,32,35]。合作的一方在对合作关系满意时，合作关系更容易持续进行下去[7～10,37]。高的满意度会导致更多的协作、减少冲突。在满意条件下，即使双方在面对具体问题和冲突的时候，也会更少地诉求于法律等强硬手段来解决问题，因而会避免合作关系的终结[32,37]。

在渠道合作中，一方如果对于过去的合作经历以及结果不满意，往往就会关注短期的利益，表现出一种短期的意愿。而如果对于过去获得的结果满意，就会更多地考虑对方的立场，在决策过程中就会表现出长期的意愿[4,38]。基于此，研究者认为满意会正面影响长期合作意愿。

2.6 概念结构和研究假设

本文主要探讨影响渠道中的长期合作意愿的各因素：信任、承诺、交流和满意度。根据前述的文献探讨提出如下研究假设，本文涉及的概念结构如图所示（此处略）。

H1：分销商感知到供应商的可靠性正面影响其长期合作意愿；

H2：分销商感知到供应商的善意正面影响其长期合作意愿；

H3：分销商的忠诚承诺正面影响其长期合作意愿；

H4：分销商的机械承诺正面影响其长期合作意愿；

H5：分销商和供应商之间的交流会正面影响其长期合作意愿；

H6：分销商的满意度正面影响其长期合作意愿。

评述：

作者在完成了前面的文献综述和分析之后，在这里专门提出了所有的研究假设。一般来说，在进行了一个方面的文献综述和推理之后，最好紧接着给出相关的研究假设。例如在讨论了承诺的两个维度忠诚性承诺和机械性承诺对于长期合作意愿的影响之后，可以紧接着给出 H3 和 H4 两个假设，给出其他假设的时机也是同样。这样的好处是让读者更加容易地跟随作者推理的逻辑，将相关假设和对应的文献回顾部分加以联系，而不是在最后看到所给出的一连串假设时，对前面的文献综述部分已经没有了很清晰的印象，因而需要和前面的文献综述再进行对应。

第七节 案例十三：价值观对趋优消费的影响及新奢侈品产品收益的研究

一、引言

1. 趋优消费与新奢侈品

在《奢华，正在流行》一书中，作者迈克尔·西尔弗斯坦称“趋优消费已成为全世界市场上一种爆炸式蔓延的现象。世界各地的消费者都愿意，甚至是渴望以高价购买优秀的产品和服务，这种产品和服务比同类商品中的其他产品和服务质量更好、品位更高，也更让消费者们心驰神往，这些商品和服务价格不菲，但是还不至于贵得让人可望而不可及。”作者定义这类商品或服务为“新奢侈品”。

评述：

① 作者在这个段落中，引用了相关研究中的原话，因此除了在常规的引用中要给出的文献时间外，在时间后面还应该给出所引用的页码。

② 这里用的是作者的英文姓名的中文翻译。需要注意的是如果《奢华，正在流行》这本书已经有了中文的版本，那么这样用是正确的。如果尚没有中文的版本，这个中文的名称是作者自己翻译的，那么应该给出书的英文名称并随后加上自己翻译的中文名称，而作者的姓名最好以原版书籍中的英文姓名出现。

（续原文）

新奢侈品不以满足消费者的基本需求为目的，而是注重消费者的情感需求和体验需求。趋优消费的人群非常广阔，有研究发现几乎所有的人都存在趋优消费的现象（王泰，2006）。由此看来，从跨消费层次的消费心理上来研究趋优消费是非常必要的。

随着中国经济水平的发展和消费者消费观念的转变，中国将成为下一个奢侈品消费大国（李晓慧，2005）。在中国，趋优消费的人群主要是年轻人，“超前消费”已经成为某些年轻人的专利（任佳、祥明、王雪莲，2005）。在这种情况下，对趋优消费和新奢侈品进行研究，发现趋优消费的原因及新奢侈品的特点则更显重要。由于购买力并不是影响人们趋优消费的因素，所以从影响消费行为的消费心理角度来研究是必要的。

评述：

① 本书不止一次地强调不能没有证据地对一些问题进行断言，得出一些结论，而是需要引用文献中的相关研究和理论来佐证。在这里作者论述到：“新奢侈品不以满足消费者的基本需求为目的，而是注重消费者的情感需求和体验需求。”对于这样的一个带有结论性的重要论点，需要给出文献。有些在作者看来应该是正确的论断，但是严格地说，在学术论文中同样需要给出证据。

笔者在美国俄亥俄州立大学撰写博士论文过程中，在论文中提出这么一个论点：“在中国，相比于男性来说，女性消费者对于时尚性的商品更加敏感。”笔者得出这么一个结论是基于自己的生活体会和观察，因此相信这个结论应该没有问题。但是笔者的导师 Dickson 博士坚持需要给出这个论点的佐证，即这个观点出自什么文献；如果是一些人的观点，那么是在什么场合提出这个观点的（如会议、访谈等）、提出观点人的工作性质、专业的领域以及职位是什么。因为她认为哪怕是一个看起来应该没有问题的结论性的观点，作者仍然需要找出文献中的相关研究来进行佐证。给出相关的文献会让读者来评价这个观点或者判断的权威、可靠性如何。由此可以体会到在严谨的学术论文中，作者需要对每一个观点和结论负责，而不能用自己的感觉和所谓的经验来替代科学的论证。

② 其次，作者从“几乎所有的人都存在趋优消费的现象”推论到从消费心理层次上来研究趋优消费的必要性，这个推论是没有根据的。原因是几乎所有的人都有趋优消费行为和从消费心理层次来研究趋优消费之间没有必然的联系，对于一个普遍的行为是可以从不同的角度来进行研究的，作者在这里需要简单论证为什么在众多的角度中需要从消费心里层次来进行研究。同样，作者认为购买力其实不是影响人们趋优消费的因素。对于这样的一个论点，同样需要给出文献的佐证。

（续原文）

2. 趋优消费与大学生

大学生的消费心理和消费行为一直以来得到广泛的关注。有针对大学生消费行为的研究认为大学生消费的物质水平逐渐提高（卢思铮、何耐铭，2003）；有的研究认为大学生追求新颖、关注时尚，消费动机具有冲动的成分、消费行为比较奢侈（刘志伟，2002）；也有研究认为大学生对某些产品（如食品和耐用品）的消费属于经济型消费，不具备趋优消费的倾向（施应玲，1998）。有关大学生在某些特殊产品上的趋优消费的研究发现：大学生的日常消费以小康型为主，奢侈消费主要表现在旅游、电脑或手机的消费上（李永华、鄢庆丰，2000）。

评述：

本文要研究的核心问题之一是存在与不存在趋优消费行为大学生群体之间的差异，具体来说是利用手机产品为对象来具体分析大学生趋优消费行为和其价值观的联系。那么在这一段中作者就应该对大学生存在趋优消费现象和不存在趋优消费这两个同时存在的现象做一个总结，即结合对于文献的讨论，作者自己认为大学生这个群体中确实存在着趋优消费的现象。在这个前提下，作者将对为什么有些大学生会存在趋优消费，而有些学生中却不存在这个现象进行研究。然而读者从这一段论述中看到作者所引用的文献中既有肯定大学生趋优消费这个现象是存在的，也有认为完全不存在的，显得比较凌乱。在这种情况下，作者需要对于这些相关的文献进行整理，总结出两种不同的观点，并在最后对为什么认为存在趋优消费进行阐述。

（续原文）

总体上来说大学生的消费心理是不成熟的（徐兰宾、曾光敏、邓习赣，2002）。研究认为大学生的趋优消费主要是由于其存在攀比心理、虚荣心理、趋同心理等，而在这些心理的影响下，大学生的趋优消费行为是非理性的（闫缨、任意，2004；左新荣、徐碧君、陈晓明，2000）。但这些研究一般只涉及消费心理中的功能型消费价值和社会型消费价值，并没有涉及其他消费价值（如情感型消费价值）。

评述：

这里，作者在本文中首次给出了功能型消费价值、社会型消费价值和情感型消费价值这三个概念。虽然一般来说，在后面的文献综述部分作者都会结合文献对相关概念进行进一步的阐述，但是对于在引言部分给出的概念，最好还是做一个简要的介绍。

（续原文）

本研究以大学生为对象，结合具体的手机产品，从基本价值观和消费价值观角度对大学生趋优消费的心理进行研究，并发现趋优消费与不趋优消费群体在基本价值观和消费价值观上的差异，从而发现其趋优消费的原因。其后，本文将对新奢侈品具有的满足消费者需求的因素进行分析，以揭示新奢侈品对大学生来说最重要的产品属性。

评述：

在引言的最后部分，用一个小的段落介绍本文的主要内容以及安排，对读者进行导读，这样的方式较好，也是常见的。

（续原文）

二、文献综述与研究问题

1. 价值观与趋优消费

价值观是指人们对事物的看法，大量研究用其解释人们的具体行为方式，如职业选择（Rosenberg，1957）、雪茄烟的消费（Grube et al.，1984）和政治态度（Levine，1960；Searing，1979）等。在市场营销领域，价值观经常被用来研究消费行为（Scott & Lamont，1973；Vinson & Munson，1976），其中基本价值观是个人和组织行为背后的根本动因，指人们对世界最基本的看法。

评述：

作者给出基本价值观的定义："个人和组织行为背后的根本动因，指人们对世界最基本的看法。"显然，对于这么一个关键的概念，应该给出所引用的文献。

（续原文）

对基本价值观的研究主要集中在它的分类上，如 Rokeach（1973）开创的

RVS（Rokeach value survey）分类方法，将人们的基本价值观分为18个工具价值观和18个终极价值观，并根据人们对其重视性的排序，发现人们价值观的差异。但有观点认为RVS并不太贴近生活，例如大多数人将RVS中的“世界和平”价值观排在很高的位置上，但是很少有人会在某天某时积极地去思考这个价值观，尤其是在他们进行消费决策时（Beatty，Kahle，Homer & Misra，1985）。

VALS（values and lifestyle segmentation）是SRI International机构研究出的对价值观和生活方式的划分。这个划分方法基于测试者对30道有关人口统计和态度问题的回答，将其划分为9个生活方式群体。虽然VALS显示出一些效用，但一项研究表明，该种研究很大程度上依赖于人口统计变量，并且与消费者行为相关度不高（Kahle，Beatty & Homer，1986）。

LOV价值观量表（list of values）是由密歇根大学调查中心所发展出来的价值衡量工具，其理论基础源自Feather（1975）和Maslow（1954）的需要层级理论以及Rokeach（1973）的18项终极价值。LOV包括9种价值，分别是自我尊重、安全、和他人维持和谐的关系、成就感、自我完成、归属感、被人尊重、生活的乐趣和享受、新鲜并充满刺激的生活等。研究表明，在各种情境下LOV与消费者行为的联系更加紧密，所以用LOV分类系统来测量消费者的基本价值观是比较合适的（Kahle，Beatty & Homer，1986）。

上述所讨论的基本价值观对行为的影响并不是直接的，Vinson（1976）等学者认为基本价值观和具体领域价值观存在着联系，而具体领域价值观直接指导行为。消费领域中的价值观，即消费价值观，对消费者产品价值感知和产品选择的影响更加直接。消费价值观是个人的基本价值观在消费问题上的反映，它属于具体领域价值观层面。Lai（1995）将其定义为有关实现个人价值观的理想方式的主观信仰。人们通过各种行动或活动达成其个人价值观（或者目标），如社交、经济交换、拥有和消费（Sheth，Jagdish，Newman，Bruce，Gross & Barbara，1991）。根据消费者产品认知的方法-目的链模型（Paul & Olson，1990），人们对能够帮助其达成个人价值观的各种活动包括消费活动，有自己的认知和偏好。方法-目的链模型是指人们实现基本价值观这一目的是通过实现消费价值观的方法来达到的，而实现消费价值观这一目的是通过购买等消费行为来达成的，即“基本价值观→消费价值观→消费行为”的链状结构。

评述：

① 作者在这里对基本价值观和具体领域的价值观进行了区分，给出了消费价值观这个概念，并论述了基本价值观要通过具体价值观如消费价值观来影响消费行为这个观点。因此，在这里作者应该首先对什么是具体价值观加以介绍，并

简要阐述它和基本价值观的区别。

② 作者对于消费价值观的定义以及它和基本价值观的联系的论述是比较清楚的。

③ 此外，作者在这里介绍了三种对基本价值观的测量方式，并且结合文献中的相关评价对这三种方法的来源和缺点进行了简单扼要介绍。从这点上来说，作者已经对相关文献进行了“加工”，即有了总结和评述，这在一个文献综述中是很重要的。

④ 当然，作者在介绍 VALS 和 LOV 价值观量表时需要给出原文献，就是发表这两个测量方法的文献。

（续原文）

Sheth 等（1991）在消费价值观对烟草消费行为影响的研究中，将消费价值观分为 5 大类，即功能型、社会型、情感型、认知型和条件型。经过在 200 多个产品的消费行为上的测试，得到的结果除了可以很好地描述和解释消费行为外，还可以较好地预测消费行为。同时，Sheth 等指出其研究中的 5 类消费价值观只是一个宏观预测，针对不同的产品领域和不同的研究，消费价值观的测量应先通过对具体群体的访谈确定有代表性的问题，从而确定该群体的消费价值观。

Sin 和 So 在其 2001 年发表的文章中利用 Sheth 的方法对中国女性的消费价值观作了研究，并将其消费价值观分为 6 大类型：审美型、工具型、社会型、爱国型、家庭型与环保型。Sweeney 和 Soutar 在其 2001 年的研究中对 Sheth 的研究进行了拓展。在他们的研究中并没有涉及认知型的消费价值，同时他们认为条件型的消费价值观可以被融合在其他消费价值观中，不必单列出来研究。另外他们发现价格也是消费价值观的一个重要维度，因而在对学生的多类产品消费研究中，将消费价值观分为 4 大类型：功能型、价格型、社会型与情感型。其他学者也曾在 Sheth 研究的基础上对不同群体的消费价值观进行过相关研究，如 Allen 等人对素食主义者和杂食主义者的研究（2000），Pope 对消费价值观与赞助者意识的研究（1998）。

评述：

① 结合相关的文献，这两段对消费价值观的分类进行了讨论。例如 Sheth 等将消费价值观分为 5 大类，即功能型、社会型、情感型、认知型和条件型；Sin 和 So 将其消费价值观分为 6 大类型：审美型、工具型、社会型、爱国型、家庭型与环保型。因为消费价值观在本文中是关键的概念之一，对它的分类也是重要的内容。因此，作者应该对这些类别进行简单的介绍。否则，当作者指出 Sweeney 和 Soutar 在其 2001 年的研究没有涉及认知型消费价值观，而且条件型的消费价值

观可以被融合到其他价值观中时，读者无法了解这两个价值观到底是什么含义。

② 请大家注意这样的一个句子："Sin 和 So 在其 2001 年发表的文章中利用 Sheth 的方法对中国女性的消费价值观作了研究并将其消费价值观分为 6 大类型……"。在文献综述中，这样的句子一般来说是不成熟的，也显得比较累赘。试比较：Sin 和 So（2001）利用 Sheth 的方法对中国女性的消费价值观作了研究，结果发现其消费价值观可以被分为 6 个类型……。

③ 最后，作者提到了其他一些学者对于消费价值观的研究，并列举了 Allen 等和 Pope 的研究。这同样犯了一个"蜻蜓点水"的毛病。这两个研究分别得出了什么分类的结果、对于本研究有什么帮助等问题并没有得到回答，作者应该给出简单的结果介绍，否则就不要列举出这两个研究。

（续原文）

本研究将以 LOV 分类方法为基础研究大学生的基本价值观。通过访谈与前测，确定对大学生群体有代表性的消费价值观问题，从而研究大学生的消费价值观；并以方法-目的链理论提供的模型为基础研究价值观对大学生趋优消费这一消费行为的影响，试图发现趋优消费群体与未趋优消费群体在基本价值观及消费价值观上的差异。

2. 产品收益与趋优消费

从消费者角度来看，产品在实质上是一系列的收益，而不是属性（Day，1900；Paul & Olson，1990）。换句话来说，消费者并不关心一种产品或服务的技术特性，而是关心他们在购买、使用和消费某种产品时，这种产品到底给他们带来了什么（Hooley & Saunders，1993）。对消费者所关注的产品收益的深刻理解有助于企业建立有效的市场战略，特别是产品差异化和定位（Boyd & Levy，1968；Paul & Olson，1990）。

Lai（1995）在发表的一篇文章中提出了 8 类产品收益，它们分别是：功能型收益、社会型收益、情感型受益、认知型收益、审美型收益、享乐型收益、情境型收益与整体型收益。同时作者指出，不同类型的产品收益可能相互关联并且可以被同一种消费行为所包括。也就是说，一种消费行为可能是由于产品满足了消费者对几种不同的产品收益的要求。

在《奢华，正在流行》一书中，作者迈克尔·西尔弗斯坦指出作为趋优消费的对象，新奢侈品需要提供某种区别于普通产品的产品收益，才能引起消费者的兴趣。作者将其归为 3 类：工艺类、功能类与情感类，并称新奢侈品首先要在工艺上具有优势，同时这种优势要体现在产品的功能上。最重要的是，新奢侈品要有能激发消费者情感的功能。

本研究将具体研究大学生对新奢侈品产品收益的要求与评价，从而发现新奢侈品区别于普通产品的属性，并进一步研究趋优消费与未趋优消费群体对新奢侈品产品要求与评价的差异。

评述：

① 从作者引用的文献，读者得知 Lai（1995）提出了 8 类产品的收益；西尔弗斯坦将新奢侈品的产品收益归纳为 3 类。那么读者还需要了解的是作者在本研究中是否沿用了 Lai 的分类，如果沿用这种分类，是什么原因、还有其他的分类方法吗、为什么这种分类方法就是最好的等等问题。作者在这里应该结合相关文献对这个问题进行论述。当然，作者在这里也应该对所列举的不同类别的产品收益进行一个简单的定义和介绍。

② 同上，作者在这里对文献的一些引用的方式也存在问题，例如“Lai（1995）在发表的一篇文章中提出了 8 类产品收益，它们分别是：功能型收益、社会型收益、情感型受益、认知型收益、审美型收益、享乐型收益、情境型收益与整体型收益。”前面谈到，这样的引用方式是不理想的，完全可以直接地将主要意思叙述出来，而不必要强调是在所发表的一篇文章中进行的分类。

（续原文）

3. 消费价值观与产品收益

Sheth 等人（1991）将消费价值观分为 5 大类：功能型，社会型，情感型，认知型和条件型。而 Lai（1995）的研究指出这种分类混淆了消费价值观和产品收益，而消费价值观和产品收益并不能完全等同。同时，该研究发现消费价值观对产品收益需求有一定的影响，拥有不同消费价值观的消费者对产品收益的要求存在差异。

本研究将结合趋优消费，具体讨论消费价值观与产品收益的区别，并研究消费价值观对新奢侈品产品收益的指导作用。

评述：

这一部分的核心内容是将消费价值观和消费者在购买产品时所看重的产品收益进行了区分。但是作者在这里需要引用相关文献，从消费者的角度来论述为什么这两个概念是不同的、根本的原因是什么等，而非简单地引用 Lai 的观点来将二者进行区分。

此外，因为这部分内容所要讨论的是消费价值观和产品收益的联系，也就是作者所指出的前者对于后者的指导作用。因此，作者需要在这里结合文献对这两个概念之间的关系，从理论和实证研究上进行讨论，目前的这个讨论还是不足的。

总体评述：

① 总体上说，这篇文献综述的逻辑和综述的线索还是比较清晰的。首先，在引言部分作者提出了趋优消费新奢侈品这个问题，并且对趋优消费和新奢侈品这两个概念进行了定义；接着，作者提出了本文要研究的是大学生的趋优消费现象。

其次，在核心的文献综述部分，作者引入了价值观这个概念。在强调了基本价值观和消费行为之间较弱的、并不直接的关系之后，作者提出了消费价值观这个在具体领域的价值观，并将它与消费行为进行了联系。当然，如果在讨论基本价值观和消费价值观的那部分内容中，加入两个标题将整个内容划分为两个小节（如基本价值观和消费行为以及消费价值观和消费行为），那么上述的逻辑递进会更加清晰。

随后，作者又引入了产品收益这个概念，结合文献提出了消费者在趋优消费时可能关注的是与非趋优消费下不同的产品收益，并将在消费中对于不同产品收益的关注与消费价值观联系起来。

综上，读者在阅读整个文章的内容时，对于作者所要研究的问题包括针对的人群等有了清楚的了解，同时对本研究所要涉及的几个关键因素如趋优消费、奢侈品、基本价值观、消费价值观和产品收益以及它们之间的关系有个较清晰的认识。

② 当然，本文也存在一些细节上的问题，包括对给出的一些关键概念应该加以介绍、对一些重要的结论和判断应该有文献佐证、对为什么在研究中要遵循某个理论框架（例如 Lai 在 1995 年提出了 8 类产品的收益，西尔弗斯坦将新奢侈品的产品收益归纳为 3 类，那么本研究到底采用哪种分类方法以及原因）的理由等加以讨论。这些都是本书反复强调的问题。

第八节　案例十四：大学生选择中西快餐品牌的社会心理学因素分析

一、导言

改革开放之后，西式快餐进入中国市场，并迅速取得了绝对的市场份额优势。本土品牌如“荣华鸡”和“红高粱”等曾经高举民族快餐大旗，试图通过模仿洋快餐的经营模式和理念与国外品牌快餐竞争，但都没有取得成功。现在中式快餐如在广东发展起来的“真功夫”，凭借“营养快餐”的概念，再一次向洋快餐发起挑战。来自本土品牌快餐的激烈竞争最终迫使洋快餐不得不改变自己的产品和品牌定位以及其他方面的市场策略以应对本土快餐品牌的冲击。

在具体的营销策略上，各大国外品牌快餐的广告也开始有所变化，不再突出其异国文化气息，而是更加强调快餐品牌和贴近消费者。在肯德基、麦当劳这些跨国快餐连锁企业一系列变革的背后是各个跨国企业的本土化潮流。肯德基新快餐以中国人偏好的口味为基础，不断推出新的产品。2005 年，肯德基提出“拒做传统洋快餐，全力打造符合中国国情的新快餐”的口号，以调整套餐种类作为其进一步适合中国人口味的具体措施。这是自 1987 年肯德基进入中国市场以来首次调整其营销策略。此次营销变革更多的是基于对中国快餐市场大趋势变化的准确把握，针对全新消费潮流和竞争态势而进行的一次战略转型。并非如许多业内人士所言，是完全为了之前的食品安全危机而进行的公关。尽管本土化进程没有肯德基做得那么深入，但麦当劳也开始在店面装饰和产品内容上进行本土化改进。必胜客（PizzaHut）也在典型的西餐——比萨饼中加入了中国人常吃的腊肉。

全球餐饮巨头百胜集团 2005 年 4 月在上海推出首家中式快餐店“东方既白”。百胜大中国区总裁苏敬轼表示，消费者对西式快餐食品营养的疑虑逐渐强烈，如何摆脱快餐食品不健康的负面印象，成为国外品牌快餐迫在眉睫的问题，例如尽力摆脱“油炸食品不健康”的形象以及其他绊脚石。除了进军中式快餐，百胜也在改变旗下的肯德基，推出强调其食品安全性和营养的新广告，借助媒体的宣传来淡化消费者因为营养和健康问题对洋快餐的负面印象。麦当劳也在做相同的调整。麦当劳在 2005 年 8 月实行了“厨房公开日”活动，于 9 月 28 日在全国推行“公开餐单营养成分”，全力打造营养安全的新形象。

同时，一直在和洋快餐竞争的本土中式快餐则早已选择“营养”这一概念作为和洋快餐竞争的武器。广东的“真功夫”中式快餐以营养概念从广东起家，并快速在华南、华东、华北等区域发展。有业内人士认为其在全国的战略部署已经初步完成，其中关键的原因是找到了正确的品牌核心，即营养。

评述：

① 从文章的题目来看，本文所研究的核心问题应该是哪些社会和心理因素会影响大学生对于中式或西式快餐的偏好。因此，在文章的导言也可称引言部分，作者应该尽快地进入为什么要研究这个课题的讨论部分。但从上述内容可以看到，作者在导言部分所论述的许多细节是没有必要的。例如作者谈到了肯德基在营销战略上的转向、麦当劳的一些新的营销策略等，这些都没有必要。作者真正需要论述的、并且与本文相关的应该是中西快餐近些年来的激烈竞争，那么对于本土快餐来说，在西式快餐以新的营销策略来满足消费者不断改变的需求，在更加本土化的背景下，应该从社会学和心理学两个方面来加深对于年轻消费者的理解，并在此基础上调整自己的营销战略，以求在竞争中立于不败之地。总之，

本文的导言应该把握住这几个方面来论述。

② 作者在对于目前我国中西式快餐的市场表现、竞争情况以及战略调整等方面的论述中，应该注意引用一些文献以及数据等相关资料。例如，在第一个自然段，作者谈到西式快餐进入中国市场，并迅速取得了绝对的市场份额优势，以及本土快餐如在广东起家的“真功夫”，凭借“营养快餐”的概念，再一次向洋快餐发起挑战。来自本土品牌快餐的激烈竞争最终迫使洋快餐不得不改变自己的产品和品牌定位以及其他方面的市场策略以应对本土快餐品牌的冲击等。对于这些判断性的论述，都应该给出相关的文献来佐证。例如取得了绝对的市场份额，那么有什么数据和文献支持吗？广东的“真功夫”等本土快餐的兴起迫使洋快餐改变自己的市场定位及其他市场策略，那么有什么研究表明这些国外品牌的快餐改变自己的营销策略确实是因为来自于本土快餐的竞争，有什么相关的研究结果或者是观点。同样的问题也存在于后面的几个段落。通过这样的一个例子来说明在引言或者是导言部分，作者会通过对一些现实问题的描述来论述为什么要进行相关的研究。在这个过程中，作者同样需要引用一些文献。当然，这些文献可能包括一些实践性较强的杂志、政府的统计数据和文件甚至一些咨询公司的报告等。这个问题在本书的其他部分也提及过，请大家认真体会。

③ 有些读者可能注意到了作者在导言部分有这样的一些论述：“本土品牌，如‘荣华鸡’，‘红高粱’等曾经高举民族快餐大旗，试图通过模仿洋快餐的经营模式和理念与国外品牌快餐竞争，但都没有取得成功。现在中式快餐如在广东发展起来的‘真功夫’，凭借‘营养快餐’的概念，再一次向洋快餐发起挑战”；“百胜大中国区总裁苏敬轼表示，消费者对西式快餐食品营养的疑虑逐渐强烈，如何摆脱快餐食品不健康的负面印象，成为国外品牌快餐迫在眉睫的问题”等。从表述方式上看，这些句子带有较明显的媒体报道色彩，而不是严格的学术论文风格，因而是不合适的。其实作者完全可以将想表述的思想内容直接叙述出来，其后加上引用即可。例如：消费者对于西式快餐食品营养的疑虑已经逐渐成为影响其发展的障碍（苏敬轼，时间）。因为这个论述引用的是百胜管理层的观点，因此需要找到具体的文献，即苏敬轼是在会议所发表的文章，还是在接受媒体采访时给出的上述观点并加以引用。

④ 同样需要指出的是，在学术性的文章里，一般不要用一些带有文学或者感情色彩的词和表述。例如作者在这部分使用的词语如“绊脚石”就是一个带有文学色彩的词语。此外，读者经常在一些文章中看到的“飞速增长”、“绝对优势”、“咄咄逼人的竞争力度”等表达方式都是不规范的。在学术文章中，讲究的是用客观的证据包括数据等资料来说明问题，而非用词语来进行强调。所谓的“飞速增长”中的飞速是什么概念，如何定义飞速？正确的方式是给出增长幅度或者速度的具体数据，用数据来说话。同样，“绝对优势”可以利用双方的市场

份额、资金量或者企业的利润等数据来阐述双方的力量对比概念，而不能用绝对这个词语简单代替。

（续原文）

在快餐业中，大学生是不可忽视的消费群体。尽管他们并不富裕，但可以为快餐品牌带来未来数十年的忠实消费者。要在大学生市场中投入大量的营销资源，就需要对大学生群体的价值观和生活方式（VALS）进行深入的了解，包括其民族中心主义倾向的强度、物质主义的倾向、对“本土化”和“营养”概念的看法以及对中西快餐态度上的差异等等。

但是，目前国内外对大学生快餐消费的心理需求和影响因素还没有十分明确的研究成果。早期的研究来自美国本土（Knutson，2000），虽然具有一定的参考价值，但其方法和结论不一定适用于中国市场。在日本（Laroche，Takahashi，Kalamas & Teng，2005）和韩国（Park，2004）也有相似的研究，这些研究同属于东亚文化圈，与我国市场的情况更接近，但日本和韩国其经济发展水平高于我国，文化传统也不尽相同，其研究结论与我国的实际情况仍有不一致。国内的一些研究者（如王海忠，2003）发现了在我国消费者民族中心主义的存在，但研究中并没有涉及快餐这样的食品。我们试图将上述几个方面的研究结合在一起，通过适当的问卷调查建立一个初步的模型，帮助理解大学生群体对于快餐的消费，有助于对大学生市场进行市场细分。

评述：

① 总体上说，这一段的内容有这么几个问题。首先，作者认为需要对大学生群体的价值观和生活方式（VALS）做出深入的了解，具体包括“民族中心主义倾向的强度、物质主义的倾向、对‘本土化’和‘营养’概念的看法以及对中西快餐态度上的差异等等”，这个观点是让人难以理解的，原因是大学生的价值观和生活方式是包罗万象的，不仅仅局限在作者后面列举的那几个方面，那么作者为什么单单给出这么几个方面呢？

其实作者在这里是想将问题引向本文所要研究的几个问题，然而这样的方法是不合理的。其实比较好的做法是作者可以在这里强调大学生群体的价值观和生活方式对于其国内外快餐偏好的影响，但是如果需要进一步细化到所谓的民族中心主义倾向、物质主义的倾向等具体方面，则需要作者结合文献进行讨论。也就是说，在文献中的理论或者实证研究中，有观点或研究结果发现在价值观和生活方式中，有这么几个具体的方面是和消费者的国内外产品或者品牌的偏好是相关的。这样读者才有理由将价值观和生活方式等宽泛的概念具体细化到民族中心主义和物质主义上。

② 在本文后面的内容中，读者可以看到其实作者真正讨论和研究的就是消

费者民族中心主义对于大学生国内外快餐品牌的选择，而并没有涉及物质主义、对本土化和营养概念的看法等。因此，这个问题提醒我们，文章的前后需要“呼应”，及前面专门提到、讨论的概念应该在后面的内容中有所涉及和研究，否则前面给出这些概念是没有意义的，也会“扰乱”文章的严谨和逻辑性。

（续原文）

二、消费者民族中心主义倾向和中西快餐

一段时间以来，国内的民族中心主义情绪日渐高涨。一方面，国内消费者可能受到强烈的民族主义情绪的影响而产生对其他国家产品和品牌的抗拒心理。另一方面，全球化使各个国家的本土品牌都不得不面对来自其他国家的优势品牌的竞争，这又要求国内各行业加强消费者的民族中心主义倾向（罗萧、王积俭，2004）。全面了解消费者的民族主义倾向对于本土和外国快餐品牌在中国市场的经营策略是十分重要的。在众多民族主义行动中，主力人群往往是大学生，大学生同时又是快餐市场的重要组成。因此，有必要深入了解大学生的民族主义倾向对国内外快餐品牌感知的影响。

Sumner（1906）最早从社会学和心理学的范畴研究民族中心主义，认为人们具有将自己所属的群体视为所有事物中心的倾向，夸大自己群体的优越感，轻视其他群体的成员。美国学术界在20世纪80年代把民族化倾向和消费行为联系在一起，提出了“美国消费者购买外国制造的产品是否正确与适宜”的问题。在消费行为方面，Shimp和Sharma（1987）首次将消费者民族中心主义倾向定义为消费者面临在国产商品和进口商品之间选择时，会对本国商品产生自然的认同和偏爱，而对进口产品有抗拒心理。民族中心主义消费者认为购买进口货是错误的和不爱国，会伤害本国经济并导致本国失业加剧。相反，非民族中心主义消费者主要依靠产品本身的属性来对产品加以评价，不考虑产品的原产地。

Shimp和Sharma给出了消费者民族中心主义倾向量表（consumer ethnocentrism tendency scale，CETSCALE），该量表由17个条目构成，每个条目采用李氏七点量表。CETSCLAE的总分值在17～119之间，分值越高，消费者民族中心主义倾向越严重。他们的研究发现CETSCALE得分与消费者对外国商品的态度负相关，与对本国商品的态度正相关。其研究还验证了CETSCALE和产品消费行为之间的内在关系：CETSCALE和外国产品消费行为负相关，同本国产品消费行为正相关（消费行为的具体内容见后）。

评述：

① 首先，在上述的两个段落中，作者讨论了消费者民族主义倾向的概念、来源以及在消费行为上的应用。在第二个自然段的文献回顾中，提到了消费者民

族中心主义倾向量表（CETSCALE），并且讨论了消费者民族中心主义倾向和消费者对于国内外商品态度以及购买行为之间的联系。但是在这个文献回顾部分，对于这个量表的讨论过于细节，比如说提到了该量表的构成条目、测量方法等。一般来说这些在文献综述部分是不需要的，只是在研究方法的变量测量部分才会有所涉及（见本书后面研究方法的文献综述部分内容）。原因之一是在此所要讨论的是消费者民族主义倾向和消费者态度以及购买行为的关系，而量表只是对于这个变量的测量而已。

同样，作者的表述"CETSCALE 得分与消费者对外国商品的态度负相关，与对本国商品的态度正相关。其研究还验证了 CETSCALE 和产品消费行为之间的内在关系：CETSCALE 和外国产品消费行为负相关，同本国产品消费行为正相关"也有问题，因为从实质上说，CETSCALE 作为一个量表，不能说和其他变量存在着某种关联。正确的表述是消费者民族主义倾向这个变量和其余变量的关系。

② 在这里请读者注意的一个细节是，在第二自然段的开始作者引用了 Shimp 和 Sharma 的研究，但是并没有给出时间。原因是作者认为在上一个自然段中给出了同样的引用并标出了时间，因此在后面一段就不需要了。但是一般来说，另起一段时，作者需要给出完整的引用，否则容易引起读者的误解。严格地说，即使在一个段落中，一般来说在重新引用时也应该给出时间。

③ 还有的一个细节就是作者的表述，例如："……CETSCALE 和产品消费行为之间的内在关系……"。其实这样的表述是有问题的，原因是消费行为这个概念是非常宽泛的，它包括感知、态度和购买行为等各个方面。因此作者需要对这个概念加以细化，明确它到底指的是什么。相信作者所引用的研究中涉及的是其中某个具体的概念，但是作者在这里只是给出了一个泛泛的行为，没有忠实于原来的文献。

（续原文）

Nete-meyer、Durvasula 和 Lichtenstein（1991）将 CETSCALE 在德国、法国、日本、美国四国做了跨文化的检验，结果证明了 CETSCALE 的跨文化有效性。Shin 和 Jeongshin（1993）在韩国的研究发现 CETSCALE 同集体主义、爱国主义和保守态度正相关，但同文化开放性、教育和收入负相关。民族中心主义和对进口产品的态度之间的关系受到产品属性等因素的调解作用影响。Shimp、Sharma 和 Shin（1995）在韩国的研究证明 CETSCALE 在东亚文化圈同样适用，并完善了消费者民族中心主义的先行变量（文化开放性、集体主义、家庭观念、价格意识、时尚意识、领导意识和社区意识）和调节变量（能力认知、严重性认知、成本认知和社会规范，以及产品必要性），建立了消费者民族中心主义模型。Tomas、Bruce 和 Barbara（1999）在日本、美国和瑞典的研究证明 CETSCALE 具有单维性、内部一致性和区分效度。总之，消费者民族中心主义这一概念在发达国家得以验证。但是 Durvasula、Andrews 和 Meyer（1997）在东欧的研究发现，消费者对外国品牌的态度与 CETSCALE 并不呈负相关关系。这主要因为东欧地区国产品牌严重不足或质量太低，消费者更愿意购买进口产品。James、Chip、Irena 和 Irina（2005）在哈萨克斯坦和斯洛文尼亚的研究表明，在新兴转型经济中，民族中心主义倾向通过消费者对广告的态度间接影响消费者对品牌的态度，且只有有限的证据表明这一影响较强烈。Caruana（2005）的研究将敌意情绪增加到消费者民族中心主义的先行变量中。对亚洲金融危机时各国的研究也表明，国家遭受的打击越严重，其民族中心主义倾向越强烈。这其中的打击也包括历史原因，如战争入侵（Ang et al.，2004）。

评述：

① 作者在这个部分的文献综述主要是想讨论消费者民族中心主义对于消费者产品态度和消费行为的影响在不同文化下的适用性问题。但是读者可以明显地看到作者是以具体的研究为线索、逐一进行的文献回顾。本书曾多次提到这样的文献综述方法具有一些缺陷，比如没有归纳和总结，显得比较散和乱。因此作者在这里应该从三点来归纳和总结相关的研究：首先，是谁、在什么样的文化背景下发现了消费者民族中心主义和消费行为的显著关联；其次，有哪些研究发现了上述联系没有显著性；最后，是哪些研究发现了两者之间的联系，但是这种联系是受到一些因素的调节，或者是通过某些因素而发生联系的。这样的话，读者可以很清楚地了解到在消费者民族中心主义和消费行为上的关系方面，目前相关研究中存在的不同发现。而作者目前的文献综述让读者难以得到关键的信息，需要自己再对这些信息做进一步的加工。相信读者可以通过这个例子再一次体会到，文献综述不是对相关研究的结论进行逐一的罗列，更重要的是需要文献回顾者对这些文献进行总结、归纳和评述。

② 文献综述应该为所讨论的问题服务。在这部分内容中，作者想要讨论的是消费者民族中心主义倾向和消费行为的关系在不同文化背景下是否显著、是否具有适用性问题，因此对于文献的回顾应该牢牢围绕着这个中心。但是可以看到作者在对一些研究进行回顾时，涉及了其他的一些问题。例如作者在回顾 Shin 和 Jeongshin（1993）在韩国的研究中，谈到的是消费者民族主义倾向与集体主义、爱国主义、保守态度、文化开放性和教育及收入的关系；在讨论 Tomas、Bruce 和 Barbara（1999）在日本、美国和瑞典的研究时，提出的是该研究证明了 CETSCALE 具有单维性、内部一致性和区分效度，从而在发达国家验证了消费者民族中心倾向的存在；在讨论 Caruana（2005）的研究时，指出了消费者民族中心主义倾向的先行变量中包括敌意情绪；以及影响消费者民族中心主义倾向

的其他因素如国家遭受的打击，表现在遭受的战争入侵（Ang et al.，2004）等。其实这些研究与作者所想表述的核心观点（消费者民族中心主义倾向和消费行为的关系）并不十分相关，因此对这些文献的回顾没有很好地服务于所讨论的问题。

（续原文）

王海忠（2003）证明我国消费者同样存在民族中心主义倾向，并给出了中国化的 CETSCALE。这个研究通过在北京、上海、成都和福州的调查发现，CETSCALE 的 17 个条目的可靠性均超过 0.50。Alpha＝0.9406，Standardized-item Alpha＝0.9407，中国化的 CETSCALE 具有很高的信度。本研究采用这一中国化的 CETSCALE（见附录 A）测度大学生群体的消费者民族中心主义倾向。之后的国内研究通过对手机、冰箱市场的调查，依据消费者民族中心主义倾向的强度将我国消费人群分为国货崇尚者、国货接收者和崇洋者，三个群类的 CETSCALE 得分依次降低（王海忠、赵平，2004）。但此研究中只涉及了 IT 产品和白色家电，并没有包括快餐这类餐饮服务产品。消费者在选择 IT 产品和白色家电与选择快餐的心理并不相同，购买前者要考虑到产品使用的寿命、质量、维修等，购买后者要考虑到方便、安全、卫生、营养等，民族中心主义倾向对购买行为的影响也会因此产生差异，所以在对大学生快餐消费市场进行细分之前，需要进行相关实证研究。

评述：

① 在这个段落中，同样存在上文提到的问题，即对于文献的回顾涉及了没有必要的细节如量表的可靠性（信度）。

② 这篇文章想要研究的是民族中心主义倾向如何影响大学生对中西品牌快餐的态度和购买意愿，因而态度和购买意愿是关键的两个因变量。但是在整个文献综述中，读者没有看到对于态度和购买意愿的文献回顾。因此总体来说，本文缺少了一部分很重要的文献综述。文章似乎变成了对于消费者民族中心主义倾向这个问题的回顾，包括其发展、对于消费者的影响、在不同文化下的检验以及如何测量的问题，在较大程度上偏离了本文所要研究的问题。

（本案例的其他内容略）

总体评述：

① 本文的最大问题是在文献综述中遗漏了对因变量（大学生对国内外品牌快餐的态度和购买意愿）的讨论，因而使得整个文章不完整。此外，对于影响因变量的消费者民族中心主义倾向讨论的过多，包括许多没有必要涉及的细节。

② 本文的主题是从社会心理学的角度研究大学生对中西快餐的态度和消费行为，而不是消费者民族中心主义倾向的跨文化适用性以及该量表测量方法的讨论。但是本文花费了大量的篇幅对这个量表进行了讨论，偏离了主题。从作者回

顾的文献来看，在消费者民族中心主义倾向方面的文献比较丰富，这可能是作者对于文献的综述主要集中在这个量表上的原因。但是文献综述还是要为自己的研究服务，不能在比较丰富的文献上涉入得太深，以致偏离了所要研究的问题。

第九节　案例十五：创业导向与企业绩效——环境、进入顺序和胜任力的影响

一、引言

内生增长理论认为创业精神/企业家精神（entrepreneurship）与资本和劳动力一样是推动经济增长的重要因素，而经济的增长是“从下而上”（bottom-up）的（Stohr，1990；Stohr & Taylor，1981），所以创业精神对经济增长的推动作用是通过对企业绩效的影响达到的。

对创业精神与企业绩效的实证研究也表明创业精神对企业绩效具有促进作用（Covin & Slevin，1991；Smart & Conant，1994；Wiklund，1999）。对两者关系的研究也从早期的关注直接关系转向研究中介变量和调节变量对两者关系的影响（Keh，Nguyen & Ng，2007；Lumpkin & Dess，1996；Wiklund & Shepherd，2003）。然而从研究的方便性考虑，大部分研究都只考虑到某一中介变量或调节变量的影响，在选取样本时通过有意控制其他变量的方法使得研究集中在某一变量的影响上。这种研究方法尽管具有效率高的优点，但也带来两个问题：一是实际选取样本时并不能完全控制研究框架外其他变量的影响，因此会影响到研究结果的稳定性（robustness）；二是使得创业精神与企业绩效之间的联系比较片面，不能完整挖掘各变量之间的相互关系。

本研究试图建立创业精神与企业绩效之间关系的结构模型，把企业规模、营运年限以及环境、进入顺序、胜任力等变量统一纳入到该结构模型中进行研究。其中，对于创业精神的测量采用创业研究学者广泛接受的创业导向（entrepreneurial orientation）这一概念。

在下面的内容中将进行文献的回顾，对有关概念进行界定，在此基础上提出研究假设并建立结构模型。

评述：

① 相比本书给出的其他案例，本案例是比较成熟的文献综述之一。在这个引言部分，作者的逻辑清晰、层次感较好，基本涵盖了引言所应该包括的内容。当然，读者期望在引言部分能够看到本研究的现实意义和理论意义，也就是说为什么要进行这个研究。因此如果作者在引言部分能将这个问题表述清楚，则将会

是一个更好的引言。

② 其次，作者在提出本研究的目的时，指出要把企业规模、营运年限以及环境、进入顺序、胜任力等变量统一纳入到创业精神与企业绩效之间的关系模型中。但是作者并没有指出为什么要将这几个变量纳入到关系模型而不是其他的一些变量，以及研究这几个变量的调节或者中介作用的意义是什么，在引言部分可以作一个简单的介绍。

③ 通过这个例子希望指出的是，引言是一篇文章中的关键部分之一。读者通过这个部分首先希望了解的是研究到底具有什么意义，为什么要从这个角度进行这个研究，以及本研究将会如何丰富现有的文献。只有在这个基础上，文章的评审人员或者读者才会有兴趣继续阅读一篇文章。因此说引言就像是一个人的“门面”，作者需要在较短的篇幅里将这些问题都交代清楚。

④ 本文用创业导向来测量创业精神，并指出这是创业研究学者广泛接受的。那么为了进行佐证，这里最好能引用一个或者更多的文献。

（续原文）

二、文献综述与研究假设的提出

2.1　创业导向（entrepreneurial orientation）和企业绩效（firm performance）

Miller 和 Friesen（1982）最先提出了创业导向的概念，认为创业导向是“导致进入新的领域的过程、实践和决策活动”（Lumpkin & Dess，1996）。目前研究者普遍认可的创业导向的三个核心维度是：风险承担、超前行动和创新（Wiklund，1999）。其中，风险承担指的是积极把重要的资源投入到结果高度不确定的机会开拓或战略上；超前行动指积极采取超前于对手的行动以获得竞争优势；创新指企业积极进行创造性活动并把这种活动带来的新产品、新服务推向现有或全新市场的倾向（Keh，Nguyen & Ng，2007）。

大量理论和实证研究表明，创业导向对绩效产生积极的作用（Covin & Slevin，1991；Smart & Conant，1994；Wiklund，1999）。因为创业导向意味着先入优势和新机会开发，创业导向的企业能够瞄准溢价细分市场，先于竞争对手索要高价并在市场上“撇脂”（Zahra & Covin，1995）。创新使企业得以领先于竞争对手并建立竞争优势；超前行动赋予企业先于竞争对手向市场提供新产品/服务的能力（Wiklund & Shepherd，2003）；高风险战略在长期给企业带来的期望回报也可能高于低风险战略（McGrath，2001）。

本研究同时采用财务和非财务指标来衡量企业的绩效。尽管有学者认为，在采用多维度的绩效测量时可能存在创业导向与绩效的其中一些维度正相关，但与另外一些维度负相关的情况（Lumpkin & Dess，1996），大多数的实证研究还是表明创业导向与企业绩效显著正相关（Covin & Slevin，1991；Smart & Conant，1994；Wiklund，1999）。

假设 1：创业导向与企业绩效正相关。

评述：

① 在进行文献综述时，作者需要注意所引用的文献必须准确、不会引起歧义。请注意作者的一个引用："Miller 和 Friesen（1982）最先提出了创业导向的概念，认为创业导向是'导致进入新的领域的过程、实践和决策活动'（Lumpkin & Dess，1996）"。这个引用可能会引起读者的不解：对于这个概念的定义到底是出自 Miller 和 Friesen，还是 Lumpkin 和 Dess？是作者从后者的文章中得到的 Miller 和 Friesen 最早给出的这个定义吗？这个定义的具体文字是出自前者还是后者？这些都不清楚。那么当读者需要查阅相关文献时，就会产生一些疑问。

② 当在引用中采用了文献的原话时，需要加上引号，并在其后给出具体的页码。这个问题在本书的其他案例评述中也多次提及，希望引起大家的注意。因此在给出创业导向的定义后的引用中，需要给出这个定义出现在相关文章中的页码。本文的下面内容中也多次出现类似的问题，就不再一一指出。

③ 作者提出在本研究中将采用财务和非财务指标来衡量企业的绩效这个变量，但是读者无法了解作者为什么要采用这样的衡量方法：这样的衡量方法较之现存文献中的衡量方法有什么优点？只采用一个指标的衡量方法存在什么样的缺陷？有没有相关的文献对这个问题进行了研究，结果是什么？相信对这方面文献的回顾将有助于读者对这个问题的理解。

④ 当然，作者在这里也需要对所提及的财务和非财务指标进行比较详细的介绍：所谓的财务指标到底指的是什么，而非财务指标又是什么含义。在文献综述中可能并不需要对如何测量财务和非财务指标进行详细的方法上的介绍（这个部分往往在"研究方法"部分），但是作者应该对这两种指标的含义进行介绍。

⑤ 既然对于企业绩效的衡量有多个维度，例如这里的财务和非财务两个维度，而作者在文献综述时也提到"在采用多维度的绩效测量时可能存在创业导向与绩效的其中一些维度正相关，但与另外一些维度负相关的情况"，那么创业导向和绩效的不同维度之间的关系应该能够更加明确和科学地反映出创业导向和绩效之间的关系。相反，如果不对绩效这个变量进行"解剖"，只是泛泛地研究创业导向和绩效这个宽泛概念之间的关系并提出假设，那么也许会得出错误的关系。因此在这里作者可以考虑提出两个假设，分别检验创业导向和绩效的财务指标和非财务指标之间的关系是否显著。读者可以参考本书在相关案例中提出的这方面的问题，以及给出的范例。

（续原文）

2.2　进入顺序（pioneering/following）

Golder 和 Tellis (1993) 把先入者定义为“第一个销售一种新的产品类别的企业”，这里的产品类别指“消费者认为可替代的并与其他产品类别截然不同的一组替代品”。

尽管先入优势已经被很多学者以及业界的人士所认同（Carpenter & Nakamoto，1989；Carpenter & Nakamoto，1994），它的实证研究结果并不十分明确（Kerin，Varadarajan & Peterson，1992），许多研究结果甚至是相互矛盾的（Covin，Slevin & Heeley，1999）。Golder & Tellis (1993) 选取了 50 个产品类别中的 500 个产品进行研究，结果发现其中几乎一半的先入者都失败了，幸存下来的企业的平均市场占有率也较低。然而他们的研究也发现，较早的市场进入者（而非最早进入者）大多能取得长期成功。

大量研究表明，先入者由于其独有的竞争地位，其产品在市场上能获得溢价（Bobrow & Shafer，1987；Lambkin，1988）。然而，由于后入者的产品没有这种溢价，所以他们往往比先入者更加重视成本的控制，并倾向于打价格战。先入者由于没有后入者重视成本控制，反而可能在价格战中处于不利地位，并影响到企业绩效（Covin，Slevin & Heeley，1999）。另外，在意识到创新的高成本以及新产品的高失败率后，企业更明智的选择可能是让其他企业先进入，当新产品表现出市场潜力后自己再进入并与先入者竞争以夺取市场份额（Schnaars，1994）。

创业的本质就是新的进入，新的进入既包括进入新的市场，也包括进入现有市场；既包括通过新的产品/服务进入，也包括用已有的产品/服务进入（Lumpkin & Dess，1996）。同时，新的进入既指新企业开始新事业，也可以指现有企业开始新的事业即通过公司内部创业活动开始新事业（Burgelman，1983）。高创业导向与先入优势以及把握新机会的能力紧密相关，并进而正面影响到企业的绩效（Wiklund，1999）。

因此可以假设企业创业导向对于企业绩效的影响，是通过进入顺序这一中介变量得以实现的，即创业导向水平高的企业，倾向于较早进入市场，通过发挥先入优势取得较好绩效。

假设 2：创业导向与进入顺序正相关，即高创业导向的企业倾向于抢先进入；

假设 3：进入顺序与企业绩效正相关，即进入较早的企业绩效较好。

评述：

① 首先，作者在推出“假设 2”和“假设 3”的过程中存在着逻辑问题，具

体表现是在一些概念上出现混乱。作者首先提出了最早的进入者不一定就能取得较好的绩效，而实证研究发现的是较早的进入者大多能在绩效上表现突出。其后作者引入了一个“先入者”这样的一个概念，这里读者并不十分清楚所谓的先入者的含义是什么，是最早进入还是较早进入？

② 但是即使是就先入者而言，第三个自然段的文献回顾也表明先入企业并不一定就具有优势。随后，作者又回到创业这个核心的概念，提出“创业的本质就是新的进入”，那么这个新的进入是最早的进入还是较早的进入？读者不得而知。在提出假设时，作者最后给出了“进入顺序”这个不同的概念，读者同样无法理解这个顺序指的是首入还是较早进入。此外，如何衡量进入顺序？首入的进入顺序应该是最早的，那么根据“假设 3”，首入的企业绩效应该是最好的，这样的话，与作者根据文献提出的最早的进入者不一定具有好的绩效这个实证研究的结论相矛盾。总之，这几个概念存在一定的混乱。其实，按照作者的推理，真正应该调节企业创业导向的应该是在先入优势的前提下把握新机会的能力，那么这里面又引入了一个“把握新机会的能力”这样的一个变量，从这个角度上看，作者提出的假设就存在问题了。

通过这个例子希望提出的是，对于概念的精确把握和缜密的逻辑推理是在综述文献的基础上提出研究假设的根本要求，这是在写作学术论文时需要首先掌握的。当然，由于本书核心论述的时文献综述方法和方式，因此对这个问题不展开讨论。

③ 再来看看作者的这么一段文献回顾：“创业的本质就是新的进入，新的进入既包括进入新的市场，也包括进入现有市场；既包括通过新的产品/服务进入，也包括用已有的产品/服务进入（Lumpkin & Dess，1996）。同时，新的进入既指新企业开始新事业，也可以指现有企业开始新的事业即通过公司内部创业活动开始新事业（Burgelman，1983）。”从本小节的内容来看，作者如果将这小自然段的内容放在原文的第一和第二自然段之间，即先给出创业和进入顺序的关系，然后再进一步讨论进入顺序和企业绩效的关系，这样在逻辑上似乎更加合理。

（续原文）

2.3 胜任力（competency）

所谓胜任力通常是指在一个组织中绩效优异的员工所具备的能够胜任工作岗位要求的知识、技能、能力和特质（McClelland，1973）。企业创业导向、胜任力和企业绩效之间有着密切的关系（Tzokas & Kyriazopoulos，2001）。

在创业导向与胜任力关系方面，相关研究表明，创业导向是影响组织胜任力的重要因素（Miles & Arnold，1991）。市场胜任力、创业胜任力是与整体的导向及最终的企业绩效联系在一起的（Covin & Slevin，1989）。相关研究也证明了运营胜任力（市场胜任力、管理胜任力）与创业导向和市场导向之间的互动，影响了企业整体绩效（Tzokas & Kyriazopoulos，2001）。而对中小企业而言，企业家胜任力是最为关键的胜任力。

另一方面，胜任力与企业绩效之间的关系，也是当前研究关注的焦点。当前对于胜任力的研究往往采用过程或者行为的方式，它被界定为企业所有者成功履行其职责的所有能力的总和（Chandler & Jansen，1992）。更进一步从因果关系上看，与人格和动机相比，从行为角度来构建的胜任力与绩效的关系更加接近（Herron & Robinson，1993），因而可以作为个人特征与企业水平绩效之间的桥梁。已有部分研究证明了胜任力对于企业绩效的作用（McClelland，1987）。而在 Baum（1994）的模型中，胜任力与企业成长联系在一起。

所以可以假设企业创业导向对于企业绩效的影响，是通过企业家胜任力这一中介变量得以实现的，即创业导向水平高的企业，通过促进企业家胜任力，进而提高企业绩效。

假设 4：创业导向与企业家胜任力正相关，即高创业导向的企业的企业家胜任力较强；

假设 5：企业家胜任力与企业绩效正相关，即企业家胜任力高的企业的绩效较好。

评述：

① 在上述内容中，作者结合文献给出了胜任力这个概念。其后这个概念被进一步细化为市场胜任力、运营胜任力（包括市场胜任力和管理胜任力）、创业胜任力和企业家胜任力。一般来说，对于在文章中出现的任何概念，作者都应该结合文献对这些概念进行定义。

② 作者在第二个自然段提出："而对中小企业而言，企业家胜任力是最为关键的胜任力。"这是一个非常关键的论断，也是为什么作者在其后只针对企业家胜任力提出相关假设的原因。那么对于这么一个重要的论断，作者无疑应该给出参考文献：什么研究提出了这样的论断，理由是什么。

③ 既然作者已经提出了对于中小企业而言，企业家胜任力而非其他的几种胜任力是关键的，并且在后面提出了只针对企业家胜任力的研究假设，那么读者可以推理出作者在本文中所研究的企业应该是中小企业。但是作者在本部分内容以至文章的其他部分并没有对这个问题进行交代。如果本文所研究的企业确实限制在中小企业，那么作者就应该对为什么选择这个类型的企业进行研究进行说明。

④ 在没有将研究对象界定在中小企业的情况下，作者将最后所要考察的变

量限定为企业家胜任力，而不是其他的几个胜任力。但是作者对这个筛选的过程缺乏论述，例如作者所回顾的文献讨论了创业导向和运营胜任力等（不包含企业家胜任力）之间的关系，其后结合文献讨论了企业家胜任力和企业绩效之间的关系，最后提出了从创业导向到企业家胜任力，再到企业绩效的两个假设，这其中的问题是显而易见的。

（续原文）

2.4 环境（environment）

本研究中的环境主要指企业所处产业环境的良好性/恶劣性（benignity/hostility）。在研究两个变量关系时引入第三个变量能有助于减少错误推断的可能性并能使研究者更准确、更深入地理解这两个变量之间的关系（Rosenberg，1968）。Lumpkin 和 Dess（1996）在总结前人研究的基础上指出，产业、环境因素以及企业的结构、管理等因素是影响创业导向与企业绩效之间关系的条件变量（contingent variables），他们认为环境因素对创业导向与企业绩效之间的关系不但具有调节效应（moderating-effect），而且环境因素与创业导向还对企业绩效具有独立效应（independent-effects）。另外，他们认为除非企业实行有机式组织结构，否则环境与创业导向之间不具有直接关系。事实上，环境对企业绩效具有独立效应的假设是与传统的产业组织范式相一致的（Porter，1981），以往很多研究都已证实了产业环境对企业绩效存在直接的、显著的影响（如 Beard & Dess，1981；Lieberson & O'Connor，1972；Rumelt，1982）。

另外一方面，理论和实证研究的结果显示进入顺序是一个特定环境的现象，也就是说，在特定的环境下，因为预期到能通过先入获得竞争优势，企业更愿意抢先进入，而在另外一种环境下，因为预期不能通过先入获得竞争优势，企业不愿意先进入（Covin，Slevin & Heeley，1999）。事实上，Stinchcombe（1965）较早意识到环境和组织因素对于新进入企业成功的重要性，他认为，在良好环境下新进入企业较易成功，而在恶劣的环境中的新进入企业容易夭折。

所以可以假设产业环境不但能独立影响到企业绩效，还对创业导向与企业绩效之间的关系具有调节效应，而这种调节效应是通过它对创业导向与企业绩效之间的中介变量——进入顺序的直接影响形成的。

假设 6：产业环境影响企业的进入顺序，良好的产业环境中的企业倾向于抢先进入；

假设 7：产业环境与企业绩效正相关，处于良好产业环境中的企业绩效好于处于恶劣产业环境中的企业。

评述：

在这里不从专业的角度对上部分内容中的逻辑性进行评述，因为这毕竟不是本书的目的。从文献综述的角度，这部分内容也存在着一些问题。例如在第一个自然段，作者对相关文献中的这么一个观点进行了回顾，即："另外，他们认为除非企业实行有机式组织结构，否则环境与创业导向之间不具有直接关系。事实上，环境对企业绩效具有独立效应的假设是与传统的产业组织范式相一致的(Porter，1981)，以往很多研究都已证实了产业环境对企业绩效存在直接的、显著的影响。"这里的一些概念例如"有机式组织结构"和"传统的产业组织范式"，都需要作者做一个简单的介绍。这个问题在上面的评述中也进行了强调。

(续原文)

2.5 营运年限（age）与企业规模（scale）

在研究创业导向与企业绩效之间的关系时，现有研究（如 Durand & Coeurderoy，2001）大多把企业的营运年限和规模作为协变量加以控制或研究企业营运年限和规模与企业绩效的直接关系。但也有文献指出企业的营运年限和规模会直接影响到企业的创业导向（薛红志，2005）。据此提出下面假设：

假设 8：营运年限与创业导向负相关，即营运年限越长的企业的创业导向水平越低；

假设 9：企业规模与创业导向负相关，即规模越大的企业的创业导向水平越低。

评述：

作者提出"假设 8"和"假设 9"的依据是有文献指出营运年限和企业规模会直接影响企业的创业导向。这样的依据是不足以佐证为什么提出相关假设的。原因很简单，作者不能因为有人发现或者没有发现某个现象（例如两个变量之间的显著关系）就提出一个假设来验证二者的关系。这个问题已经讨论过，读者也可以参看"如何提出假设"一节。总的来说，要提出一个假设，作者需要对二者为什么可能具有某种联系进行逻辑上的论证，在这个论证的过程中当然要结合相关的文献。在建立了这个逻辑的关系后，再来看看实证研究，看看对这两个变量的关系进行分析的相关实证研究，它们的结论是不是一致，是否存在矛盾，以及原因是什么。最后是作者所要进行的研究都具有哪些特点和条件，这些特点和条件是否会促使研究者提出一个具体的假设。

(续原文)

综合以上假设，可以得到如图 1 所示的结构模型。

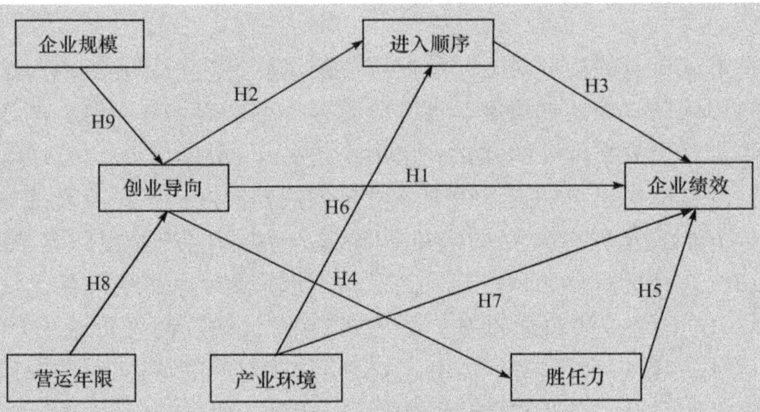

图 1　创业导向与企业绩效的结构模型

评述：

在许多学术文章中，作者在分析了相关变量之间的关系并提出一系列假设之后，会给出一个模型（framework），这样的一个模型会让读者对于相关变量之间的关系有个集中的、更加清晰的了解，在某种程度上也可以成为后续研究的一个理论框架，因而具有较大的意义。

此外，将假设中所有涉及的变量置于一个模型中，结合相应的统计分析手段例如结构方程模型进行统计分析，可以得到变量之间的整体关系，避免了单独研究少数变量之间的关系所产生的片面的、不正确的结论。在这个方面的知识请大家参考结构方程模型方面的书籍。

第十节　案例十六：CEO 人口统计学特征与企业多点竞争策略的关系探讨

一、引言

企业间“相互忍让”的现象在商业中屡见不鲜。素以婴儿护理产品见长的强生在婴儿尿布市场空缺，以及素以洗护产品称雄的宝洁在婴儿洗护发产品上的让步，都是企业间和谐相处、相互忍让的例子。

产业组织的研究人员将这种奇特的现象称为“相互忍让”。强生和宝洁分别在婴儿护理和洗护产品市场占据主导，若是强生侵入纸尿布市场，对宝洁的帮宝适产品构成威胁，那么宝洁就很有可能推出婴儿洗护产品，对强生进行反击。所以，双方都通过放弃进入对方占据的市场来达到相互忍让的态势，此时竞争趋于缓和。

上述相互忍让现象是多点竞争的产物。多点竞争包括了多市场竞争和多时点竞争两种情况，其中多市场竞争是多点竞争最常见的方式，指对手企业之间同时在多个市场展开竞争活动（Gimeno，1994）。多市场这个概念包括不同的产品市场，如海尔和海信同时在黑色家电和白色家电等多个市场上竞争；也包括在同一种产品上或同一个行业里的不同地域市场上比拼，如国航、东航和南航在国内主干线市场上的竞争；还包括在多个国家市场上的竞争，比如米其林与固特异在全球汽车轮胎行业中的对抗。

本文将从企业CEO的任期入手，对多市场竞争情况下企业的新市场进入策略进行探讨，研究企业竞争战略与多市场接触程度的关系。

评述：

① 毫无疑问，“相互忍让”是本文的一个核心概念。作者试图通过一个例子来解释什么是相互忍让，而没有给出一个基本的概念，这样是不合适的。一般来说，应该首先给出一个目前文献中比较认可的定义，然后再辅以例子加强读者对这个概念的理解。

② 作者在引言部分遗漏了一个比较重要的内容，即为什么要研究在多点竞争下企业间的相互忍让问题：研究这个现象对于企业制定竞争策略非常关键吗？目前我国有很多企业对这个问题没有很好的理解、对于这个策略的没有较好地应用吗？这是一个目前理论界和业界都比较关注的问题吗？这个问题在国外的研究和实践中是不是已经有了充分的讨论，而在我国还没有展开等等，作者在引言部分可以结合相关的文献对这些问题进行讨论。

③ 作者在引言部分的最后一段提出了要从企业的CEO的任期入手来研究企业间的多点竞争这个问题，显得比较唐突。现有的文献一般是从哪些角度入手来研究企业间的多点竞争这个问题呢？为什么要选择从CEO的任期入手呢，作者没有做一个很好的铺垫。

④ 作者给出了英文缩写CEO，这样的用法不太规范。一般来说，当首次出现一个英文概念时，应该给出全称以及缩写，在其后的内容中才能使用缩写。对于中文概念，第一次出现时也应该给出全称，其后才能使用简称，并且在全文中应该保持一致。请看后面的几个例子：

例文1：

随着我国市场的进一步对外开放，特别是我国加入了世界贸易组织（The World Trade Organization，WTO）后，本土企业面临日益加剧的市场竞争。根据WTO的相关规定，在一些产品的贸易条款上如市场准入方面，加入世界贸易组织的国家和地区必须对国外企业实行与国内企业相似的政策和给予相同的待遇。

例文 2：

Fishbein 模型（Ajzen & Fishbein，1980）是一个在消费行为研究中被广泛采用的分析框架，该模型认为消费者对某种产品的购买意愿（buying intention，BI）受两个因素的影响：一是消费者对于购买该产品的态度即自我认知（attitude toward buying，AT，以下也简称态度），二是消费者为了迎合整个社会或者自己所属群体的规范而去接受和购买该产品（subjective norm，SN，主观规范），也称从众心理。从众心理进一步由两个因素决定，其一是标准信念的强度（normative belief，NB，即其他人认为一个行动应不应该做的强度），其二是对该信念遵从的动机（motivation to comply，MC），即该消费者在多大程度上会去遵从别人的看法和意见。

引自：张黎，马京晶．2006. 消费经验、文化意含与 Fishbein 模型．营销科学学报，2（3）：30-43.

例文 3：

文献回顾表明，对企业赞助效果的相关研究主要经历了两个阶段：前期研究的关注点主要是赞助企业或者赞助品牌（为简化起见，后统称赞助品牌）市场知晓度等的提升，后期的关注点转变为赞助品牌形象的建立、加强或者改变（Crowley，1991；Marshall，1992）。

引自：张黎，林松，范亭亭．2007. 影响被赞助活动和赞助品牌间形象转移的因素——基于蒙牛酸酸乳赞助超级女声的实证研究．管理世界，166：84-93.

⑤ 在结束引言部分内容时，作者提出本文的研究目的就是要对多市场竞争情况下的企业新市场进入策略进行探讨。这里又涉及了一个新的概念即新市场进入。而作者在前面的内容中主要讨论的是所谓的相互忍让问题，那么新市场进入与相互忍让之间的关系到底是什么；为什么前面谈了大量的相互忍让问题，而这里却要研究新市场进入问题？相信这些问题都会呈现在读者的脑海里。而只有当读者继续向后看，才会发现原来作者以新市场的进入与否来考察企业间“相互忍让”，也就是说用是否进入新的市场作为企业间相互忍让的衡量变量。从这个方面来看，作者在引言部分没有简单交代清楚这个问题，容易引起读者的误解。作者在构思文章架构，包括文献综述的时候，可能已经在脑海里有了一个逻辑的思路和推理过程，但是读者毕竟不是作者，因而在阅读理解的过程中会出现困难，需要作者将自己的逻辑思路清晰、完整地加以介绍，即要站在读者的角度来组织文章的内容。

（续原文）

二、文献回顾

多点竞争的理论起源于产业组织经济学，起初主要关注寡头独占的情况，后经发展涵盖了多方面的内容，例如研究企业间横跨多个市场的竞争问题（Gimeno，

1994）。关键的概念包括战略群、相互忍让（mutual forbearance）以及产品线的对抗（product-line rivalry）等等。虽然这三方面的问题涉及不同的机制，但核心问题都是一样的，那就是企业间战略性的共谋有利于降低竞争强度，企业也乐于分享相似的市场。原因是企业都清楚，激烈的竞争会损害彼此的利益（Bamett，1993；Gimeno & Woo，1996）。

评述：

应该说，在这个部分“战略群”和“产品线的对抗”都不是关键的概念，本文也并不对这些问题进行研究，因而可以避免提出这些概念。但是如果提出了这两个概念，那么就应该加以解释，否则读者可能难以理解。

此外，作者提到：“虽然这三方面的问题涉及不同的机制，但核心问题……”。这其中机制到底是什么含义，作者并没有交代清楚。通过这个例子希望指出的是，对于在文章中所涉及的一些关键或者是具有专业性的概念，起码应该给出一个简单的介绍，否则一些非本领域的读者可能难以理解。

（续原文）

Porter 以及 Karnani 和 Wemerfelt 首先关注了多点竞争的问题，并分别利用焙咖啡产业和重型机械行业的案例阐述了这个问题。Porter（1980）率先讨论了相互忍让这种竞争状况，他认为，企业 B 在一个市场遭到企业 A 进攻时，企业 B 不会与企业 A 在这个市场上正面冲突，而会在企业 A 的另外一个市场对其发起攻击。同时，在多个行业或者市场进行竞争给企业带来了多种选择，一方面可重新配置竞争环境中的资源，另一方面可改变影响企业行为的竞争结构，企业间可能在多个市场上进行反击（Karnani & Wemerfelt，1985）。此外，Bernheim 和 Whin-non（1990）基于博弈论的分析提出企业间可能由于存在多点竞争而在竞争市场上相互妥协。

从企业的视角来看，市场进入是一种关键行为，是企业本身对自身与现有和潜在竞争对手之间的相对竞争地位的主动调整（Stephan，2003）。Baum 和 Korn（1999）以及 Havema 和 Nonnemaker（2000）的研究都发现，企业间的多市场接触与企业的新市场进入行为之间存在非线性的倒 U 型关系。

评述：

① 从上面的内容中，读者还是没有看到市场进入的定义，所谓的市场进入指的是进入到一个什么样的市场呢，在这个市场上竞争对手有产品投放还是没有等等，这些都需要作者结合文献给出明确的解释和界定。

② 作者结合文献指出“企业间的多市场接触与企业的新市场进入行为之间存在非线性的倒 U 型关系”，虽然在本文后面的内容中作者对这个倒 U 型的关系进行了比较详细的论述，在这里作者还是应该对这个倒 U 型关系（即两个不同

方向的关系）进行介绍。只是简单地指出所谓的倒 U 型关系是不够的，会让读者比较难以理解。请参看同样是对一个倒 U 型关系的论述：

例文 4：

有理论认为，消费者对于产品价格促销信息的处理遵循“倒 U 形”规律，即在不同的产品促销幅度下，消费者审视促销信息的仔细程度是不同的。在较高的促销幅度下（即“倒 U 形”的一端），消费者一般不会仔细审视促销信息，因为它带来的实惠是显而易见的；但是，在中等促销幅度下（即“倒 U 形”的中间部分），消费者会比较审慎地处理价格促销信息，因为促销带来的实惠并不容易判断（Grewal，Marmorstein & Sharma，1996）。在实证研究上，Heath 等发现当降价幅度较大时，相对数值所表述的降价信息会比绝对数值更让消费者感到划算；而在适度的降价幅度下，降价表述方式不能影响消费者对降价幅度的感知（Heath，Chatterjee & France，1995）。

引自：张黎，范亭亭，王文博．2007．不同降价表述方式下消费者对降价幅度的感知和购买意愿．南开管理评论，10（3）：19-28．（作者作了细微的改动，省略了对“倒 U 形”另一端的描述部分）

（续原文）

同时，多市场竞争策略作为组织行为决策的一种，受企业高级管理人员的决策过程影响（Gnyawali & Madhavan，2001）。相关研究发现企业的决策过程和策略倾向受公司管理人员特征与组织行为特征的影响，例如公司的 CEO 和高级管理层（top management team，TMT）的各项人口统计学特征，包括公司高级管理人员的教育程度（Wiersema，1992）、组织任期（Hambrick & D’ Aveni，1992；Keck，1991；Michel & Hambrick，1992）等。

本文将进一步从企业决策过程这一角度入手，以新市场的进入与否来考察企业间“相互忍让”，具体探讨在不同企业间多市场接触程度下，CEO 的任期对企业间接触程度与企业竞争战略选择之间关系的影响。

评述：

① 从作者在上面的论述来看，要研究的是企业高层管理人员的统计学特征之一，即 CEO 任期对于新市场进入和多市场接触程度之间关系的影响。也就是说企业的新市场进入与否和多市场接触程度的关系会受到 CEO 任期的调节作用。但是这样的一句话就会让读者比较难以理解作者到底想研究的是什么问题：“……具体探讨在不同企业间多市场接触程度下，CEO 的任期对企业间接触程度与企业竞争战略选择之间关系的影响。”这个说法很容易让读者产生疑问，搞不清楚这些概念之间的关系以及作者拟研究的变量之间的关系到底是什么。

② 通过这个例子希望提出的是：在文献综述部分，要对所讨论的变量之间

的关系进行比较清晰的讨论。对于一篇学术论文来说，在许多情况下所研究的就是一些变量之间的关系。那么文献综述就要为研究目的服务，对所要研究的关键变量以及之间的关系进行充分的讨论。例如对这些变量进行较为严谨的定义，清晰界定这些变量的内涵（如包含的维度等）；明确对于这些变量的测量方法（这一般在研究方法中结合文献进行讨论；讨论这些变量之间的关系，发现文献中的相关理论和实证研究将如何帮助我们进一步理解上述变量间的关系，例如在一些理论框架下，上述关系是不是会发生改变，是不是有其他的变量会影响或者说调节这些关系，在理论框架下相关实证研究的结论是不是存在矛盾，文献中发现的变量之间的关系是否在不同的文化、市场等背景下会发生变化等等。对于上述这些问题的讨论都应该在文献回顾的基础上进行。

③ 从上面的讨论可以看到，文献综述的一条主线就是变量以及相关关系，那么在文献综述部分就应该按照这条主线，富有逻辑性地安排文献综述的内容。例如一个惯常的做法是先结合文献对因变量进行讨论，然后是自变量等。在这个过程中插入对自变量和因变量之间的关系的讨论，并且结合所讨论的变量之间的关系提出自己的研究假设。读者可以从案例以及例文中仔细加以体会。

（续原文）

三、市场进入与多市场接触

对竞争对手进行认识和分析是企业竞争的基础，尤其是在一些行业中，一个企业的战略在某种程度上依据于竞争对手的行为。因此企业间的相互熟悉程度影响着企业间的进攻和反击行为（Chen，1988）。早期的研究多将企业与主要竞争对手之间在多个市场上的接触作为给定的变量研究企业的多点竞争行为（Bamett，1993；Gimeno & Woo，1996）。然而在企业的管理层看来，与竞争对手的接触并非是一个不可改变的量。通过进入竞争对手占据的市场，企业可以人为影响与竞争对手的接触。与此同时，企业采取忍让还是进入策略也受现存的与竞争对手的接触水平制约。两者之间的相互影响关系大致如下图所示：

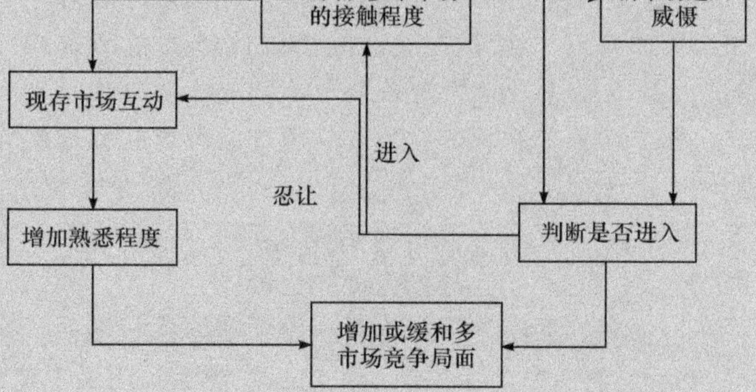

注：上图在 Jayachandran，Gimeno，& Varadarajan(1999)基础上略有改动。

评述：

利用一些图比如说变量之间联系的框架来帮助读者理解文章所涉及的变量以及变量之间的关系是一个较为常用的好方法。但是在使用这些研究框架时，需要注意以下几个方面：

① 如果模型是别人的研究成果，或者文献综述者只是在别人的研究成果基础上进行了某些改动，那么一定要给出引用的文献。严格地说，引用别人的模型应该经过作者、文章所刊登的期刊、书籍或者其他资料版权所有者的授权。在实践中，目前我国在这个方面要求还不是十分严格，但是相信随着大家版权意识的日益加强，作者应该更加规范地处理这个问题。

② 在图的下方应该给出图的序号和标题。这其实是一个文章的格式问题，但是有些学生和研究人员在这个方面缺乏规范性。此外，对于文章中的每一个表格，应该在表格上面给出表的序号和标题。

③ 对于类似上述的模型，作者应该尽量使其简洁和明了。与本文无关的一些变量应该尽量使其不出现在框架中，有些不需要的变量之间的关系等可以省略掉，当然前提是不影响对于模型的理解、不会给读者以误解。

（续原文）

形成对竞争对手的威慑效应（以眼还眼）是企业提高与竞争对手在多个市场的接触程度的动力之一（Greve，2000）。通过立足于竞争对手所占据的市场，企业能够建立起某种威慑能力，以应对未来的竞争态势（Haveman & Nonnemaker，2000）。在某些情况下，这种增加企业对竞争对手的威慑能力的动机甚至超越了进入新市场所能带来的企业间竞争地位的变化本身（Baum & Kom，1999）。

在前人研究的基础上，Stephan 和 Boeker（2001）研究了多市场接触对企业行为决策的影响，他们认为，在无法确认竞争对手的所将要采取行动的结果时，多市场上的竞争水平高低对企业的策略选择至关重要。在多个市场上面对相同竞争对手的企业更倾向于模仿对方的行为，即“以牙还牙”（Chen，1996；Porac & Thomas，1990）。即使是在企业无法确认进入新市场的结果时，最好的选择仍然是进入新市场，以避免将来处于不利的竞争地位（Vemon，1996）。

从另一方面看，企业对竞争对手的策略模式以及可能采取的竞争手段熟悉程度越高，模仿对手行为，侵入对手占据市场时的不确定性就越低（Caves & Porter，1977）。同时，一旦进入了新的市场，企业可以更多地与竞争对手接触，熟悉对手的行为，并建立起更加有效的威慑。

综上，在企业与竞争对手的多市场接触程度整体比较低时，企业对竞争对手有一定程度的熟悉。对竞争对手采取的策略可能导致的后果不确定性较高，此时，企业以牙还牙，在竞争对手侵入本身市场时，进入新市场的可能性和与竞争对手的接触程度应该正相关。

但是在企业和竞争对手在多市场上的接触程度本身已经较高时，情况有所不同。首先，侵入竞争对手占据的市场所能带来的威慑效应的增加十分有限(Baum & Korn，1999；Haveman & Nonnemaker，2000)。其次，在企业已经进入多个市场时，资源配置和综合竞争策略的问题必须纳入企业的考虑，为了维持现有的在多市场的竞争地位和威慑力，企业必须行之有效地分配资源(Haveman & Nonnemaker，2000)。这就使削弱了企业进入新市场的动力。最后，多市场上的高程度接触使的企业之间的信号传递更为充分，对对方行为所代表的意义以及可能产生的结果的认知也更加准确(Haunschild，1993)，从而双方更有可能达成协调、相互忍让。

综上，在企业进入新市场的行为和企业间的多市场接触程度之间，存在着倒U型的关系。在多市场的接触程度较低的时候，两者成正相关，在接触程度超过一定水平之后，呈负相关。

评述：

这里作者对企业进入新市场的行为和企业间的多市场接触程度的倒U型关系进行了论述。其实，从整个文章的内容安排上来看，如果作者将“文献回顾”部分的前五个自然段放在引言部分，而将“市场进入与多市场接触”这个小节及其后面的内容放在文献综述部分，相信整个文章的层次和逻辑性会更强，更容易阅读。

(续原文)

四、企业CEO任期的影响效应

在企业的高级管理人员中，CEO在企业战略转向的决策中所起的作用尤为突出(Pitcher et al.，2000)，他们肩负提出和实施企业的战略变革的大部分责任(Murmann & Tushman，1997；Tushman & Romanelli，1985)。更重要的是，在一个CEO的任期内，随着时间的推移其对多市场的关注会发生改变(Stephan & Boeker，2001)，进而影响包括新市场进入等在内的多点竞争下的企业战略选择(Miller，1993；Miller & Shamsie，2001；Viranyetal，1992)。

首先，任期较久的CEO对企业过去的情况了解较为深入，更倾向据此来判断企业的决策走向。他们对企业在多个市场的现存竞争地位比较敏感，对多个市场上的接触程度认知也较深。而新上任者在决策时更多关注的是市场的变化而非现存的竞争地位(Miller，1991)。

其次，由于与企业共同奋斗的时间长，对企业现有的竞争地位所作出的贡献大，任期较久的 CEO 会倾向于维持企业目前的战略地位（Staw & Ross，1980）。他们会更努力地保护企业在多市场上的竞争地位，采取与目前竞争态势一致性高的措施。而新上任的 CEO 一般都被期望在一定时间内做出改变（Miller，1993），他们观点较新颖，也有强烈的动机去制定和实施战略变革（Boeker，1992；Eredrickson et al.，1988）。

再次，任期较长的 CEO 更多地受到与现有竞争对手之间相互的制约，而新上任的 CEO 在做决策时更易忽视这些外界因素的制约（Einkelstein & Hambrick，1990；Geletkanycz & Hambrick，1997）。此外，与任期长的 CEO 相比，新到任者缺乏组织基础和公认的威信（Hambrick & Eukutomi，1991；Miller，1993；Ocasio，1994），而企业资源配置和综合竞争策略的问题需要整体决策和共同实施。因此，任期较短的 CEO 在面对协调多个市场的竞争地位的问题时，处理起来更为棘手。在做出与实施战略决策时，与现有竞争地位相悖的可能性较大。综上所述，提出如下假设：

在企业进入新市场的行为和企业间的多市场接触程度之间，存在着倒 U 型的关系。在多市场的接触程度较低的时候，两者成正相关，且 CEO 的任期越长，正相关关系越显著；在接触程度超过一定水平之后，呈负相关，且 CEO 的任期越长，负相关关系越显著。

评述：

① 其实作者提出的这个假设有两个部分：在多市场的接触程度较低的时候，市场接触程度与企业进入新市场行为两者成正相关，这个关系的强度受到 CEO 任期的调节作用；在多市场的接触程度较高的时候，市场接触程度与企业进入新市场行为之间呈负相关关系，这个关系的强度同样受到 CEO 任期的调节作用。但是作者在提出假设前的文献回顾中，没有分别就提出这两个假设的原因和背后的逻辑推理进行论述。读者看到的只是 CEO 的任期会影响市场接触程度与企业进入新市场行为之间的关系，但是没有看到在“接触程度较低时，CEO 的任期越长，接触程度和进入新市场倾向的正相关关系就越显著”这个假设背后的推理；也没有看到“在接触程度超过一定水平之后，呈负相关，且 CEO 的任期越长，负相关关系越显著”这个假设背后的逻辑推理过程。

② 比较好的做法应该是首先结合文献对如何划分低的市场接触程度以及高的市场接触程度进行讨论。对这个问题有了比较清晰的认识后，可以结合文献首先讨论在接触程度较低条件下，上一小节所讨论的市场进入行为和接触程度之间的关系会如何受 CEO 任期的影响进行阐述，包括从理论和逻辑上来讲，CEO 任期应该会如何影响市场进入行为和接触程度之间的关系，以及在这个影响上的实证研究都得出了什么结果、有什么矛盾的地方等等。在充分阐述之后，提出对应

的在低接触条件下的假设。其后，在高市场接触条件下，遵循同样的推理和提出假设的过程。

③ 作者在文献综述前半部分提及公司的 CEO 和高级管理层的各项人口统计学特征，包括公司高级管理人员的教育程度、组织任期，认为这些都会影响企业的决策。但是在文章的后半部分，作者所研究的影响变量只有 CEO 的任期。那么为什么其他人口统计学变量不在研究之列、为什么要挑出 CEO 的任期这个变量来进行研究，作者没有结合文献给出一个理由。

第四章 研究方法部分的文献综述

文献综述不仅仅存在于一篇文章的"文献回顾和问题的提出"（或者研究假设的提出）部分，在研究方法部分也会或多或少地涉及对于相关文献的回顾。本章将对如何在研究方法部分进行文献综述，让文献为一个研究的方法部分服务进行讨论。

第一节 研究方法部分应用文献综述案例一

在研究方法的"问卷"部分，作者经常需要对问卷中所制定的内容进行描述，例如对于一些变量的测量。选择什么问题项来测量研究所涉及的变量是一个问卷的关键内容，在论证选择的原因时，作者有时需要结合相关的文献。原因是作者需要对以往的研究中是如何测量一些变量的、其信度和效度如何等进行论述。一般来说，作者不可能自己制定所有测量变量的问题项，而从以往的研究中借鉴成熟的、已经被证明具备可以接受的信度和效度的测量量表是一个较常采用的方法。请看下面的问卷案例：

问卷中所包括的问题主要来自先前的相关研究，但在具体制定问卷前，20名左右的大学生被邀请参加了一个定性的访谈，内容涉及国外品牌手机购买的行为，以及他们认为在哪些价值观和对哪些典型东西方产品的消费上可以体现出东西文化的差异。在访谈基础上完成问卷，先前相关研究中用来测量变量的一些问题也据此进行了修改。问卷主要分为四个部分：

第一，样本拥有手机的情况。问题包括被询问者是否拥有手机，如果拥有是第几个手机，目前拥有手机的品牌等。

第二，测量 Fishbein 模型中的变量，包括对购买国外品牌手机这一行为的态度（AT），标准信念的强度（NB）和对该信念遵从的动机（MC）；最后是对于国外品牌手机的购买意愿（BI）。

① 对于购买国外品牌手机的态度：在 Ajzen 和 Fishbein（1980）用来测量对购买行为态度的量表中包括三个问题，包括购买行为本身是否明智、是否是一件好事以及是否实际。在本问卷中，第四个问题"购买国外品牌手机让人放心"被添加到常用的 Ajzen 和 Fishbein 量表中。李氏七点量表（7-point Likert scale）被用来具体测量答卷者对于上述四个问题的回答。

② 标准信念的强度：Fishbein 模型中从众心理一项的值由两个因素决定（SN＝NB * MC），其中之一就是标准信念的强度（NB）。除了常用的三个问题用来测量样本的标准信念强度外，本问卷增加了一个问题即询问答卷者的同学是否建议购买国外品牌手机，因为样本是学生，因此同学也是一个主要的参照群体。与 Ajzen 和 Fishbein 一致，这部分问题采用七点语意差别量表（7-point semantic differential scale）来测量。

③ 第二个决定从众心理项的因素是对该信念遵从的动机（MC）。从量表信度角度考虑，本研究采用四个问题来测量信念遵从动机（Babbie，2001），而非 Ajzen 和 Fishbein 采用的一个问题。先期研究表明采用多个问题来测量信念遵从动机可以有效地增加量表信度（Shen et al.，2003）。这些问题同样采用七点语意差别量表。

④ 三个问题被用来测量对于国外品牌手机的购买意愿，采用七点语意差别量表，与 Ajzen 和 Fishbein 保持一致。

第三，测量文化适应。对文化适应的测量包括两个部分：

① 测量样本对于传统中国价值观的认同情况，其中包括对于使用信用卡、婚姻、赡养老人的义务和张扬个性等问题的看法，测量价值观所采用的 11 对问题中部分引自相关文献（Hofstede，1984；Shen et al.，2003；Tan & McCullough，1985），其余来自本研究前期定性访谈。

② 测量答卷者对于代表西方和中国文化的一些典型产品的使用情况。前面提到，文化适应不仅表现在消费者所认同的价值观上，同时也表现在对能够代表其认同文化的产品的消费上（Berry，1990；Moschis，1987）。因此这方面的问题可以有效地测量被访者的文化适应程度（Shen et al.，2003；Szapocznik et al.，1978；Teske，Raymond & Nelson，1973）。测量对于分别代表西方和中国文化的一些产品的使用情况的 12 对问题部分来自相关文献，部分来自定性访谈。测量文化适应的所有问题均采用李氏七点量表。

第四，要求样本提供一些背景信息，如性别、年级和专业（只对大学生）情况等。

引自：张黎，马京晶．2006．消费经验、文化意含与 Fishbein 模型．营销科学学报，2（3）：30-43．

评述：

① 在上面的例子中，作者首先谈到了“对于购买行为的态度”这个变量的测量，并且引用了相关的文献。当然，出于研究的实际情况考虑，作者在文献采用的测量问题项的基础上增加了一个新的问题项“购买国外品牌手机让人放心”，因为这样一来测量量表发生了变化，其后在文章中根据需要对这个新量表的信度

和效度进行了测试，当然这是另外一个问题，感兴趣的读者可以参考研究方法相关书籍中关于测量量表的信度、效度的内容。

② 其后在对于“标准信念的强度”和“对信念遵从的动机”两个变量的测量中，作者同样对相关文献进行了讨论。需要提出的是，在讨论测量量表时，有时需要涉及一些细节，如是什么类型的量表、几点的量表等。例如在对“标准信念的强度”的测量量表的讨论中，作者就提出在本研究中采用的具体测量手段和文献中 Ajzen 和 Fishbein（1980）的研究一致，相关问题采用的是七点语意差别量表，而非一些研究中常常采用的五点或者七点李氏（Likert）量表等。

③ 同样值得注意的是，读者在文献中可能会看到对于同一个变量的不同测量方法，例如使用不同的问题项或者是用不同的测量量表（五点或者是七点量表等），在这种情况下，作者有时需要指出所采用的测量方法以及原因。例如在上述案例中对于“对信念遵从的动机”的测量上，作者们指出：本研究采用四个问题来测量信念遵从动机并给出了依据的相关文献（Babbie，2001），而非 Ajzen 和 Fishbein 采用一个问题项的测量方法。其后作者就为什么采用一个测量方法而非另外一个进行了佐证，即文献中的研究（Shen et al.，2003）证明了采用多个而非一个问题来测量信念遵从动机可以有效地增加量表的信度。从这个例子可以看出在讨论研究方法中的变量测量时，是如何利用到相关文献并进行文献回顾的。

④ 最后需要提出的是，在选择问题项测量相关变量时，往往会从文献中的不同研究中发现可以采用的问题，并使用来自不同研究的问题项测量某个变量。在这种情况下，需要讨论文献中不同的研究。例如在本研究对“传统中国价值观的认同情况”的测量中，量表中包括对于使用信用卡、婚姻、赡养老人的义务和张扬个性等问题的看法，用于测量价值观所采用的全部 11 对问题中有些来自相关文献中的不同研究例如 Hofstede（1984）、Shen 等（2003）以及 Tan 和 McCullough（1985）的研究，这样作者其实回顾了这三个研究中对于这个变量的测量。当使用了来自不同研究中的问题项并加以组合时，一般来说其后是需要测量量表的信度和效度的。当然这个问题不是本书需要讨论的内容，读者可以参考相关的文献和研究论文。

第二节 研究方法部分应用文献综述案例二

除了上述通过问卷进行的研究外，在管理学等一些领域的研究中往往也会采用控制实验的方法来研究变量之间的关系。这种方法在心理学、医学等领域中更为常用。在通过实验进行的研究中，一般会控制住一些变量，同时操纵一些变量使其处于不同的水平，然后通过实验设计来研究自变量会如何影响因变量，即发现变量之间的关系。关于实验设计等内容，感兴趣的读者可以参阅相关的研究方法书籍。

既然是实验，那么就不可避免地要选择实验的刺激物。例如让参加实验、接受实验刺激的受试者（也称被试）观看一则广告，那么广告就是实验的刺激物。因此在选择什么样的刺激物方面就要结合有关的文献进行讨论，以保证所使用的刺激物合适，使实验能够达到预期的效果。

其次，因为几乎在所有的实验中都需要对一些非自变量，但是又可能会影响因变量或者自变量和因变量之间关系的因素进行控制，因此在这个过程中需要结合文献，发现哪些因素可能成为此类的干扰因素，并利用一些方法如统计方法来检验这些干扰因素是否存在。

最后，要结合文献讨论对于变量的测量，这样的讨论和在上述内容中对于利用问卷进行的研究中，结合文献对于相关变量的测量进行讨论是一样的。

请阅读下面利用实验方法的研究方法部分，看看在这个部分是如何通过对相关文献的回顾和讨论来论述刺激物的选择和变量的测量等方面的。

我们分别用两个实验对这些假设进行验证，这里采用的是美国学者 Dhar 和 Wertenbroch（2000）之前在研究中所应用的实验方法。但是，与他们的研究存在的一点区别是我们并非提供真正的实物、在真实的场景下作为被试选择或者放弃的对象，而是用一个假想的场景来让被试回答。这种假想测试法是仿效 Tversky 和 Kahneman 的研究（1991）。

第一个实验通过一个假想的场景让被试分别在选择或放弃的条件下，在实用性产品和享乐性产品之间作选择，然后对他们的选择结果作记录，以分析被试在实用性产品和享乐性产品偏好上的差异，从而验证 H1a-b 是否成立。第二个实验通过一个假想的场景让被试分别在高、低卷入状态下（解释原因和不解释原因），在实用性产品和享乐性产品之间作选择，然后对他们的选择结果作记录，进而来测试被试因高低卷入条件的不同而在实用性产品和享乐性产品之间的偏好差异，从而验证 H2a-b 是否成立。

引自：马欣昕，马京晶，张黎. 2006. 选择与放弃中对产品实用和享乐性偏好差异. 工作论文. 北京大学中国经济研究中心.（作者作了细微的改动，案例余下部分均引自该文，就不再说明）

评述：

在上述段落中提到了所采用的实验方法，并给出了先前使用该实验方法的文献。在具体谈到实验的方法时，作者指出该研究使用的是一个假想的场景而非提供真正的实物。对于这样选择的合理性，作者也给出了相关的文献来加以支持。

（续原文）

1. 预测试

我们选择了两样日常生活中常见的产品，电脑光盘和音乐 CD，作为实验刺激物。之所以选择这两种产品是因为我们认为它们分别具有较强的实用属性和享乐属性，同时，美国学者 Dhar 和 Wertenbroch（2000）的研究也采用了这两件产品作为刺激物。我们首先通过一个预测试来检验这两种产品在被试认知中是否真正分别代表实用性和享乐性产品，进而确认刺激物的选取是否合适以及是否可以在后续实验中使用。

评述：

在这个部分，作者解释了为什么选择电脑光盘和音乐 CD 作为实验的刺激物，具体到了选择的原因以及这些刺激物在以往研究中的运用，并给出了相关文献。

（续原文）

（1）预测试一

预测试一采用的是相关研究中的方法（Strahilevitz & Myers，1998），在北京某所重点综合性大学通过问卷调查的形式进行。共发放了 60 份问卷，收回有效问卷 60 份，回收率达 100%。本预测试的主要目的是让被测判断上述两种产品的主要属性（实用性、享乐性、二者兼有或者二者兼无）。在收回的 60 份问卷中有 50 人（83.3%）认为电脑光盘的主要属性是实用性，43 人（71.7%）认为音乐 CD 的主要属性是享乐性。因此可以在后续实验中选择这两件产品作为实用性产品和享乐性产品的代表。

评述：

在设计实验的过程中，结合研究的目的选择了研究刺激物，并相信这两个刺激物即电脑光盘和音乐 CD 分别具有实用性和享乐性特点。但是在开始实验之前，要保证对于参加实验的被试来说，电脑光盘确实具有实用性，而音乐 CD 具有享乐性。也就是说需要对控制的实验条件进行检验，否则在后续的实验中会出现问题。可以看出，作者根据相关文献中的方法进行了预测试。

（续原文）

（2）预测试二

对产品价值的感知和产品本身实际价值的不一致性可能导致消费者对实用性和享乐性产品的偏好存在差异，原因是消费者可能有意识地选择自己认为价值大的产品而非自己真正偏好的产品。其次，消费者对产品价值的判断存在不确定性，可能导致他们为了规避这种不确定性带来的风险而有意识地选择自己认为风险较低而不是实际偏好的产品（Dhar & Wertenbroch，2000）。这和消费者行为学中的风险规避理论是一致的，风险规避是指由于意识到消费产品会带来损失、危险甚至伤害，消费者会尽量减少或避免这些不希望的后果（罗子明，2002）。

因此第二个预测试主要用来检验上述两种产品在被试心中的价格感知和风险把握是否一致，以排除价格和风险对选择的干扰。我们在北京某重点综合性大学发放了 60 份问卷，收回有效问卷 60 份，回收率 100%。这个预测试由两部分组成，第一部分是让被试给出自己对上述两种产品的感知价格，以此来判断他们对这两种产品的价值判断是否一致。第二部分则要求被试对自己所给出的产品的感知价格的把握程度打分，这个预测试采用的是九点语意差别量表（9-point semantic differential scale）（1 表示完全没把握，9 表示完全有把握）（Dhar & Wertenbroch，2000）。

测试结果显示，……（具体的统计结果报告略）被试对于电脑光盘和音乐 CD 价值的感知没有差别，这样就可以排除因为对光盘和 CD 价值不同的判断而产生的偏好差异。另外，被试对于电脑光盘和音乐 CD 所感知价格的把握性也不存在差异，排除了不确定性对不同属性产品偏好的影响。

评述：

刺激物如果具有不同的价格水平和被感知的风险，那么会对实验的效果进而是研究的结果产生影响。原因是想研究的是实用性和享乐性产品在被选择和放弃条件下，消费者的不同选择行为，所以产品的价格水平和在购买时存在的风险都不是所要研究的因素，因此要对这些因素要加以控制，以免产生干扰。

作者在上述部分对为什么要排除这两个干扰因素，结合文献进行了讨论。其后，对于如何检验是不是存在干扰因素，作者结合了 Dhar 和 Wertenbroch（2000）的研究，设计了第二个预实验。对这个文献的讨论涉及了预实验的方法以及对于控制变量的测量。

第五章　在文章的讨论部分如何结合文献回顾

在文章的结论部分，作者一般会对研究所获得的结果进行讨论。但是这部分的讨论和一般文章中的“数据分析和结果”部分存在区别：在数据分析和结果部分，作者需要将统计分析的结果比较客观地呈现出来，带有逻辑性地、条理清晰地介绍给读者，这时常常用一些结果的表格或者图。而在结果讨论部分，需要对所得的结果进行一个简要的总结，提炼出最为重要和具有理论及实践意义的结果，并在这个基础上和文献对比，同时进行讨论。讨论的主要问题包括本研究结果和文献中是否存在差异、差异主要体现在哪几个方面、原因是什么也就是说该如何解释和文献的不同、和文献一致的方面有哪些、研究者的发现对于弥补文献的空白或者澄清文献中的一些模糊之处有什么意义、对于相关理论和研究框架的贡献在什么地方以及在实践上有什么意义等。

从上面的讨论可以看出，文章的“结果讨论”部分应该比“数据分析和结果”部分在更高的一个层次对文章的结果进行讨论，而不是局限于简单地呈现研究的发现。此外，在结果讨论部分，也需要结合文献对研究的发现进行比较，找出本研究和文献中的相关发现一致或者不一致的地方，并结合文献对这些异同的发现进行讨论。最后还应该回到文献的理论部分，着重讨论本研究的理论意义即对相关理论或者研究框架的贡献是什么。

当然，在结果讨论部分对于文献的回顾与在“文献回顾”部分对于文献的回顾有着许多的不同。在文献回顾部分，作者需要在文献综述的基础上找到需要研究的具体问题并提出假设等。因此在这部分内容中对于文献回顾是比较彻底和全面的，在回顾的过程中需要将文献与研究方向（如研究的理论框架等）结合起来、层层推理，最后找出需要具体分析的主要问题，例如提出研究假设等。而在结果讨论部分，已经得出了研究的发现，因此在这个部分需要将结果与文献中的相关发现进行对比，在这个基础上讨论本研究所澄清的问题，最后还要结合相关理论部分的文献，讨论研究的理论贡献等。

在后面将提供几个案例，请读者体会在文章的结果讨论部分如何应用文献，结合文章的发现进行讨论。当然，因为只截取例文的“结果讨论”部分，因此读者在没有了解文章前部分内容的情况下可能比较不容易理解所阅读的内容。

案例 1：

4.1　理论贡献

第一，本研究证明了样本在形成对体现美国文化的可口可乐品牌和体现中国文化的西湖龙井品牌的态度机制中符合多属性态度理论。根据多属性态度理论，品牌个性作为品牌的一个重要属性，对这个属性的认知和情感会显著影响对品牌的态度。通过对可口可乐和西湖龙井的品牌个性认知和情感与品牌态度之间关系的研究，发现年轻消费者无论是对体现美国文化的可口可乐还是对体现中国文化的西湖龙井品牌个性的认知和情感对其品牌态度都有显著的影响，这个结果从品牌个性的角度证明了文献中发现的多属性态度理论在消费者品牌态度形成中的适用性（Ajzen & Fishbein，1980；Fishbein & Ajzen，1975）。

第二，理论界关于认知、情感和意动关系的争论已有多年，传统理论认为认知是情感产生的基础，即遵循认知-情感-意动路径（Anand，Holbrook，& Stephens，1988；Lazarus，1982）；而独立性假说则认为情感可以不需要以认知为基础而独立产生（Mittal，1988；Zajonc，1980）。本研究发现就品牌个性认知和情感之间的关系来说，这两者是有显著关联的，并且对体现美国文化可口可乐品牌和体现中国文化的西湖龙井品牌都是成立的，符合传统理论所认为的认知和情感相关的说法。但当研究认知和情感与意动的关系时发现，对于体现美国文化的可口可乐来说，只有品牌个性情感因素与品牌购买意愿显著相关，而认知因素与品牌购买意愿无显著关联。这与强调认知为情感基础的传统理论不相符合，而与独立性假说在某种程度上来讲是一致的。发现进一步推进了独立性假说：独立性假说认为情感不基于认知产生，而在此发现情感其实可以脱离认知独立作用于意动。也就是说，独立性假说只是涉及认知和情感彼此的关系，认为两者并不一定显著相关；而根据分析结果认为衡量认知和情感之间的关系不应该局限在这两个因素本身，而是应该考虑这两个因素对于意动的作用。也就是说所谓的认知和情感是否独立应该体现在对意动的作用上，因为意动即购买意愿才是最终影响消费行为的关键因素。研究者认为上述是本文对于相关理论的贡献。

第三，对于体现本土文化的品牌西湖龙井，消费者对该品牌的认知和情感都是购买意愿很重要的影响因素，但对于体现美国文化的品牌可乐，影响购买意愿的关键是情感，认知程度并不显著影响购买意愿。我们试图从以下几个方面来分析形成这一差异的原因：

① 产品的文化背景。在前测中证实：可口可乐品牌在消费者心目中代表着美国文化，而西湖龙井品牌代表着传统的中国文化。这种不同的文化意含会影响消费者对于品牌的购买意愿。有研究发现，相比于国内品牌的手机，我国年青一代的消费群体对于国外品牌的产品如手机有着更强的消费偏好，其中重要的原因之一是对国外品牌背后西方文化的认同，即相关研究中提到的文化适应现象（张黎，马京晶，2006）。这种现象使得消费者在某种程度上脱离于对产品

和品牌相关使用属性的关注，更多地受情感方面因素的影响而形成购买意愿。也就是说，对于一些国外品牌，情感比认知可能在更大程度上影响消费者的购买意愿。

② 价值观原因。品牌认知在影响某些品牌购买意愿上的弱化以及品牌情感的突出作用在某种程度上可能和年青一代在价值观上的转变相关，如“张扬个性”、“实现自我”等价值观越来越被年青一代所推崇。品牌的情感诉求正好迎合了这些消费群体的心理需求。这也可以解释为什么一些企业针对年轻人市场打出“我的地盘我说了算”、“想唱就唱，只要唱的响亮”、“只要我最红”等符合年轻人个性特征的营销策略并且取得了很大成功。

③ 信息特征。认知对意动影响必须建立在消费者积累一定信息的基础上（科特勒，2005）。可乐为国外产品，我国消费者可能对这个品牌具体细节等信息的了解时间较短，获得的信息量也较小，大部分了解来自于突出情感诉求的广告（Elliott & Hays，1999）。茶为历史悠久的传统饮品，消费者对茶的接触久、了解多，信息充分。这样对西湖龙井的认知由于信息的充分而作用显著，反之对于可乐信息不全面使得认知作用降低。

引自：马京晶，张黎，马欣昕．2006. 情感主导的品牌购买意愿//2006JMS中国营销科学学术年会论文集．

评述：

① 在第一个自然段中，作者作了一个总结和讨论，指出本研究的发现“证明了样本在形成对体现美国文化的可口可乐品牌和体现中国文化的西湖龙井品牌的态度机制中符合多属性态度理论”。由于在文献综述部分已经对“多属性态度理论”作了详细的阐述，包括定义、理论的来源和应用等，因此在这里的结果讨论部分，就不再就这个理论引用相关文献进行介绍。但是在本段的最后一句提出本研究的这个发现再一次证明了“文献中发现的多属性态度理论在消费者品牌态度形成中的适用性（Ajzen & Fishbein，1980；Fishbein & Ajzen，1975）”。在这里引用了两个相关的研究，用于具体阐述研究发现对于文献中相关发现和观点的支持。

② 其后，在消费者的品牌购买意愿如何受到认知和情感影响的问题上，作者将本研究的发现与文献中的观点和发现进行了对比，最后讨论了本研究发现对于相关理论的贡献。

首先，作者简要回顾了相关理论中的不同观点，即传统理论和独立性假说，虽然在之前的文献综述中已经论述了这两个不同的理论观点，但是在这里为了加强读者对于这两个理论的理解和回忆，再次简单地回顾了这两个观点并给出了相关的文献如支持传统的认知-情感-意动路径的文献（Anand，Holbrook，& Stephens，1988；Lazarus，1982）和支持独立性假说的文献（Mittal，1988；Zajonc，

1980)。其后的讨论就围绕着这两个观点来进行，指出了作者的发现是如何对文献有所贡献的。

③ 本研究发现，对于体现本土文化的品牌西湖龙井，消费者对该品牌的认知和情感都是影响购买意愿的重要因素，而对于体现美国文化的品牌可口可乐，影响购买意愿的关键因素是情感而非认知程度。对于这样的一个发现，作者就其原因进行了分析，在这个分析的过程中引用了相关的文献，请读者仔细体会。显然，这两个文献在文章前面的文献综述部分可能并没有涉及。原因很简单，因为那个时候并没有预料到会有此发现并需要解释。在文章的结果讨论部分，对研究的结果进行总结和讨论，尤其需要对某些与文献不一致的地方进行分析，试图找出原因。在找出原因的过程中，也经常需要引用相关文献中的观点。这个时候，寻找文献的目的是为了解释结果，因而有些文献是在这个分析的过程中有目的地去寻找的，在文献综述部分就不会预先有所涉及。

案例 2：

本研究通过实验的方法，分析了在降价幅度大与小的情况下，相对数值与绝对数值降价表述方式对消费者感知降价幅度的影响。结果表明：对于高价产品，降价幅度无论是大还是小，降价表述方式对被试的降价幅度感知和购买意愿都没有影响。对于低价产品，降价幅度与降价表述方式对被试的降价幅度感知存在着交互作用：当降价幅度大时，相对数方式比绝对数方式使被试感到更大的降价幅度；当降价幅度小时，降价表述方式对被试的降价幅度感知没有影响。而无论降价幅度是大还是小，不同的降价表述方式对低价产品的购买意愿没有影响。

具体来说，降价表述方式部分影响被试对低价产品牙膏降价幅度的感知（在降价幅度较大时），但不能影响他们对高价产品电脑降价幅度的感知（无论降价幅度的大小）。就对降价幅度的感知这个因变量来说，本实验在低价产品牙膏上的发现与文献中的结论一致（Hardesty & Bearden，2003）；而对高价产品电脑的发现与文献不一致（Chen，Monroe，& Lou，1998）。对于高价产品，“倒 U 形”理论可能并不成立，即消费者在购买高价产品时，无论降价幅度大小，他们都会仔细处理降价信息。因此，降价表述方式并不能影响他们对降价幅度的感知。这一发现有别于以往的研究，值得进一步探讨。

当然，上述与文献不一致的发现还可能来自实验设置的不同。首先，在 Chen 等（1998）的实验中，被试的任务是从同款电脑的两个折扣中选择一个，他们可以经过比较做出决策。本研究只提供了电脑的一个折扣，被试要在没有比较的情况下决定购买与否。有研究表明，消费者面临选择时的决策和对单一产品、无选择条件下的决策是不同的（Hsee & Leclerc，1998）。因此，是否在实验情境中提供比较和选择的机会，可能导致了研究的结论不同。其次，Chen 等在实验情境中突出了价格信息，让被试更多地关注价格。但这与真实的购买场景是不一致的。实验中的图片参照了现实的价格广告，将价格信息和产品属性放在一起，没有凸显价格，更加接近真实的购买场景。

此外，上述结果还表明，无论是高价产品还是低价产品，无论降价幅度是大还是小，降价表述方式都不能影响被试的购买意愿。也就是说“倒 U 形”规律可能存在，但只是对于消费者感知的降价幅度而言，对于购买意愿并不能产生影响。这一发现有别于以往的研究（Chen，Monroe & Lou，1998；Hardesty & Bearden，2003）。

为了初步探求消费者感知降价幅度的内在机制和根本原因，还研究了被试在价格信息上的涉入度对降价幅度感知的影响。结果表明，在电脑产品上，被试的涉入度较高，这种高涉入度可能导致了他们对于相关价格促销信息的审慎处理，因而价格促销的不同表述没有显著的作用。对于低涉入水平的牙膏产品，被试在价格信息涉入度上的差别会在一定程度上影响降价表述形式与降价幅度感知之间的关系，即对于其中涉入度相对较高的一组被试来说，当产品降价幅度较大时，他们在相对数值降价表述方式下的降价幅度感知强于他们在绝对数值降价表述方式下的降价幅度感知；而当产品降价幅度较小时，他们对两种降价表述方式的感知没有差异。对于其中涉入度相对较低的一组被试，无论产品的降价幅度是大还是小，他们对两种降价表述方式的感知均没有显著差别。

引入涉入度这个变量是试图从机理上解释上述发现的一个初步尝试。研究结论基本支持了文献中的发现，即涉入度会影响消费者对产品信息的处理方式，进而影响消费者的购买决策（Bloch & Richins，1983；Cacioppo & Petty，1979）。但同时，本研究的结果表明涉入度对降价幅度、表述方式、消费者感知降价幅度之间关系的影响是比较复杂的。具体说来，当消费者在进行重大的购买如购买电脑产品时，较高的涉入度会使得他们系统、审慎地处理降价信息，因而降价的表述方式不会影响他们对于降价幅度的感知。相反，在进行日常的非重大购买如购买牙膏产品时，消费者的涉入度相比电脑产品为低。但是就牙膏这个低涉入度的购买本身而言，对于有着相对较高涉入度的消费者，他们对于降价幅度的感知会受降价幅度和降价表述方式的交互影响；而较低的涉入度会使得他们干脆忽视了上述信息，因而无论产品的降价幅度是大还是小，他们对于降价幅度的感知不受降价表述方式的影响。也就是说，研究者发现对于低价产品在促销幅度较大时，相对数值的表述给消费者更大的降价幅度感知这个现象是否成立可能依赖于消费者在购买上的涉入程度。

引自：张黎，范亭亭，王文博．2007．不同降价表述方式下消费者对降价幅

度的感知和购买意愿. 南开管理评论，10 (3)：19-28.（作者作了细微的修改）

评述：

① 在对本研究的主要发现进行总结后，作者具体论述了本文的发现以及和文献中相关结论的异同，例如"就对降价幅度的感知这个因变量来说，本实验在低价产品牙膏上的发现与文献中的结论一致（Hardesty & Bearden，2003）；而对高价产品电脑的发现与文献不一致（Chen，Monroe & Lou，1998）"。

② 其后，作者试图解释为什么本文的研究结果会和文献中存在差异。作者讨论了文献中的相关研究在研究设计方面和本文存在的不同，认为结果的差异有可能源于实验设计的不同。这样，就给了读者一个从多方面来思考这个差异的线索。

③ 为了全面地研究降价幅度、表述方式、消费者感知降价幅度和购买意愿之间的关系，研究人员在这个研究中引入了涉入度这个概念。由于在文献的综述部分比较完整地介绍了这个概念，因此在这个部分的内容中作者就不再结合文献对这个概念进行介绍。而将重点放在了这么一个结论上，即"本研究的结果表明涉入度对降价幅度、表述方式、消费者感知降价幅度之间关系的影响是比较复杂的"，而这个复杂的关系在以往的文献中只是被简单地认为："涉入度会影响消费者对产品信息的处理方式，进而影响消费者的购买决策（Bloch & Richins，1983；Cacioppo & Petty，1979）"。通过这个对比，作者其实已经将本研究的一个发现和对文献的贡献提炼了出来。

案例 3：

首先，结果显示对于目前持有手机的学生消费者来说，对购买国外品牌手机的态度本身是决定其是否购买国外品牌的决定性因素，而从众心理并不显著影响购买意愿。但对于第一次购买手机的学生消费者来说，上述两个变量均对购买意愿产生显著影响，这个发现在先前利用 Fishbein 模型进行的实证研究中还没有报告（Casselman & Damhorst，1991；Chang，Burns & Noel，1996；DeLong，Minshall & Larntz，1987；Shen，Dickson，Lennon，Montalto & Zhang，2003；Wilson，Mathews & Harvey，1975）。因此本研究认为，消费者对于产品的购买、消费经验也会对模型的适用性产生影响。当消费者缺乏足够的产品消费经验时，除了其对于购买行为本身的态度外，参照群体的影响也会直接对购买与否产生影响。另外本结果再一次表明，Fishbein 模型具有在不同文化背景下的适用性。

其次，学生消费者的文化适应状态可以作为第三个变量来预测他们对于国外品牌手机的购买意愿，加入此变量可以显著地增加对于购买意愿的解释。Fishbein 模型认为只有对于购买产品这一行为的态度和从众心理可以直接地影响购买意愿，其他变量均通过态度和从众心理间接作用于购买意愿。而本研究结果表明加入“文化适应”这一变量后，可以显著地提高模型的预测能力，与前期一些研究的发现相一致（Lee，1990；Lee & Green，1991；Shen et al.，2003），这个结果进一步置疑了 Fishbein 等的结论（Ajzen & Fishbein，1980；Fishbein & Ajzen，1975）。

最后，在文化适应和消费者对于购买产品行为的态度以及从众心理之间的关系上，本研究发现二者之间并没有直接的联系，即他们作为解释购买意愿的自变量时，之间并不存在多重共线性。先前有研究发现，像“面子”这个在东方国家较明显的文化现象对购买意愿有影响，但是通过态度间接地作用于购买意愿（Lee，1990）。然而，本研究发现文化适应可以直接作用于购买意愿。

引自：张黎．2007. 从国外品牌手机的购买意愿看 Fishbein 模型的适用性以及文化适应的影响．管理科学，20（1）：30-37.

评述：

① 对购买国外品牌手机的态度和从众心理这两个因素对于国外品牌手机购买意愿的影响，在多次购买手机和第一次购买手机的人群中是不一样的，购买经验这个因素的影响在以往的文献中并没有被涉及。因此，作者在这里结合文献对本研究的发现进行了讨论。

② 加入文化适应变量可以提高模型的解释力，这也是本文的另外一个发现。因此作者将这个发现与文献中的相同发现进行了比较，强调了发现的一致性。

③ 最后，本文的第三个重要发现是文化适应这个变量并非通过态度和从众心理对购买意愿产生影响，作者将这个发现与以往文献中的观点进行了对比，指出了与文献中的差异。

案例 4：

5.2　本研究对文献的贡献

已有的研究已经表明消费者对实用性和享乐性的偏好会受到很多因素的影响。这里检验了消费者在两种不同的条件下（选择、放弃），两种不同的过程中（解释原因即相对高卷入度、不解释原因即相对低卷入度），对不同属性的两种产品（实用性产品、享乐性产品）在选择偏好上的差异。发现高低卷入对中西方消费者关于这两种产品的偏好的影响是相同的，即：当在选择产品的时候，如果让人们解释原因，人们对实用性强的那件产品的偏好比不解释原因时会增加。同时，还发现在年轻消费者在放弃的时候，相对于选择的时候，对实用性属性强的产品的偏好会上升，对享乐性属性产品的偏好会降低（见实验一）。这和西方的相关研究结论是相反的，西方的相关研究表明，在消费者选择获取某样产品时，对实用性属性强的产品的偏好大，而在放弃时，消费者对享乐性属性强的产品偏好大（Dhar & Wertenbroch，2000）。

本文不仅证明了高低卷入对消费者实用性和享乐性偏好影响的理论对于我们所测试的国内消费者成立，而且发现了选择和放弃条件对消费者实用性和享乐性偏好的影响与美国不同，并深入研究了导致此不同的原因，开创性的用Lee、Aaker 和 Gardner（2000）关于集体主义和个人主义消费者对信息关注焦点的不同，这一理论来解释导致中美差异的原因。这些都是本文在理论上的贡献。

5.3　本研究的局限性及对未来研究的建议

本文研究的是在不同条件（选择，放弃）下，不同的过程（高卷入，低卷入）中，中国年轻消费者对实用性属性强和享乐性属性强的产品的偏好差异。本文的研究选取的实验刺激物是电脑光盘和音乐 CD，产品类型比较单一，研究结论的适用性难以推广到其他类别的产品中去。因此，未来的研究可以选取更多类别的产品进行分析，将结论进一步推广。

同时，本文实验的刺激物采用的是两种主要属性不同的产品，一种是以实用性属性为主的电脑光盘，一种是以享乐性属性为主的音乐 CD。但现实生活中的产品很多是同时具有两种属性且两种属性权重相似的，因此，未来的研究不能只局限于消费者对享乐性和实用性产品的偏好，还应当扩展到消费者对产品享乐性属性和实用性属性的偏好。例如，洗发水的去污性属性（实用性属性）和顺滑性属性（享乐性）的偏好；公寓的交通便利状况（实用性属性）和窗外风景（享乐性属性）的偏好（Dhar & Wertenbroch，2000）。

另外，本文的研究发现中美文化上的差异会影响消费者对实用性和享乐性的偏好。根据 Lee、Aaker 和 Gardner（2000）提出的个人主义倾向高的消费者（例如，美国消费者）对选择和获得的信息关注高，集体主义倾向高的消费者（例如，中国消费者）对放弃和损失的信息关注高的理论和本文的实验结果，可以看出中美消费者之间的文化差异是导致本文的研究和美国学者的研究结论产生差异的一个主要原因。中美文化的差异及文化差异对消费者行为和选择偏好的影响是一个一直以来被营销学者关注的问题，这些差异对消费者享乐性和实用性偏好的影响的异同将会是我们未来很值得研究的一个方向。

引自：马京晶，张黎，马欣昕. 2007. 情感主导的品牌购买意愿——对体现中美文化品牌的态度和购买意愿的影响机制研究. 工作论文. 北京大学中国经济研究中心.

评述：

① 在本书前面关于文章结构的部分，曾经介绍过在文章的结果、讨论部分之后，一般还会有“文章的理论贡献和实践意义”和“文章的不足之处以及对未来相关研究的建议”。虽然在不同的文章里对这两个部分的称呼可能存在差异，但是从大体上来说，这两个部分分别主要讨论的是所进行的研究在理论上对于文

献的贡献、在实践上提供的借鉴意义，以及在研究思路和方法等上的缺陷、作者对于未来相关研究应该如何借鉴本研究的经验给出的研究方向或者方法等上的建议。

② 在这两个部分，同样会涉及对于文献的回顾。例如在理论贡献和实践意义部分，作者具体论述了该研究的两个主要发现，并且和文献中的相关结论和观点进行了比较，在此基础上阐述了研究对于文献的贡献。具体来说，作者首先提出本研究证明了高低卷入对消费者实用性和享乐性偏好影响的理论对于所测试的国内消费者成立，这就在实证上表明相关的理论在国内这个特定的消费背景下也同样适用。其次，作者提出该研究发现相对于选择，年轻消费者在放弃的消费条件下对实用性属性强的产品的偏好会加强，而对享乐性属性产品的偏好会降低。结合文献，作者认为这个发现和西方相关研究的结论相反，即选择和放弃条件对消费者实用性和享乐性偏好的影响与美国不同。最后作者还指出这个研究深入分析了导致上述不同的原因，并且“开创性”地利用了 Lee、Aaker 和 Gardner（2000）关于集体主义和个人主义消费者对产品信息关注焦点的不同这一理论来解释导致中美差异的原因。总之，作者在论证自己的研究对于文献贡献的时候，结合了文献进行了具体的讨论。

③ 在最后论述该研究的不足以及对于未来相关研究的建议内容中，作者也同样结合了文献。例如作者提出该研究中实验的刺激物采用的是两种主要属性不同的产品，这样的选择使得研究局限于消费者对享乐性和实用性产品的偏好，但是没有考虑到消费者对同一产品上享乐性属性和实用性属性的偏好，如洗发水就同时具有去污性属性（实用性属性）和顺滑性属性（享乐性）；地产类产品也同时具有如交通便利状况（实用性属性）和窗外风景（享乐性属性）这两种属性。在论述这个问题时，作者引用了相关文献即（Dhar & Wertenbroch，2000），读者可以联想到这个文献可能也指出了在研究中不仅仅要关注具备享乐性的产品和实用性的产品，同时还应该考虑到同时具备享乐和实用两个不同属性的同一产品。同时，这个文献可能也指出了对于这两类不同刺激物的研究可能存在不同结果。这样，作者就借助一个文献，佐证了自己的这个研究为什么可能存在不足。

当然，作者在其后谈到未来研究应该更多地关注中美文化的差异及文化差异对消费者行为和选择偏好的影响问题，这个部分的论述不是十分的理想，原因是作者只提出这些差异对消费者享乐性和实用性偏好的影响的异同将是未来值得研究的一个方向，但是并没有具体给出到底应该在一个什么具体的问题上开展未来的研究：有什么文献在这个方面给了读者一个有意义的启示，有什么文献的结果和观点会使得读者在本研究的结果上有着进一步的思考，可以明确哪些具体的方向等等。例如在中美文化的差异方面，除了集体主义和个人主义外，有哪些文化上的差异可以被研究者用来进一步研究对于享乐性和实用性偏好的问题等等。如果作者能够结合文献给出些具体的建议，相信对于未来的研究人员会有更大的帮助。

第六章　参考文献部分

参考文献也是文章的一个有机组成部分，它一般在文章的最后、附录之前。参考文献列出了文章中所有引用的研究，使得读者可以有足够的线索去查找所感兴趣的文献。当然，详细地列出参考文献也是对所引用文献作者的劳动成果的尊重。此外，清晰、准确的参考文献可以让读者对相关文献的发展脉络、文献的实效性和权威性等有个很直观的了解。例如通过列出文献析出的期刊，读者可以根据期刊的权威性对所引用文献的质量做出一个大致的判断。如在市场营销领域，如果一个作者所引用的文献多来自权威的学术期刊如 *Journal of Marketing*、*Journal of Marketing Research*、*Journal of Consumer Research* 等，那么读者就可以知道这些文献多引自最顶尖的期刊，则这些文献的可靠性和权威性会有保证。

根据本书作者在文献综述和研究方法课程上的教学经验，学生对参考文献这个部分普遍重视不够，也出现许多问题。这些问题主要是格式方面不够规范，漏缺一些必须提供的信息，例如对于来自期刊、论文集、书籍、学位论文、报纸等的文献应该如何给出相应的参考文献；中英文的作者应该如何表述等等。下面就结合一些例子对这些问题进行讨论。

第一节　参考文献格式

一般来说，每个期刊对于参考文献的格式都有自己明确的规定，在发表的期刊或者期刊的网站中都会有对于参考文献的格式要求。例如对来源于学术期刊、书籍、论文集、学位论文和报纸等的参考文献的格式要求是不一样的。从目前的情况来看，在管理学这个领域，我国的一些核心学术期刊对于参考文献格式的要求并不是完全一样，有的甚至差别较大。因此作者要根据所投稿刊物的要求来组织参考文献的目录。当然，不同高校对于学位论文中参考文献格式也可能有着自己的要求，学生在完成学位论文的过程中同样需要参考具体的要求。下面是《南开管理评论》对参考文献格式的要求，引自该期刊的网站。

专著、期刊、报纸和电子文献类的参考文献著录格式如下：

[序号] 作者. 专著书名. 出版地：出版社，出版年：起止页码（可选).

[序号] 作者. 期刊文章名. 刊名，出版年，卷（期)：起止页码.

[序号] 作者. 报纸文章名. 报纸名，出版日期（版次).

[序号] 作者. 电子文献文章名. 文章出处或可获得地址，发表或更改日期/引

用日期（可选）.

例如：

[1] 白长虹. 顾客价值论：市场导向的服务企业管理模型. 北京：机械工业出版社，2002：10-13.

[2] 范秀成. 顾客体验驱动的服务品牌建设. 南开管理评论，2001，4（6）：16-20.

[3] 李维安. 公司治理中的五大热点问题. 经济日报，2000-11-14（11）.

有些期刊甚至给出了更为详细的参考文献的格式要求，例如最近几年来在我国市场营销领域影响力日渐增强的学术期刊《营销科学学报》的格式要求如下：

A.1　普通图书

[1] 广西壮族自治区林业厅. 广西自然保护区［M］. 北京：中国林业出版社，1993.

[2] 蒋有绪，郭泉水，马娟，等. 中国森林群落分类及其群落学特征［M］. 北京：科学出版社，1998.

[3] 唐绪军. 报业经济与报业经营［M］. 北京：新华出版社，1999：117-121.

[4] 赵凯华，罗蔚茵. 新概念物理教程：力学［M］. 北京：高等教育出版社，1995.

[5] 汪昂.（增补）本草备要［M］. 石印本. 上海：同文书局，1912.

[6] 昂温 G，昂温 P S. 外国出版史［M］. 陈生铮，译. 北京：中国书籍出版社，1988.

[7] CRAWFPRD W，GORMAN M. Future libraries：dreams，madness，& reality［M］. Chicago：American Library Association，1995.

[8] International Federation of Library Association and Institutions. Names of persons：national usages for entry in catalogues［M］. 3rd ed. London：IFLA International Office for UBC，1977.

[9] O' BRIEN J A. Introduction to information systems［M］. 7th ed. Burr Ridge，III.：Irwin，1994.

[10] ROOD H J. Logic and structured design for computer programmers［M］. 3rd ed.［S. l.］：Brooks / Cole -Thomson Learning，2001.

A.2　论文集、会议录

[1] 中国力学学会. 第 3 届全国实验流体力学学术会议论文集［C］. 天津：［出版者不详］，1990.

[2] ROSENTHALL E M. Proceedings of the Fifth Canadian Mathematical Congress，University of Montreal，1961［C］. Toronto：University of Toronto Press，1963.

[3] GANZHA V G, MAYR E W, VOROZHTSOV E V. Computer algebra in scientific computing: CASC 2000: proceedings of the Third Workshop on Computer Algebra in Scientific Computing, Samarkand, October 5-9, 2000 [C]. Berlin: Springer, c2000.

A.3　科技报告

[1] U. S. Department of Transportation Federal Highway Administration. Guidelines for handling excavated acid-producing materials, PB 91-194001 [R]. Springfield: U. S. Department of Commerce National Information Service, 1990.

[2] World Health Organization. Factors regulating the immune response: report of WHO Scientific Group [R]. Geneva: WHO, 1970.

A.4　学位论文

[1] 张志祥. 间断动力系统的随机扰动及其在守恒律方程中的应用 [D]. 北京：北京大学数学学院，1998.

[2] CALMS R B. Infrared spectroscopic studies on solid oxygen [D]. Berkeley: Univ. of California, 1965.

A.5　专利文献

[1] 刘加林. 多功能一次性压舌板：中国，92214985.2 [P]. 1993-04-14.

[2] 河北绿洲生态环境科技有限公司. 一种荒漠化地区生态植被综合培育种植方法：中国，01129210.5 [P/OL]. 2001-10-24 [2002-05-28]. http://211.152.9.47/sipoasp/zlijs/hyjs-yx-new.asp? recid=01129210.5&leixin.

[3] KOSEKI A, MOMOSE H, KAWAHITO M, et al. Compiler: US, 828402 [P/OL]. 2002-05-25 [2002-05-28]. http://FF&p=1&u=netahtml/PTO/search bool.html&r=5&f=G&1=50&col=AND&d=PG01&sl=IBM. AS. &0S=AN/IBM&RS=AN/IBM.

A.6　专著中析出的文献

[1] 国家标准局信息分类编码研究所. GB/T 2659—1986 世界各国和地区名称代码 [S] //全国文献工作标准化技术委员会. 文献工作国家标准汇编：3. 北京：中国标准出版社，1988：59-92.

[2] 韩吉人. 论职工教育的特点 [G] //中国职工教育研究会. 职工教育研究论文集. 北京：人民教育出版社，1985：90-99.

[3] BUSECK P R, NORD G L, Jr., VEBLEN D R. Subsolidus phenomena in pyroxenes [M] //PREWITT C T. Pyroxense. Washington, D.C.: Mineralogical Society of America, c1980: 117-211.

[4] FOURNEY M E. Advances in holographic photoelasticity [C] //American Society of Mechanical Engineers. Applied Mechanics Division. Symposium on Applications of Holography in Mechanics, August 23-25, 1971, University of Southern California, Los Angeles, California. New York: ASME. c1971: 17-38.

[5] MARTIN G. Control of electronic resources in Australia [M] // PATTLE L W, COX B J. Electronic resources: selection and bibliographic control. New York: The Haworth Press, 1996: 85-96.

A.7 期刊中析出的文献

[1] 李炳穆. 理想的图书馆员和信息专家的素质与形象 [J]. 图书情报工作, 2000 (2): 5-8.

[2] 陶仁骥. 密码学与数学 [J]. 自然杂志, 1984, 7 (7): 527.

[3] 亚洲地质图编目组. 亚洲地层与地质历史概述 [J]. 地质学报, 1987, 3: 194-208.

[4] DES MARAIS D J, STRAUSS H, SUMMONS R E, et al. Carbon isotope evidence for the stepwise oxidation of the Proterozoic environment [J]. Nature, 1992, 359: 605-609.

[5] HEWITT J A. Technical services in 1983 [J]. Library Resource Services, 1984, 28 (3): 205-218.

A.8 报纸中析出的文献

[1] 丁文祥. 数字革命与竞争国际化 [N]. 中国青年报, 2000-11-20 (15).

[2] 张田勤. 罪犯 DNA 库与生命伦理学计划 [N]. 大众科技报, 2000-11-12 (7).

A.9 电子文献（包括专著或连续出版物中析出的电子文献）

[1] 江向东. 互联网环境下的信息处理与图书管理系统解决方案 [J/OL]. 情报学报, 1999, 18 (2): 4 [2000-01-18]. http://www.chinainfo.gov.cn/periodical/qbxb/qbxb99/qbxb990203.

[2] 萧钰. 出版业信息化迈入快车道 [EB/OL]. (2001-12-19) [2002-04-15] http://www.creader.com/news/20011219/200112190019.html.

[3] CHRISTINE M. Plant physiology: plant biology in the Genome Era [J/OL]. Science, 1998, 281: 331-332 [1980-09-23]. http://www.sciencemag.org/cgi/collection/anatmorp.

[4] METCALF S W. The Tort Hall air emission study [C/OL] //The International Congress on Hazardous Waste , Atlanta Marriott Marquis

Hotel, Atlanta, Georgia, June 5-8, 1995: impact on human and ecological health [1998-09-22]. http://atsdrl. atsdr. cdc. gov: 8080/cong95. html.

[5] TURCOTTE D L. Fractals and chaos in geology and geophysics [M/OL]. New York: Cambridge University Press, 1992 [1998-09-23]. http://www. seg. org/reviews/mccorm30. html.

[6] Scitor Corporation. Project scheduler [CP/DK]. Sunnyvale, Calif.: Scitor Corporation, c1983.

第二节 在参考文献部分常见的问题和错误

一、作者的姓名

作者姓名是出现在参考文献每一个条目中的第一个内容。对于中文文献中作者的表述方法，需要注意这么几个细节，例如在两个及以上的作者情况下，作者名字之间是否需要用“和”；其次，在最后一个作者名字之后，用的是“.”还是“:”符号，这些很多学生没有注意到的细节，其实是需要非常严格地按照相关要求来完成的。请大家比较下面不同的用法，其中第一个引自《营销科学学报》，后面两个引用《管理世界》。

周明，易怡. 品牌延伸对品牌权益影响之实证研究. 南开管理评论，2004，7 (5): 44-49.

卢长宝：《体育赞助营销效用评估方法的回顾及重构》，《体育科学》，2005 年第 12 期。

徐金灿：《从受众角度对赞助活动的分析》，《广告研究》，2005 年第 5 期。

对于英文文献的作者名，相对就比较复杂。所要涉及的细节包括如何处理作者的姓 (family name)、名 (first name) 和中间名 (middle name)；名字中间是否需要用“and”连接，还是使用符号“&”；如果是两个以上的作者，那么第一个作者名和第二个作者名之间是否需要用连接词“and”或者符号“&”，第二个作者和第三个作者之间是否需要连接词或者是符号等。

此外，对于有些期刊来说，会要求给出完整的名，而很多期刊只是要求给出名的第一个字母。有的期刊要求大写姓，而有的期刊并无此要求，如：

AAKER, D. A. Managing brand equity [M]. New York: The Free Press, 1991.

AAKER, D. A., KEVIN, K. Consumer evaluations of brand extension [J]. Journal of Marketing, 1990, 54 (1): 27-41.

PARK, C. W., LAWSON, R., MILBERG, S. Memory structure of brand names. // Thomas Scrull (ed). Advances in Consumer Research, 1989, 16, Provo, UT: Association for Consumer Research, 726-731.

Aaker, D. A. and Keller, K. L., 1990, "Consumer Evaluations of Brand Extensions", *Journal of Marketing*, 54 (Jan), pp. 27-41.

Grohs, R., Wagner, U. and Vsetecka, S., 2004, "Assessing the Effectiveness of Sport Sponsorships-An Empirical Examination", *Schmalenbach Business Review*, 56, pp. 119-138.

Shen, D., Dickson, M. A., Lennon, S., & Zhang, L. (2003). Cultural influences on Chinese consumers' intentions to purchase apparel: Test and extension of the Fishbein behavioral intentional model. *Clothing and Textiles Research Journal*, 21 (2), 89-99.

Ross, Robert H. and Robert F. Lusch (1983), "Logistical and Promotional Services and Wholesaler-Broker Satisfaction," International Journal of Physical Distribution & Materials Management, 13 (1), 56-64.

上述第一个参考文献格式出自《营销科学学报》，可以看到，在这种格式下，对于每一位作者，要求给出完整的姓，并且用大写字母。其后才是名字和中间名的第一个字母。而读者如果仔细阅读最后的这个参考文献格式，就会发现第一个作者给出的是姓，然后是完整的名，最后是中间名的第一个字母；但是对于第二个作者，用法就改变，首先给出的是完整的名，其后是中间名的第一个字母，最后才是作者的姓。这是美国知名的 *Journal of Marketing Research* 期刊的参考文献格式，它和国内的一些期刊还是不同的。

二、中英文文献的位置

有些期刊并不要求在正文中按照文献出现的先后给出序号如［1］、［2］、［3］等，而是要求在文中的引用中给出作者名和文献时间，那么在最后的参考文献部分，往往就不需要按照序号列出所引用的文献。在这种情况下，就要求在参考文献部分按照作者姓的第一个字母顺序分别列出引用的文献。一般的期刊都要求中、英文文献分别列出，有的要求中文文献在前，有的要求先给出所有的英文文献。例如《营销科学学报》要求首先给出中文文献，而且中文文献的顺序按照第一作者姓名的首个拼音字母顺序排列，例如：

［1］刘益，钱丽萍. 零售商的态度承诺与供应商权力使用间的关系研究［J］. 营销科学学报，2005，1（1）：35-47.

［2］刘益，沈勇. 供应商算计性承诺与控制机制使用［C］//2005 JMS 中国营销

科学学术年会论文集，775-791.
[3] 张黎，MARSHA DICKSON. 渠道权力理论与国外品牌服装在我国的营销渠道 [J]. 南开管理评论，2004，7 (4)：44-50.
[4] 张文彤，董伟. SPSS——统计分析高级教程 [M]. 北京：高等教育出版社，2004.
[5] ANDALEEB S S. An experimental investigation of satisfaction and commitment in marketing channels: The role of trust and dependence [J]. Journal of Retailing, 1996, 72 (1): 77-93.
[6] ANDERSON J C, GERBING D W. Structural equation modeling in practice: A review and recommended two-step approach [J]. Psychological Bulletin, 1988, 103 (3): 411-423.
[7] ANDERSON J, NARUS J. A model of distributor firm and manufacturer firm working partnerships [J]. Journal of Marketing, 1990, 54 (1): 42-58.
[8] ANDERSON E, WEITZ B. The use of pledges to build and sustain commitment in distribution channels [J]. Journal of Marketing Research, 1992, 29 (1): 18-34.
[9] BERRY L L. Relationship marketing of services-growing interest, emerging perspectives [J]. Journal of the Academy of Marketing Science, 1995, 23 (4): 236-245.
[10] BROWN J R, LUSCH R F, NICHOLSON C Y. Power and relationship commitment: Their impact on marketing channel member performance [J]. Journal of Retailing, 1995, 71 (4): 363-392.
[11] CALDWELL D F, CHATMAN J A, O'REILLY C A. Building organizational commitment: A multi-firm study [J]. Journal of Occupational Psychology, 1990, 63: 245-261.
[12] CROSBY L A, EVANS K R, COWLES D. Relationship quality in services selling: An interpersonal influence perspective [J]. Journal of Marketing, 1990, 54 (3): 68-81.
[13] DWYER F R, SCHURR P H, OH S. Developing buyer-seller relationships [J]. Journal of Marketing, 1987, 51 (April): 11-27.

引自：张黎. 2007. 经销商对合作关系的承诺及其影响因素. 营销科学学报，3 (3)：13-30.

而《管理世界》等期刊则要求首先给出英文的参考文献，然后是中文文献，例如：

（1） Aaker, D. A. and Keller, K. L., 1990, "Consumer Evaluations of Brand Extensions", *Journal of Marketing*, 54 (Jan), pp. 27-41.

（2） Batra, R. and Ray, M. L., 1986, "Situational Effects of Advertising: The Moderating Influence of Motivation, Ability, and Opportunity to Respond", *Journal of Consumer Research*, 12 (Mar), pp. 432-445.

（3） Bloch, P. H and Richins, M. L., 1983, "A Theoretical Model of the Study of Product Importance Perceptions", *Journal of Marketing*, 47 (summer), pp. 69-81.

（4） Cacioppo, J. T and Petty, R. E., 1979, "Effects of Message Repetition and Position on Cognitive Responses, Recall and Persuasion", *Journal of Personality and Social Psychology*, 37 (January), pp. 97-109.

（5） Cornwell, T. B. and Maignan I., 1998, "An International Review of Sponsorship Research", *Journal of Advertising*, 27 (1), pp. 1-21.

（6） Crimmins, J. and Horn M., 1996, "Sponsorship: From Managerial Ego Trip to Marketing Success", *Journal of Advertising Research*, 36 (4), pp. 11-21.

（7） Crowley, M. G., 1991, "Prioritizing the Sponsorship Audience", *European Journal of Marketing*, 25 (11), pp. 12-21.

（8） d'Astous, A. and Bitz, P., 1995, "Consumer Evaluations of Sponsorship Programmes", *European Journal of Marketing*, 29 (12), pp. 6-22.

（9） Gareth, S., 2004, "Brand Image Transfer through Sponsorship: A Consumer Learning Perspective", *Journal of Marketing Management*, 20, pp. 457-474.

（10） Grohs, R., Wagner, U. and Vsetecka, S., 2004, "Assessing the Effectiveness of Sport Sponsorships-An Empirical Examination", *Schmalenbach Business Review*, 56, pp. 119-138.

（中间参考文献略）

（31） 菲利普·科特勒、洪瑞云、梁绍明、陈振忠著，梅清豪译：《市场营销管理（亚洲版·第三版）》，中国人民大学出版社，2005 年。

（32） 洪宇：《超级女生》：全民动员的商业道术，《中国经营报》，2005 年 8 月 29 日（B3 版）。

（33） 侯杰泰、温忠麟、成子娟：《结构方程模型及其应用》，教育科学出版社，2004 年。

（34）黄升民：《2003—2004 广告主赞助活动全报告》，《市场观察》，2004 年第 5 期。

（35）卢长宝：《体育赞助营销效用评估方法的回顾及重构》，《体育科学》，2005 年第 12 期。

（36）徐金灿：《从受众角度对赞助活动的分析》，《广告研究》，2005 年第 5 期。

（37）张文彤、董伟：《SPSS——统计分析高级教程》，北京高等教育出版社，2004 年。

引自：张黎，林松，范亭亭. 2007. 影响被赞助活动和赞助品牌间形象转移的因素——基于蒙牛酸酸乳赞助超级女声的实证研究. 管理世界，166：84-93.

而如《南开管理评论》等期刊，则要求在正文中按照文献出现的顺序给出编号，那么在参考文献部分就要求按照文中文献的序号列出每一个文献，例如：

[1] Bitta，A. D.，Monroe，K. B.，McGinnis，J. M. Consumer Perceptions of Comparative Price Advertisements. Journal of Marketing Research，1981，18（4）：416-427.

[2] Berkowitz，E N.，Walton，J. R. Contextual Influences on Consumer Price Responses：An Experimental Analysis. Journal of Marketing Research，1980，17（3）：349-358.

[3] Barnes，J. G. Factors Influencing Consumer Reaction to Retail Newspaper "Sale" Advertising. AMA Fall Educators Conference Proceedings，American Marketing Association，Chicago，1975，471-477.

[4] Chen，S. S.，Monroe，K. B.，Lou，Y. C. The Effects of Framing Price Promotion Messages on Consumers' Perceptions and Purchase Intentions. Journal of Retailing，1998，74（3）：353-372.

[5] Hardesty，D. M.，Bearden，W. O. Consumer Evaluations of Different Promotion Types and Price Presentations：The Moderating Role of Promotional Benefit Level. Journal of Retailing，2003，79（1）：17-25.

[6] Grewal，D.，Marmorstein，H. Market Price Variation，Perceived Price Variation and Consumers' Price Search Decision for Durable Goods. Journal of Consumer Research，1994，21（3），452-460.

[7] Grewal，D.，Monroe，K. B.，Krishman，R. The Effects of Price-Comparison Advertising on Buyers' Perceptions of Acquisition Value，Transaction Value and Behavioral Intentions. Journal of Marketing，1998，62（2），46-59.

[8] Bloch, P. H., Richins, M. L. A Theoretical Model of the Study of Product Importance Perceptions. Journal of Marketing, 1983, 47 (3): 69-81.
（中间文献略）
[13] 张黎. 价格促销对商店整体价格形象的影响：理论与实证研究回顾. 商业经济与研究，2006，175：25-31.
[14] 韩睿，田志龙. 促销类型对消费者感知及行为意向影响的研究. 管理科学，2005，18 (2)：85-91.
[15] Li, D., Gallup, A. M. In Search of the Chinese Consumer. Chinese Business Review, 1995, 22 (3): 19-23.
[16] Doti, J. L., Sharir, S. Households' Grocery Shopping Behavior in the Short-Run: Theory and Evidence. Economic Inquiry, 1981, 19 (2): 196-208.
[17] Ackerman, D., Tellis, G. Can Culture Affect Prices? A Cross-cultural Study of Shopping and Retail Prices. Journal of Retailing, 2001, 77 (1): 57-82.
[18] Tversky, A., Kahneman, D. The Framing of Decisions and the Psychology of Choice. Marketing Science, 1981, 21 (1): 453-458.
[19] Levin, I. P., Gary, J. G. How Consumers Are Affected by the Framing of Attribute Information Before and After Consuming the Product. Journal of Consumer Research, 1988, 15 (3): 374-378.
[20] Levin, I. P., Schnittjer, S. K., Thee, S. L. Information Framing Effects in Social and Personal Decisions. Journal of Experimental Social Psychology, 1988, 24 (4): 520-529.

引自：张黎，范亭亭，王文博. 2007. 不同降价表述方式下消费者对降价幅度的感知和购买意愿. 南开管理评论，10 (3)：19-28.

三、期刊名、文献时间、卷、期和文献页码等

国内的学术期刊中，有的要求在参考文献中英文期刊名用斜体字，有的则没有这个要求。而在国外期刊中，具体的要求方式就更多，如有的还要求在期刊名下给出下划线，对于国外期刊的要求在这里就不详述，有兴趣的读者可以参考国外的相关文献，特别是美国心理学学会制定的 APA（American Psychological Assciation）格式要求（www.apa.org）。

有的期刊将文献年份放在作者名的后面，而有的期刊将年份放在期刊名的后

面、期刊卷号的前面，请读者对比下面不同期刊的参考文献格式：

《管理世界》：

(3) Bloch, P. H and Richins, M. L., 1983, "A Theoretical Model of the Study of Product Importance Perceptions", *Journal of Marketing*, 47 (summer), pp. 69-81.

(4) Cacioppo, J. T and Petty, R. E., 1979 "Effects of Message Repetition and Position on Cognitive Responses, Recall and Persuasion", *Journal of Personality and Social Psychology*, 37 (January), pp. 97-109.

《营销科学学报》：

[5] ANDALEEB S S. An experimental investigation of satisfaction and commitment in marketing channels: The role of trust and dependence [J]. Journal of Retailing, 1996, 72 (1): 77-93.

[6] ANDERSON J C, GERBING D W. Structural equation modeling in practice: A review and recommended two-step approach [J]. Psychological Bulletin, 1988, 103 (3): 411-423.

[7] ANDERSON J, NARUS J. A model of distributor firm and manufacturer firm working partnerships [J]. Journal of Marketing, 1990, 54 (1): 42-58.

在期刊名、年份、卷号、期号以及页码之间用逗号、句号还是冒号，以及之间留不留空格等等，这些细节性的问题同样需要作者加以关注。这方面的细节性要求很多，在这里就不再一一列举，请大家在阅读本书所给出的参考文献以及在阅读相关的期刊时，仔细体会。